SV

Gisela von Wysocki
Wiesengrund

Roman

Suhrkamp Verlag

Erste Auflage 2016
© Suhrkamp Verlag Berlin 2016
Alle Rechte vorbehalten,
insbesondere das der Übersetzung,
des öffentlichen Vortrags sowie der Übertragung
durch Rundfunk und Fernsehen, auch einzelner Teile.
Kein Teil des Werks darf in irgendeiner Form
(durch Fotografie, Mikrofilm oder andere Verfahren)
ohne schriftliche Genehmigung des Verlages
reproduziert oder unter Verwendung
elektronischer Systeme verarbeitet,
vervielfältigt oder verbreitet werden.
Satz: Satz-Offizin Hümmer GmbH, Waldbüttelbrunn
Druck: CPI – Ebner & Spiegel, Ulm
Printed in Germany
ISBN 978-3-518-42549-7

Inhalt

Äther

Hellwach. Im Dunkeln warte ich ab. Um Mitternacht kommen die Gäste. Sie sind das Beste, was der Tag zu bieten hat. Dieses Mal ist es ein Besucher, der sich stark von den bisherigen unterscheidet. Auf die Schnelle könnte ich nicht sagen, wodurch. Aber ich höre es sofort. Später versuche ich, mich an seinen Namen zu erinnern. Bei seiner Erwähnung bin ich wahrscheinlich damit beschäftigt gewesen, das Radiogerät unter der Bettdecke zu verstauen.

Die Leute, die nachts hier eintreffen, haben keine Mäntel an der Garderobe abzugeben. Sie fläzen sich auch nicht in irgendwelchen Sesseln herum. Mit solchem Allerweltsgebaren halten sie sich gar nicht erst auf. Ich betrachte sie als Elementargeister. Sie hausen in der Luft, schwingen sich durch Frequenzbereiche und teilen sich durch Wellenlängen mit. Was mir an ihnen wichtig ist, sind ihre Stimmen. Sie reden mit mir. Sie teilen mir unerhörte Dinge mit. Wie gesagt, das Beste, was so ein Tag im Angebot hat. Jetzt, in diesem Moment, ist Mitternacht und Nachtstudio-Zeit von Radio Wien. Stützpunkt und Herzstück der Stunde ist ein Gerät der Firma GRUNDIG Radio-Werke. Braunes Holz, grün schillerndes Glas und die Namen diverser Sendestationen.

Mir genügen ein paar Sekunden für die Entscheidung, welcher der weitgereisten Besucher vorgelassen wird. Wer nach Hause geschickt wird, bekommt es mit der weißen Taste zu tun. Die Kandidaten haben wenig Zeit.

Es geht um alles oder nichts. Sie haben Neues mitgebracht: dann dürfen sie bleiben. Sie langweilen oder strapazieren mich: die Taste! Weg sind sie. Viel habe ich ihnen nicht zu bieten, sie haben nicht mehr als einen stickigen Hohlraum, eher eine Höhle zu erwarten. Ich kann ihnen aus ganz bestimmten Gründen keinen besseren Empfang bereiten.

Meine Besucher reisen schallwellenverschlüsselt an. Ihnen ist es egal, wo und von wem sie am Ende aufgepickt werden. In einem gut klimatisierten, schön beleuchteten Wohnzimmer. Oder in einer erbärmlichen, luftlosen Unterkunft, die überhitzt und dunkel ist. So wie bei mir. Zu allem Überfluss hat ihre Ankunft lautlos, so unbemerkt wie nur möglich zu geschehen. Nur ich darf von ihnen wissen, nicht der Vater, der im Nebenzimmer mit seinen astronomischen Skalen, Notizen, Büchern und Berechnungen beschäftigt ist. Ich nenne ihn »Alasco«. Nach einem Hauptreihenstern im Sternbild des Kleinen Bären. Hundert Lichtjahre von uns entfernt. Dort würde ich ihn in der Mitternachtsstunde am liebsten sehen. In Wirklichkeit sitzt er nebenan und kann hören, was sich in meinem Zimmer tut.

Kein Laut von der Gasse, sie führt wie ein totes Gleis am Haus vorbei. Salzburg versackt um diese Zeit in einer Stille, die an den nachdrücklichen Ernst der Totenstille erinnert. Sie ist mein Feind. Sie macht, dass meine Besucher so tun müssen, als gäbe es sie gar nicht. In den Augen des Vaters sind es Unruhestifter. Für ihn handelt es sich um unrechtmäßige Begegnungen, die sich unter seinem Dach abspielen. Nach zweiundzwanzig Uhr soll ich schlafen und nicht Radio hören. Deshalb muss ich mich unter die Bettdecke verziehen, zusammen mit meinem Radiogerät. Jenem Gehäuse, in dem meine Gäste mithilfe einer Vielzahl physikalischer Vorgänge ihren großen Auftritt haben. »Denk an deine schlechten Noten, Hanna. Denk an die verpatzten Mathematikarbeiten. Denk an die Matura!«

Die Stimme, ungewohnt streng, passt nicht zum Vater. Eher gehört sie dem Herrn Professor Werbezirk, der sich vor den Fachkollegen der Wiener TU für seine depperte Tochter schämt. Er selbst gibt mir ein Beispiel für entsagungsvolle Ausdauer und Disziplin, schlaflos, in seinem Bemühen, der Entstehungsgeschichte der Sterne auf den Grund zu gehen. Staub zuerst, lückenhaft Koordiniertes auf seinem Weg, einen Körper zu bilden, zu einem Stern zu werden. Ich sehe ihn vor mir, den wachen, wachsamen Alasco. Fast als wäre überhaupt keine Wand zwischen uns. So kommt es, dass sich die Gäste nur im Flüsterton äußern dürfen. Nur als verheimlichte Anwesende. Sie behaupten sich als *top secret* in einer nur mir zugänglichen Umgebung. Heiß ist es, beengend. Ich muss die Bettdecke immer wieder zur Seite schlagen. Muss auftauchen, Atem holen. Dabei stelle ich jedes Mal überrascht fest, wie unbekannt mir mein Zimmer in der Dunkelheit vorkommt. Ich weiß auf einmal nicht mehr, wo was steht und wie sich der Tisch, die beiden Sessel und die Lampe anordnen im Raum. Oder der Bücherschrank. Dabei habe ich doch jedes Mal nur wenige Minuten, höchstens zwei, vielleicht drei, unter der schallschluckenden Decke zugebracht. Genauestens dosiert ein- und ausatmend, Luft einsparend. So lange es nur geht.

Der Name des heutigen Reisenden, vom Radiospre-cher angekündigt, hat nicht mehr als ein schnell vorbei-ziehendes Geräusch erzeugt. Ich versuche, es in seinem Nachhall zu erwischen, so, wie man sich beim Schlagen einer Uhr im Nachhinein um die genaue Zahl der Schlä-ge bemüht. Das Resultat ist ein bunter Mix aus Kon-sonanten. Das Wort »Wesendonck« schält sich heraus, dem aber die »i«- und »u«-Laute fehlen. Auch möglich: Musenkind. Hund oder Mund. Riesenmund! So heißt bestimmt niemand! Viele Nachtstudio-Besucher haben sich schon bei mir zu Wort gemeldet. So also geht's zu bei den belesenen Berühmtheiten, dachte ich oft. Sie machen dir Angebote. Da ist die Welt, und wir haben dies und das über sie herausgefunden. Der Mitternachts-besucher von heute hat kein Interesse daran, mir etwas zu zeigen. So ist es, das Denken, teilt er mir mit. Es ist ruhelos, und es ist rabiat. Friss, Vogel, oder stirb. Ich zei-ge mit meinen Worten auf ein Feuer, gibt er mir zu ver-stehen. Deine Sache, was du damit machst!

Zuerst mal für Luft sorgen. Gerade jetzt gehen die Reserven zu Ende. Ich muss auftanken, mich hin-überretten in die sauerstoffhaltige Region meines Zim-mers. In der Regel lässt sich überblicken, in welcher Richtung der Sprecher weitermachen wird. Dieses Mal nicht. Der namenlose Sendbote hinterlässt keine Spuren, nur ein Staunen bei mir.

Das Zimmer empfängt mich mit einer unnatürlichen, betretenen Stille. Unter dem Plumeau, knapp oberhalb der Hörbarkeitsgrenze, zieht währenddessen die pausen-lose Wortflut weiter, gleich bin ich wieder dabei. Noch ein paar tiefe Atemzüge, das kostet Zeit. Wieder ein

Bruchstück, das mir fehlen wird. »Domizile des Augenblicks«, so hat der Radiosprecher den Beitrag genannt. Ich komme gerade noch rechtzeitig in mein Bettenbergdomizil, um den unbekannten Gast über Franz Schubert sagen zu hören, seine Musik habe sich des Potpourris bedient, um zu eigenem Leben zu finden. Schuberts Musik ein Melodienreigen? Ich atme aus, wenig. Vorsichtig. Jeder Atemzug eine Verknappung der Reserven. Bedenken Sie die Heruntergekommenheit des Potpourris, möchte ich dem Mann aus dem Radio zurufen. Seine Armseligkeit! Sein Kurorchesterniveau, Herr WiesenmundundUntergrund! Der geschäftige Mitteilungsstrom ähnelt einem schnellfahrenden Zug. Einem Zug, der sich in Bögen und Schleifen eilig vorwärts bewegt. Ein von Geisterhand beschleunigtes Vehikel.

Kaltblütig ist dieser Nachtstudio-Gast. Eine Ahnung sagt mir aber, er werde auf irgendeine Weise noch das Ruder herumreißen. Wie ein Kind verlasse ich mich darauf, dass Franz Schubert nicht im Desaster enden wird. Ich setze darauf, dass die Rettung zum Greifen nah ist. Dass es nur eines winzigen Schlenkers bedarf, um den zum Brettlmusiker herabgestuften Komponisten auszulösen. Ich halte durch unter dem heißen Deckbett. Eine Plage, das menschliche Atmungssystem! In diesem Moment fällt das Wort »Symphoniesatz«, und die mächtige Stimme breitet lauter Wörter vor mir aus, die mit »K« beginnen. Konflikt. Konfrontation. Kraftprobe. Ludwig van Beethoven geistert als Gebieter durch das Gelände, ein mithilfe von Kollision und Zuspitzung zu Höhepunkten befähigter Meister. Vom Krieg der Strukturen ist die Rede. Tonfolgen entpuppen sich als Führungskräfte. Klangliche Motive stehen auf Kriegsfuß miteinander.

Das Herz schlägt. Angestrengt. Beschleunigt. Ich bin ein verschwitztes Schlafanzugbündel. Schubert, höre ich, ist ein Symphoniesatz-Deserteur. Ein musikalischer Überläufer. Mein Kopf muss aufgebläht aussehen. Und puterrot. Eine Minute noch, dann platze ich. Schubert, ein Abtrünniger. Abgestellt auf Nebenschauplätze. Die Verkörperung des Wiener *Gmiat* – ein Fahnenflüchtiger! Das ist der Stand der Dinge. Der Mitternachtsbesucher hat Hand an sie gelegt, ich erkenne sie nicht wieder. Aus sehr weitem Abstand blicken sie zu mir hinüber. Die Stimme bahnt schnelle Verbindungen, sie hat schon auf mich abgefärbt. Sindbad der Seefahrer baut sich plötzlich vor mir auf. Ein schäbiges, lose verkeiltes Wrackteil ist neben ihm zu sehen. Der aus Holz und Hanfseilen verknotete Klumpen hat ihm geholfen, sich vor dem riesigen Vogel Rock in Sicherheit zu bringen. Das schäbige Potpourri! Der Rettungsanker! Es fügt sich alles, aber wie unter anderem Namen.

So lange wie überhaupt nur möglich werde ich durchhalten in meinem bettverhangenen Käfig. Das Potpourri der Lieder und Ländler schaut nicht auf erhobene Häupter, sondern auf gebrochene Herzen, sagt die Stimme. Sie ist als ätherisches Erzeugnis, als ungreifbare Welle vitaler als ich in diesem Moment. Es hat sich an diesem Abend kaum die Gelegenheit ergeben, dem nächtlichen Studiogast wie sonst immer meine Einwände, meine Zurechtweisungen zuzuzischeln. Der geisterhafte Besucher hat mich nicht dazu kommen lassen, den aufgebrachten Zwischenrufer, das gescheitere Gegenüber zu spielen. Es wird wieder Zeit, ich muss mich aus der Decke winden. Ohne den Lautstärkeregler zu vergessen. Ohne zu versäumen, ihn auf die leiseste Stufe zu stellen, bevor ich mit dem Kopf nach oben tauche, Luft hole. Manchmal arbeitet Alasco durch bis zum Morgen. Immer dann, wenn er am nächsten Tag nicht nach Wien im Institut sein muss. Dann kann ich hören, wie er seinen Stuhl beiseiteschiebt oder noch spätabends telefoniert. Ich weiß, wie leicht eine Stimme durch die Wand dringen kann.

In der Stille des Zimmers schnappe ich nach Luft. In hohen Konzentrationen ist Sauerstoff für die meisten Lebewesen giftig, hat der Chemielehrer gesagt. Ich glaube ihm nicht, nicht in diesem Moment. Ich kann gar nicht genug davon kriegen. Ohne zu zögern, würde ich zur Höchstdosis greifen. Mein Zeitgefühl sagt mir, dass die Sendung in wenigen Augenblicken zu Ende ist. So schnell es geht, tauche ich in meine Unterweltbleibe zurück. Bloß jetzt nichts falsch machen. Bloß nicht die Ansage versäumen, den Namen des Besuchers, beinahe wäre es schon wieder passiert. Ich hätte mit dem raschelnden Geräusch der Bettdecke rechnen müssen. Ich hätte sie entweder blitzschnell, mit einer flinken Bewegung zur Seite schlagen müssen. Oder langsam, lautlos. Deshalb habe ich den vollständigen Namen wieder nicht richtig verstanden. Dem Klang nach ist er nicht allzu weit von der Wesendonck-Riesenmund-Vermutung entfernt. Es kann Wiesengrund geheißen haben.

Auf dem Schulweg am nächsten Morgen denke ich an den Abend wie an eine Art von Ausnahmezustand zurück. Hat es mit den Einflüsterungen im Dunkeln zu tun? Mit der Anspannung und Gier, sich nichts von ihnen entgehen zu lassen? Mit dem Geheimnis einer unverhältnismäßigen Nähe? Nähe der Stimme? Dazu noch die Daunendecke. An sie erinnere ich mich wie an eine Bandage. Sie passt nicht zu dem, dachte ich, was mir von dem Gehörten im Gedächtnis geblieben ist. Kaum Details. Merkwürdig. Nur im Ganzen ein Ton.

Kippfiguren

Ich weiß auch nicht, warum ich am nächsten Tag unentwegt an Alascos Sterne denken muss. Das heißt an Kindheit. An das Hin und Her, das Einerseits und Andererseits. An Stückwerk, das von mir verlangt, auf irgendeine Weise zusammengesetzt zu werden. Der Unbekannte von gestern Abend hat eine neue Bühne eröffnet. Die Bühne könnte·ein Boot sein. Ich sitze mit im Boot. Es gibt einen Dreh, ich kann ihn aber nicht beschreiben. Nur einer Bewegung, gymnastisch, temporeich, nachspüren. Den schnellen Umschaltungen von Sinn und Bedeutung. Und wie sie die Dinge an sich reißen, keins kann ausscheren. Kippfiguren. Philosophen, dachte ich immer, haben mit der Wahrheit zu tun. Ich wundere mich darüber, dass der gestrige Mitternachtsgast sich wenig darum kümmerte. Bemitleidenswert wirkt sie trotzdem nicht auf mich, die Wahrheit. Eher im Gegenteil, sie platzt aus allen Nähten. Kommt in abenteuerlichen Aufzügen daher mit Gesichtern, die mal so und mal so aussehen.

Alasco sorgt in seiner Welt dagegen für Ordnung. In seinem Weltall, könnte man im Hinblick auf seinen Beruf sagen. Ich turne etwas ratlos zwischen ihren Beständen herum. Meistens treffen wir am Abendbrottisch zusammen, die wichtigen Mitteilungen finden immer dort statt. Ich werde über Meteoritenfunde am Südpol informiert und über Kometen, die wie der Teufel leuchten und deren Kern schwärzer als Asphalt ist. »Meteoriten verglühen, Kometen explodieren.« Alascos Worte sind vom Geklapper des Bestecks und von Essgeräuschen begleitet. »Sterne steabn a.« Immer, wenn seine Gemütslage, und sei es nur minimal, aus ihrer Mittellage ausschert, verfällt er in sein österreichisches Idiom. Ich weiß noch genau, dass der Satz in zwei Hälften zerfiel, er hatte einen Hänger. Alasco war nach dem ersten Wort, mitten im Satz, mit Weintrinken beschäftigt gewesen und dann erst mit der Todesmeldung der Sterne herausgerückt. Acht Jahre war ich alt, und das Herz klopfte in diesem Moment lauter als sonst. Wie ein Werkzeug, das kräftig zuschlagen muss. Ich lachte laut auf, ich setzte darauf, dass Alasco sich einen Spaß mit mir machte.

Er musste meine Verwirrung bemerkt haben, später rief er mich in sein Arbeitszimmer und zeigte mir ein Foto. Ich schaute auf eine in Dunst gehüllte Ansammlung von Getupftem und Gesprenkeltem. In ihrer Mitte ein vereinzelter heller Punkt. »A Stern«, sagte er, »von dem in hundattausend Joan nix mehr üba is.« Es fielen Worte wie »auskühlen«, »noch einmal aufleuchten« und »erlöschen«. Ich hatte etwas so Furchtbares wie das Ableben der Sterne nicht für möglich gehalten. Niemals hätte ich mir vorstellen können, dass sich in ihrer Welt ein derart herzergreifender Vorgang wie der des Erlöschens ereignen könnte. Das Wort klang nach einem in die Länge gezogenen Todeserlebnis. So, als könne ein Stern sich selber dabei zuschauen, wie er stirbt und sein Licht allmählich immer schummriger wird, sich immer weiter verdüstert. Es war der erste Himmelskörper in meinem Leben, der eine Krankengeschichte hatte. So leicht aber würde ich mir das ewige Leben der Sterne nicht kaputt machen lassen. Nicht erlauben, dass man ihnen etwas so Tollpatschiges wie einen Erschöpfungszustand in die Schuhe schob. Sie wie ein Tier dastehen ließ, das alle viere von sich streckte.

Von da an schaute ich hin, wenn sich abends ihr unruhig flackerndes Licht am Himmel zeigte. Man konnte es tatsächlich für ein Zittern halten. Zur Not auch wirklich für das Zittern eines Patienten. Ich setzte fest auf seine Widerstandskraft. Insgeheim überhäufte ich Alasco, den unwillkommenen Überbringer schlechter Nachrichten, mit Vorwürfen. Ich nahm ihm seine Unverfrorenheit, seine Schamlosigkeit übel. Für einen kurzen Augenblick hielt ich ihn sogar für den leibhaftigen Mörder der Sterne. Für einen tollwütigen Täter, der Hand an ihre Unvergänglichkeit legte. Er, der auf Du und Du mit den Sternen stand, der sich von früh bis spät mit ihnen beschäftigte. In seinem Arbeitszimmer, auf Vortragsreisen, in seinem Wiener Institut. Der gutmütige Alasco. So anmaßend konnte er sein. Und so gewissenlos. Glaubte er tatsächlich, der dürftigen Abbildung vertrauen zu dürfen? Grobkörnig fotografiert, vermutlich verwackelt?

Seit diesem Abend litt ich mit den Sternen. Sie machten jetzt manchmal einen abgerissenen, entrechteten Eindruck auf mich. Wie Könige nach ihrer Absetzung. Könige im Exil, einem Schicksal ausgesetzt, das nicht für sie bestimmt war. Alasco schien sich damit abgefunden zu haben. Ihm machte es offenbar nichts aus, dass seinen Sternen keine Ewigkeit zustand. Im Gegensatz zu mir traute er ihnen kein mit dem Himmel fest verwachsenes Dasein zu. Keinen Für-immer-und-ewig-Anblick. Der Zwiespalt, in dem ich mich befand, fühlte sich tiefgreifend an. Eine Ungereimtheit war aufgetaucht, die ich nicht auf sich beruhen lassen konnte. Es war ein Ding mit Ecken und Kanten, es wollte sich nicht fügen, nicht so ohne weiteres.

In klaren Nächten sah ich ein glitzerndes Vibrieren dort oben, ein überbordendes Leben. Ich war der Meinung, diesem Anblick könne man jede Art von Unvergänglichkeit zutrauen. Jede Art von Ewigkeit. Je länger ich mich in den mit funkelnden Lichtpunkten übersäten Himmel vertiefte, desto sicherer war ich mir, dass die Sterne ihren Tod verkraften würden. Alasco nannte ihn den Fingerzeig der Materie. Das dürfte zumutbar für sie sein. Ein Fingerzeig!, was ist das schon! Mit diesem Gedanken verabschiedete ich mich von der Aufgabe, mir tote Sterne vorstellen zu müssen. Das wollte ich mir für später aufheben.

Was gar nicht so einfach war. Unaufgefordert setzten sich alle möglichen Vorstellungen und Überlegungen bei mir fest. Sie hatten mit der Welt weit oberhalb der Häuser, der Gärten und Gassen zu tun. Mit jenen fernen Gebieten, in denen Alasco sich wie ein Fisch im Wasser bewegte. Ich hätte es ihm gerne nachgemacht. Eine Ahnung sagte mir, dass ich es nicht hinbekommen würde. »Sonne, Mond und Sterne«, antwortete er lachend, wenn ich nach seinem liebsten Spielzeug fragte. Er fügte die Begriffe so schnell zusammen, dass sie wie ein einziges Wort klangen. Märchenhaft und ein bisschen überirdisch. Die metallisch blitzenden oder schwarzlackierten Instrumente in seinem Arbeitszimmer konnte ich deshalb lange nicht mit SonneMondundSterne in Verbindung bringen. Die helle, blaue oder wolkenverhangene Decke über uns und die lotrecht konstruierten Geräte im Arbeitszimmer machten den Eindruck, als gäbe es auf der ganzen Welt nichts Gegensätzlicheres als den Himmel und sie. Geräte, die, wie ich später erfahren würde, Rekonstruktionen sind. Altertümliche, in die Zeit von Kopernikus zurückreichende Apparaturen: Messgeräte für das Ausmaß der Gestirne, die Stellung der Fixsterne, den Stand der Sonne. Alasco bezeichnete sie als die jeweils fortgeschrittensten Erfindungen ihrer Zeit.

Sogar ein Kometensucher war dabei. Und ein Heliostat. Dieses Wort beherrschte ich schon, bevor ich es schreiben konnte. Der Heliostat stand auf einem Extratischchen und nahm viel Platz im Arbeitszimmer ein. Sein verzweigtes Gefüge aus kleinen Rädern, Scheiben und Stäben bot einen befremdlichen, kuriosen Anblick. Er ließ erahnen, wie hochgradig die Unbekanntheit war, die es zu bewältigen galt. Eine Puppe zum Spielen für mich wäre keine schlechte Idee gewesen. Als Möglichkeit einer Annäherung an die etwas naheliegenderen Eigenschaften des Erdballs. Auch eine holzgeschnitzte Kuh zum Beispiel, ein Hund, eine Ente, die auf Knopfdruck quaken konnte.

Die Bilder, die Fotos in Alascos Büchern stellten mir die immer gleiche Frage, »Ich bin ein Stern, und wer bist Du?« Ich hätte ihnen antworten können: »Das weiß ich nicht. Aber mein Vater ist einer von euch«, er trägt den Namen »Alasco«. Zu einer Zeit, als ich Jack Londons *Alaska Kid* las, hatte er einmal einen Stern erwähnt, der Alasco hieß. »Alasco gehört zum Sternbild des Kleinen Bären«, erklärte er mir. Ein Wort, das nach Schnee, nach dem Weiß des winterlichen Himmels, nach dem kühlen Licht von Gestirnen klang. »Sag noch was über ihn.« Wir saßen zusammen in seinem Arbeitszimmer, dem geheimen und geheimnisvollen Zentrum der Wohnung, und ich erfuhr, dass Alasco knapp hundert Lichtjahre entfernt und größer als die Sonne ist. Größer also als 4 379 000 Kilometer. Wie mit seinem Gedächtnis verwachsen, die Zahlen. »Der Gute bringt a Menge unverbrauchten Brennstoff mit. So viel, dass er heut noch genauso ausschaut wie in der Antike.« »Alasco, du weißt viel«, sagte ich. Seit diesem Gespräch stellte ich mir den Vater wie einen Behälter vor, ein Riesengerät, das Zeiträume, Entfernungen und Sterne hortete.

Als ich sie zum ersten Mal am Himmel entdeckte, hatten sie einen überaus lebendigen, geradezu leibhaftigen Eindruck auf mich gemacht. Wir standen an einem Dezemberabend auf dem Residenzplatz, und Alasco zeigte mit dem Arm nach oben zum Himmel. Ich hatte die weißen, einschüchternd feierlich aussehenden Pünktchen dort schon früher bemerkt. An diesem Abend aber ließ mich Alasco durchs Fernglas blicken und dicke, knusprig aussehende Mehlspeisstreuseln sehen, ein dicht belegtes Kuchenblech, das sich in den Himmel verirrt hatte. Am nächsten Morgen war nichts mehr von ihnen zu sehen. Kein Fernglas der Welt hätte sie jetzt hervorzaubern können. Nur nachts ließ sich beobachten, was für ein Betrieb da oben herrschte. Wie sich die Sterne, dicht an dicht, regelrecht auf die Füße traten. Erst dann, erst nachts, gaben sie Lebenszeichen von sich.

Als Blechkuchen oder als die unbegreiflichen Geschöpfe, die man Gestirne nennt und für ewig hält. Immun gegen alle Fernrohre der Welt und widerstandsfähig gegenüber Alascos Bemühungen, sie zu seinen Untersuchungsgegenständen zu machen.

Es war wie mit den Vexierbildern meiner Tante Gerwisa Vogel. Wenn sie uns besuchte, hatte sie immer eine Überraschung dabei. In ihren Bildern waren Gesichter, Bäume, Berge, gedeckte Tische, alles Mögliche untergebracht. Und alles auf einmal. Aber irgendetwas davon war immer unsichtbar. Hatte sich versteckt im Hinterhalt sich überkreuzender Linien, sich überlappender Silhouetten. War der Baum zu sehen, hatte der Tisch sich in Luft aufgelöst. Wenn der Tisch zu sehen war, gab es die Frau mit Hut nicht mehr. Es waren Bilder voller Schlupflöcher und Fallen. Jedes Ding führte sein ganz eigenes Leben, aber immer nur für kurze Zeit. Es erschien auf der Bildfläche, tauchte im nächsten Augenblick in die Unsichtbarkeit ab, nur um woanders wieder neu zu sehen zu sein.

Wenn wir bei Dunkelheit unterwegs waren, zeigte Alasco mir meistens irgendein glitzerndes Detail am Himmel. »Andromeda«, sagte er. »Das Kreuz des Südens, der Große Bär.« Namen, in deren Nähe man sich sofort hätte Geschichten ausdenken können. Aber dazu kam es erst gar nicht. Alasco trug seinen teleskopischen Blick immer bei sich. Dann blieb den Sternen nicht einmal mehr ihr Funkeln, ihr zitterndes, flirrend ruheloses Licht, es verwandelte sich unter der Hand in eine Eigenschaft der Erdatmosphäre, in ein Resultat ihrer Turbulenzen. »Was du siehst, ist ein Störfeld.« Alasco wollte mich unbedingt zu seiner Mitwisserin machen. Am liebsten hätte ich zu ihm gesagt, »*Du* bist hier das Störfeld«. Sterne, die eben noch bebten, in ihrem seltsamen Taumel zwischen Licht und Dunkelheit fahrig vor sich hinflackerten, lebendig bewegte Körper, Naturgeschöpfe, machten sich klein, wenn er zupackte. Krümmten sich und nahmen gefährliche Eigenschaften an. Gasriesen nannte er sie. Temperaturbomben. Eine Zeit lang hielt ich es sogar für möglich, dass es an den vielberedeten Linsen, Prismen und Okularen lag. Dass *sie* schuld daran waren, wenn aus den Sternen etwas so Unschönes, ja, Todbringendes werden konnte wie eine Bombe.

Das ist alles lange her. Wie gesagt, ich kanns mir nicht erklären, kann nur vermuten, warum ich heute an diese alten Geschichten denken muss. Während ich hier mit Alasco am Abendbrottisch sitze, fällt mir immer wieder die Radiostimme von gestern ein. Liegt es an ihr, dass mir diese frühen Fragen auf einmal wieder in den Kopf kommen? Dinge, an die ich ewig nicht mehr gedacht habe? Und selbst wenn es so wäre, könnte ich im Augenblick den Grund dafür nicht erkennen. »Alasco, was hast du heute gemacht?« »Das kann ich dir ganz genau sagen. Ich habe mich in den Unterlagen über Simon von Stampfer umgetan.« Er plant seit langem eine Untersuchung über Salzburgs bedeutendsten Astronomen. »Eine Größe, berühmt in ganz Europa. Gestorben? Wie sie alle starben, unsere Genies! Erst verehrt, dann vereinsamt. Der Stampfer. Er hat uns die Abfolge der Sonnenfinsternisse berechnet. Unter anderem.«

Das habe ich nun davon! Aber es war ja meine Idee, den Vater umzutaufen, ihm einen Sternennamen zu geben. Sein gutes Recht, sich daran zu halten. Ein guter Esser ist er aber trotzdem, also ein ganz diesseitiges Gestirn. Jetzt zum Beispiel beißt er in ein Radieschen und fuhrwerkt mit Messer und Gabel in einer Frikadelle herum. »Was würdest du dem wirklichen Alasco, dem vom Sternenhimmel, von uns und unserem Leben erzählen?« »Das, was für ihn am interessantesten ist. Da wäre zum Beispiel die Gasse, in der wir wohnen, der alte Handelshof, die Flachdächer und Turmspitzen. Die Blumenrabatten im Mirabellgarten nicht zu vergessen, der Ausblick, den man von der Festung aus hat!« »Ich weiß schon, was du denkst«, sage ich. »So ein Sternenauge möchte wenigstens ein Mal in seinem Leben etwas anderes sehen als das schwarze Nichts.« »Da schau her! Nicht, dass du mir irgendwann eine Dichterin wirst! Du sollst doch meine Assistentin werden, nach der Matura.« Dann erzählt er mir von Kometen, die den Namen »schmutzige Schneebälle« haben. Heller Stern oder schmutziger Schneeball. Das ist die Frage, Alasco wird sie mir nicht beantworten können.

Gleichzeitigkeit

Was ich gut gebrauchen könnte, wäre ein Sauerstoff-
gerät. Keine Ahnung, wie man so etwas handhabt und
wie viel es kosten würde. Natürlich denke ich dabei an
die namenlos gebliebene Radiostimme, ich würde ihr
gerne einmal ungestört zuhören. Die übrigen Nacht-
studio-Gäste hatten zuletzt einen schweren Stand bei mir.
Für sie werde ich nicht noch einmal halberstickt ins
dunkle Quartier der Decken und Kissenberge abtauchen.
Mich eingraben wie in Unterholz. Seit kurzem bin ich
Abonnentin einer wöchentlich erscheinenden Radiozei-
tung. Deshalb weiß ich, dass der Titel der heutigen Sendung »Phänomene des Scheiterns« lautet. Der Autoren-
name fehlt, eine Ahnung sagt mir aber, dass es sich um
einen Beitrag des unbekannten Potpourri-Verfechters
handelt. Dass ein Abend im Untergrund auf mich wartet. Und ein Flüsterton, der die Zugkraft des Unerlaub-
ten mitbringt. Die Mitternachtsstunde, das Dunkel und
den vom Geschehen ausgeschlossenen Vater im Nebenzimmer.

Winzige, weltentrückte Höhlung. Wie geschaffen für
das Fernweh im Kopf. An diesem Abend wird Alasco
zuhause sein und noch um Mitternacht nebenan über
seinen Büchern, Skalen und Skizzen brüten. Ich habe
rechtzeitig mit dem Aufbau der schallschluckenden Vor-
richtungen begonnen. Aus dem Kopfkissen ist eine Stell-
wand geworden, aus den Mulden und Vertiefungen der
Bettdecke ein stabiles Versteck für das Radiogerät. Ob-

wohl ich überpünktlich war, ist es mir wieder nicht gelungen, den Namen des Nachtstudio-Gastes mitzubekommen. Es lag an der Decke, die nicht dicht genug schloss und seitlich eine offene Flanke bildete. Verdächtige Laute aus meinem Zimmer würde Alasco unverzüglich einer Kontrolle unterziehen. Ich halte es für denkbar, dass sich das Gefühl für Verhältnismäßigkeiten in den Weiten des Universums verformt. Da könnte sich eine Sprecherstimme aus dem Radiogerät, außerhalb der erlaubten Zeit, zu einem Dämon im Zimmer der Tochter aufblähen.

Der Lautstärkeregler ist auf Pianissimo heruntergedreht, erwartungsvoll habe ich in meiner Miniaturtonhalle Einzug gehalten. Nun ist alles gut. Dafür habe ich aber die ersten Sätze des Vortrags verpasst. Ich erkenne die Stimme meines Stargastes sofort. Mit Nachdruck teilt sie mir mit, dass der Komponist Ravel »der Meister von klingenden Masken« ist. Auch die eigensinnige Wortwahl weist auf ihn hin. Wie kommt er darauf, nicht vom »Meister der klingenden Masken« zu sprechen? Wieder der Eindruck, die Stimme habe sich eine eigene Machart zugelegt. Sie hätte einen anderen Auftrittsort verdient als das kümmerliche Verlies, das ich ihr biete. Tante Gerwisa hat kürzlich einen Freund erwähnt, einen Pianisten, den sie den »besten *Legato*-Spieler der Welt« nannte. Sie redete von seiner Pedaltechnik, die selbst beim schnellen Wechsel der Tasten den Ton halte und Tonfolgen wie aus einem Guss erscheinen lasse. Das macht diese Stimme hier mit den Wörtern, ich kann deren pausenlose Abfolge jetzt noch deutlicher hören. Auch, dass sie so klingt, als hätte sie im hintersten Winkel der Kehle eine Höhle entdeckt, die für den lückenlos klingenden Satz die beste Bedingung bietet. Eine Erklärung etwa auch dafür, warum man ihr zuhören muss, bis einem die Puste ausgeht? Weil die geschmeidige Überbrückung ein Wort an das andere anschließt und kein Loskommen möglich ist?

Hat man dann aber einmal den Faden verloren, so wie gerade ich in diesem Moment, hindert einen der eng gefügte Zusammenhalt der Wörter daran, sich wieder einzuklinken; sie machen mir keinen Platz. Bilden eine Phalanx, als wollte sich die ganze Welt in einem einzigen, makellos ausgearbeiteten, allmächtigen Satz zum Ausdruck bringen, vollkommen unbekümmert darum, dass ich auf diese Weise eine sich lange hinziehende Durststrecke hinnehmen muss. Ich bin bereit dazu. Schon allein deshalb, weil meine Situation nicht völlig ins Absurde abdriften darf. Es muss einen Sinn haben, sich in eine Art Ganzkörpersteckkissen hineingestopft zu haben, nur um von einer Weltordnung zu erfahren, die keine Ordnung hat. Ein schneller Gedanke richtet sich auf das schallisolierte, fensterlose Aufnahmestudio des Radiogastes. Seine Abgeschiedenheit ist gar nicht so weit entfernt von meiner Kabine unter Deck, unter der Bettdecke. Mit Sicherheit hat die Radioaufnahme irgendwann in der Vergangenheit stattgefunden, und der Nachtstudio-Besucher wird heute vielleicht in einem hellerleuchteten, gutbesuchten Restaurant zu Abend gespeist, mit Freunden Gespräche geführt haben. Jedenfalls ist er bestimmt mit vollkommen anderen Dingen beschäftigt als damit, mitten in der Nacht in ein Mikrophon hineinzusprechen. An meinem Eindruck, dass trotz-

dem alles sich in diesem Moment, in dieser vollkomme-
nen Gleichzeitigkeit abspielt, ändert das wenig. Eben gerade steht er im Studio und hält eine weiße, mit Schreibmaschinenschrift bedeckte Seite in der Hand. Ich kann
mir die Erscheinung, die ich in Gedanken vor mir sehe,
nicht im Sitzen vorstellen. Auch nicht in einem Herren-
anzug, wie Alasco ihn trägt. Um ehrlich zu sein, nur in
einem mir vollkommen unbekannten Gewand, das man
weder in Europa noch außerhalb Europas trägt.

Ich bräuchte meinen Kopf nur aus der Decke heraus-
zustrecken. Ich weiß, dass es da oben Platz gibt, es gibt
Luft. Aber ich bleibe, wo ich bin. Um dabei zu sein, wie
die Dinge herumgeworfen werden, als seien sie kentern-
de Schiffe. »Gescheiterte« Phänomene eben. Schön und
sterblich. Wie zum Beispiel auch der Homo sapiens. Nur
scheinbar ein glanzvolles Erzeugnis. Wurzelnd in dunklen, unbekannten Zonen. Gerade jetzt möchte ich wissen, wie es weitergeht, muss mich aber mit Luft versor-
gen. Was würde geschehen, wenn ich mich heute Nacht
über das Radioverbot hinwegsetzen würde? Dann hätte
ich wenigstens für ein paar Augenblicke erlebt, wie es
ist. Wie es sich anfühlt, auf eine angenehm herkömm-
liche Weise eine Nachtstudio-Hörerin zu sein. Aber ich
weiß, wie streng, wie berserkerhaft Alasco sein kann,
ich werde hinnehmen müssen, dass die Wörter abrei-
ßen. Dass ich den Homo sapiens seinem Schicksal überlassen, seinem Verhängnis den Rücken kehren muss, um
wieder zu Atem zu kommen.

Vollgepumpt mit frischer Luft, tauche ich in meinen
Bau zurück, wo inzwischen das Drama von den Menschen auf die Musik übergegangen ist. Ich hätte lieber

mehr über die Menschen gehört. Die Stimme selber ist doch schon eine Tondichtung: Wohllaut der üppig akzentuierten Wörter, Stoßkraft der Befunde. Die Gedanken haben sich die Nachdenklichkeit aus dem Gesicht gewischt. Und das Forschen, Lernen und Aufschreiben an die Wand gespielt. Deshalb beißen sie zu, schnappen sie nach mir. Als hätten sie die Dinge selber mitgebracht.

Musik ist immer nur eine Kopie, höre ich. Sobald sie zu den Instrumenten übergelaufen ist, der Partitur den Rücken zugekehrt hat, sobald die Instrumente und die Instrumentalisten am Werk sind, ist sie zum Scheitern verurteilt. Naturgemäß. Ich werde sie genau im Auge behalten, wenn ich das nächste Mal im Mozarteum bin. Die Musiker werden sich dort wie immer ins Zeug legen. Die Ouvertüre der *Zauberflöte* spielen sie besser als jedes andere Orchester der Welt, sagt man. Wenn sie wüssten, wie hauchdünn der Abstand ist, der sie von einer Katastrophe trennt. Sie ahnen nicht, dass ihnen die Musik mit jedem Ton unter den Händen zerfällt. Sie sind die am teuersten bezahlten Hochstapler der Welt, niemand wird etwas merken, niemand ihre Darbietung in Zweifel ziehen. Ich sehe mich schon, wie ich in Kenntnis der drohenden Gefahr neben dem gläubigen Alasco sitze, unter all den anderen gläubigen Besuchern. Ich werde mir nichts entgehen lassen, misstrauisch den Tönen hinterherhorchen und den Verdacht nicht loswerden, einen missglückten Abend hinter mich gebracht zu haben. Aber das Schlimmste kommt noch, sagt die beharrliche, die gefasste, die dem Furchtbarsten Widerstand leistende Stimme. Am folgenreichsten wirke sich nämlich der verfehlte, der danebengegriffene einzelne Ton aus. Ein Patzer auf der Klaviertastatur bedeute den Todesstoß für den ganzen Abend.

Ich weiß nicht, welche Spannung mir mehr zu schaffen macht. Die eben gehörten Worte oder die dünngewordene Luft. Direkt vor meinen Augen sehe ich jemanden herausklettern aus unserer Welt. Umsteigen in ein ganz anderes Leben. In eine Wirklichkeit, in der sich das fragile, kurzlebige Gebilde eines Tons so rabiat wie ein Speerwurf gebärdet. Wie kann ich bloß meine Gedanken dazu bringen, sich diesem anderen Universum zuzuwenden? Dorthin, wo ein kleiner Finger in seinem winzigen Danebengreifen einen Konzertabend in den Mond schießen kann? Einen Augenblick lang sehe ich Alascos Teleskope vor mir. Ihre feingeschliffenen Linsen können die kleinen Sterne so weit dehnen, erweitern und in die Breite ziehen, dass man sie gar nicht mehr wiedererkennt. Unterm Mikroskop nehmen sie ein vollkommen anderes Leben an. Das Leben aufbrausender, bis zum Gehtnichtmehr hitzköpfiger Kreaturen! Je näher man ihnen kommt, desto näher rückt man ihrem Alles-oder-nichts.

In meinem Federbettbunker steht der Stimme aus dem Radio keine Zimmerpflanze im Weg, kein Möbelstück, kein abgelegtes Wäschestück, keine Erinnerung an den Tag. Kein Echo eines Zuhauses, das man kennt. Ich stehe unter dem Eindruck, der Machtstellung des scheiternden Tones bisher viel zu wenig Aufmerksamkeit geschenkt zu haben. Wieder erwäge ich die Anschaffung eines Sauerstoffgerätes. Ab sofort darf ich mir keinen Atemzug mehr erlauben. Gerade jetzt aber möchte ich wissen, wie es weitergeht. Mit dem Ton. Mit dem verpatzten Konzertabend. Und tatsächlich, es deutet sich eine unerwartete Beruhigung der Lage an, ein Ausweg, der sich im letzten Moment doch noch für das unglückselige Danebengreifen des schuldig gewordenen Musikers ergibt. Höchste Zeit, die Lautstärke der sprechenden, weitersprechenden Stimme noch ein weiteres Stück herunterzudimmen. Um gefahrlos frische Luft zu tanken, lasse ich von ihr nur noch ein leises, behutsames Zirpen, einen Summlaut hinter mir zurück.

Das Zimmer, endlich, lässt mich atmen. In diese Lücke hinein drängt sich die Redewendung Alascos, wenn er seine Begeisterung für ein neu erworbenes Fernsichtgerät zum Ausdruck bringt. »Ein Apparat, der alle Stückln spielt«, sagt er dann. Warum sollte das nur astronomischen Geräten gelingen? Schon halb zurück in meiner unnatürlichen Bleibe, kommt mir der Gedanke, dass auch der menschliche Geist ein solcher alle Stückln spielender Apparat sein kann. Dabei drehe ich den Lautstärkeregler höher und bin überraschenderweise sofort mitten im Geschehen. Hier helfe nun kein Hinbiegen oder Ausbügeln mehr. Der falsche Ton ist da, man hat ihn gehört, er hat gerade eine Motette zum Kippen gebracht. Die Motette, nun gut, sie ist ins Wasser gefallen, man hat damit zu rechnen gehabt. Die Nachricht klingt beängstigend und besänftigend. Es liegt im Wesen der Motette, im Wesen jeder Musik, Schiffbruch zu erleiden. Wer aufs Gelingen aus ist, kommt um die Blamage nicht herum. Mit diesen Worten erhält der ungeratene Ton im Nachhinein eine Art Lizenz.

Die Nachricht bringt Frieden in das nächtliche Versteck. Man darf das Dilemma hinter sich lassen. Oder doch nicht? Bloß keiner Fiktion aufsitzen. Oder einem verfrühten Waffenstillstand. Bei dieser Stimme, federnd wie sie ist, gelenkig, kunstvoll wie der Fuß einer Tänzerin, muss mit Überraschungen gerechnet werden. Ich möchte wissen, wie viel Zeit Radio Wien uns noch zur Verfügung stellt. Gleich wird der Sprecher das Ende der Sendung ankündigen. Am liebsten würde ich auf die Uhr schauen und Licht anmachen. Verräterisches Licht, das durch die Jalousien oder Türritzen nach außen dringen kann. Tatsächlich gibt es Anzeichen für eine weitere Wendung des Geschehens. Eine Wendung, Windung oder Schleife. Nein, doch nicht, eher läuft es auf eine Zuspitzung hinaus. Die Stimme klingt jetzt kräftig, beinahe sportlich. Als würde es sich bei ihr um einen Muskel handeln. Sie scheint alles zu wissen, nur nicht, glücklicherweise, in welchen Verhältnissen sie ihre Zuhörer antrifft.

Ich habe den Kopf eingezogen, den Rücken krummgemacht. Mehr Platz ist nicht da. Das Geheimfach, in dem ich mich klein mache, befindet sich jenseits aller Verbindungen zum Naheliegenden. Zu dem geblümten Schirm der Lampe, zur Kleidung, die ich mir für den kommenden Schultag herausgelegt habe. Sie existieren woanders, momentan nicht einmal mehr als Vorstellung. Einkassiert von einer Stimme, die sich darauf versteht, die Dinge in eine Schräglage zu bringen. Sie stehen auf einer ungenügend justierten Waage, kämpfen um ihr Gleichgewicht und finden es nicht. Vielleicht ist die *Fliehkraft* im Innersten der Dinge das Band, das die Welt zusammenhält. Ein Sich-Winden, ein Umsichschlagen. Die Dinge sind auf dem Sprung.

Ende der Sendung. Der Name des Autors: Wiesengrund. Ich tauche aus den Kissen in die Dunkelheit des Zimmers ein. Ich ziehe das Radiogerät unter der Bettdecke hervor und stelle es an seinen Platz zurück. In Gedanken sehe ich die vielen anderen Zuhörer des Sendebereiches in ihren beleuchteten Zimmern vor mir. Sie sitzen zurückgelehnt in ihren Sesseln. Neben ihnen auf einem Beistelltisch steht eine Schale mit Keksen, die mit Schokolade überzogen sind. Morgen werde ich wieder im Klassenzimmer sitzen und auf eine Tafel starren. Ich werde mit dem Versuch beschäftigt sein, mich an Dinge zu erinnern, die mich atemlos und benommen gemacht haben.

Ruhelose Nachbarschaft

Im Schaufenster eines Antiquariats fällt mir ein Buch auf. Sein Titel enthält zwei überaus imposante Wörter, »Philosophie« und »Neue Musik«. Erscheinungsjahr 1947. Erst dann entdecke ich auf dem gelblichen Pappband mit den abgestoßenen Ecken den Namen des Verfassers. Das gelbliche Hellbraun des Einbandes wiederholt sich auf den Druckseiten im Innern des Buches. Ich kenne bisher nur Bücher mit weißen Seiten. Es ist das erste Mal, dass ich in Form von Buchstaben und Wörtern vor mir sehe, was mir sonst die Nachtstudio-Stimme als fertig aufgezeichneten Beitrag vorgesetzt hat. Ich werde nun selbst über das Tempo der Eindrücke entscheiden, ich kann die Sätze doppelt und dreifach lesen oder sie überspringen. Kann ihren Sinn verloren geben oder ihn zu entschlüsseln versuchen.

Frau Andrian hat zuhause mit dem Essen auf mich gewartet, wochentags findet es immer in der Küche statt, an diesem Tag mit Kürbissuppe und Gemüsestrudel. In Gedanken blättere ich die gelben Seiten um. Ich fühle die Verantwortung, die mir das Buch auferlegt. Es erwartet von mir eine sinnvolle Regie beim Lesen. Ich habe schon im Antiquariat gemerkt, dass die dicht gedrängten Zeilen wie ein Gedankensturzbach aussehen. Frau Andrian wird am Wochenende nach Wien reisen, mit der Schwester will sie in die Donauauen nach Morcheln suchen. Zum Glück ist sie mit dem Strudel beschäftigt, mit dem Abschmecken der dazugehörigen Schnittlauchremoulade. Sie merkt nicht, dass ich nicht bei der Sache bin. Morcheln seien nicht ganz ungefährlich, sagt sie. Ein paar Mal habe sie schon Pech damit gehabt. Eine bestimmte Sorte sei darunter, die man zuerst zehn Minuten lang sieden und dann sechs Wochen dörren müsse. Gleich werde ich vom Tisch aufstehen und in dem neuen Buch herumblättern. Ich werde das Schriftbild der Seiten anstarren und probeweise mitten hineinspringen in Abschnitte, in Sätze, Wörter. Perfekte Morchelbegleitgerichte seien zum Beispiel ein Paprikahendl oder gefüllte Kalbsbrust, sagt sie. »Servus, bis morgen«, ruft sie mir nach unserem gemeinsamen Essen zu.

Ich blicke auf eine winzige Schrifttype, einen absatzlosen Text. Übervoll, eng gefasst. Das Nachtstudio in Buchstabenform. Ich hätte nicht gedacht, dass ich schon auf den ersten, zufällig aufgeschlagenen Seiten auf einen Satz stoße, der es auf mich abgesehen hat. Und sich augenblicklich in mir festsetzt. Dabei kommt er in großer Aufmachung daher. In einem Gepränge, das sich eigentlich jedem Versuch widersetzt, ihn vorschnell mit Beschlag zu belegen. Trotzdem fliege ich auf diese Wörter, die von der Vereinsamung des Subjekts in der spätbürgerlichen Phase reden. Eigentlich keine Mitteilung, die man persönlich nehmen könnte. Man hört ihr an, dass hier außerordentliche Dinge verhandelt werden. Ganze Zeitalter, diverse Zivilisationsstufen. Die Leute am Grünmarkt, die sich in ihren Lodenjankern vor den Einkaufsständen drängeln, sind bestimmt nicht damit gemeint. Auch ich nicht. Eigentlich spricht alles dagegen, dass mich der Auftritt eines als vereinsamt bezeichneten Subjekts spätbürgerlichen Herkommens auf diese Weise ergreifen kann. Im gleichen Moment taucht die Frage auf, weshalb ein derartig personenfernes Etwas wie ein übergreifend gedachtes spätbürgerliches Subjekt überhaupt das Gefühl der Einsamkeit kennt. Woher es überhaupt eine Lebensäußerung und ein Gemüt bezieht.

Wer den nächtlichen Boten aus Ätherland nicht verstanden hatte, blitzschnell, ging leer aus. Mit den gedruckten Wörtern aber lässt sich handeln. Ihr zurückhaltendes schwarzes Kleid hat etwas Wehrloses. Ihre unaufdringliche Ausführung verführt zu eigenwilligen Manövern. Ich greife mir mitten aus dem Buch zwei, drei Wörter heraus und erkläre sie zu Dreh- und Angelpunkten der Lektüre. Vereinsamung, spätbürgerlich und Subjekt. Ich will die drei, ich schnappe sie mir. Gründe dafür kenne ich nicht, tue es aber trotzdem, zu meinem eigenen Erstaunen. Ich habe mit Alasco und seinen Sternen und Tante Gerwisa ein wirklich schönes Leben. Dennoch fliege ich auf diesen ziemlich aufgemotzten, aus einem Philosophiebuch stammenden Ausspruch. Weil seine Dramatik auf mich zugeschnitten ist. Ich brauche ihrem Sog nur nachzugeben, er steuert direkt auf den Ort des Geschehens zu, wo ich auf eine Erscheinung treffe, eine Figur, in ihren Umrissen nur ungenau: meine Mutter. Sie sei das Opfer eines Verkehrsunfalls gewesen, hat es geheißen. Dann seien die Sterne gekommen und hätten sie in ihre Mitte genommen. Alasco hat eine ganze Reihe von ihnen aufgezählt und mir ihre Namen auf einen Zettel geschrieben. So sind für mich Mekbuda, Antares, Toliman und Ascella zu Onkeln und Tanten und aus der Mutter ist ein funkelndes Wesen geworden, das vom Himmel zu mir heruntergrüßt. Die Einsamkeit muss später eingesetzt haben, es muss passiert sein, als Tante Gerwisa, kurz vor meinem Eintritt ins Gymnasium, zu mir sagte, »Du bist kein mutterloses Kind, Hanna«. Und, damit es ja keinen Zweifel gab, wiederholte sie ihre Botschaft und sagte, »Deine Mutter lebt«. Es habe niemals einen Verkehrsunfall gegeben. »Du kennst ja deinen Vater«, so oder ähnlich hatte Gerwisa sich geäußert. Er habe es nicht übers Herz gebracht, mir die Wahrheit zu sagen und sie, Gerwisa, gebeten, dies für ihn zu übernehmen.

Bei klarem Himmel glaubte ich sie im Umkreis anderer Sterne zielsicher ausfindig machen zu können. Unter den Tausenden gab es immer einen, der mir deutlich zu verstehen gab, dass er der richtige, der von mir gesuchte war. Sie hatte als Kunststickerin gearbeitet. Ihre Spezialität, hatte Gerwisa Vogel mir erzählt, waren Damenblusen und Taufkleider, die sie mit Blütendolden und verzweigtem Blattwerk verzierte. »So plastisch, wie du es dir gar nicht vorstellen kannst«, sagte sie. Kleine Vögel seien zwischen den Blüten herumgeflattert. Falter gab es, »Perlmuttfarbenes in Hülle und Fülle«. Die Mutter lebt jetzt in Amerika, höre ich. Sie hat dort geheiratet. Einen *american great guy*. Er habe sich in Salzburg, der Stadt der Gerbereien, mit neuen mineralischen Verfahren der Lederbearbeitung vertraut gemacht; ein in den USA noch unbekanntes Verfahren. »Sie hat sehr geweint, weil sie dich nicht mitnehmen durfte.«

Ich sehe die Mutter vor mir, kein Stern mehr, sondern eine Frau, die in dem überseeischen Land mit ihrem neuen Mann in ein neues Haus einzieht und bald vielleicht schon die Mutter eines neuen Kindes ist. Froh, kein altes Haus, keinen alten Mann und kein altes Kind mehr zu haben. Sie hat genug von ihrem Salzburger Leben, wo ihr Mann als Eigentümer eines astronomischen Geräteparks fast schon selber zu einer Art von Apparatur geworden ist. Mag sie sich an den Geschichten des neuen Mannes erfreuen, der ihr von der Verwandlung einer Kuhhaut in eine Damentasche erzählen wird. Erbittert stopfe ich das Paar in Gedanken in ein engmaschiges, kleingehaltenes Leben. In eine Puppenstubenwelt. Die Mutter hat ihren Sternenplatz verspielt. Sie verdient es, von nun an wieder auf der Erde herumzustapfen. Noch dazu auf einer fremden. Eine Erde, die ihr besser zu gefallen scheint als das Salzburger Pflaster, wo sie mit ihrem Kind auf dem Arm spazieren gegangen ist. Ihr Kopf beugt sich nicht mehr über eine Stickarbeit, sondern über eine verchromte Kaffeemaschine.

Gerwisas Eröffnungen stellten mich vor die Frage, welche der beiden Mütter nun eigentlich die richtige war. Welche von beiden zählte. Das tote, das von mir zur Reliquie erhobene Sternenwesen, unverbrüchlich zu mir stehend und makellos? Oder die mit Leben erfüllte Verräterin in Amerika? Auf einmal gab es zwei Mütter, ein über Zeit und Raum hinweg in ruheloser Nachbarschaft einander zugekehrtes Gespann. Als ich endlich durch war mit den Tränen und mir sagte, ich sei mit meiner Einsamkeit ganz gut zurechtgekommen, trat am deutlichsten in dem Tarnwort des »spätbürgerlich« das untröstliche Gefühl einer verspäteten, nachträglichen Verwundung zutage.

Vergrößerung

Glaubt man Alasco, ist den Erdkreisbewohnern eine Anfälligkeit für Irrtümer eigen. Zu seinen Lieblingsbeschäftigungen gehört der Nachruf auf die Euklidische Geometrie. Im Widerspruch zu den Unterweisungen meiner Physiklehrerin lässt sich Alasco gern darüber aus, dass Wirkungen nicht unbedingt eine Ursache haben müssen. Und dass Materie letztendlich nichts Materielles sei. In solchen Momenten geht es einmal nicht um Himmelskörper, sondern um unseren Esstisch. Kaum dass Alasco ihn zum Thema gemacht hat, verwandelt er sich in eine undefinierbare Größe. In ein undurchsichtiges, schemenhaftes Ding, dem man besser nicht über den Weg trauen sollte. Dass der Tisch das Gewicht der Suppenschüssel bewältigt, ist auf einmal keine Selbstverständlichkeit mehr. Dennoch darauf zu bauen bedeutet nichts weiter, als auf den Unverstand des menschlichen Auges zu setzen. Ungerührt wendet sich Alasco dann dem Schreckbild der leeren, gekrümmten Räume zu, die wir für einen Esstisch halten. Dabei macht er sich mit Messer und Gabel über den kalten Aufschnitt her, der fast den gesamten vor ihm stehenden Teller bedeckt. Er entkorkt eine Rotweinflasche und schenkt sich ein. Wer weiß, welche unsichtbaren Systeme an dieser Aktion beteiligt sind. Ich habe mich lange vor dem Nichts und der Leere, den gekrümmten Räumen und den niederstürzenden Sternen gefürchtet. Aber nach und nach luchse ich ihnen etwas Verlockendes ab. Mit den

Augen Alascos gesehen, ist unsere Welt verdammt mehrdeutig. Daher aber auch weiträumiger, luftiger, als ich sie mir vorgestellt habe. Es gibt eine zweite oder dritte in Tisch und Haus und Blume untergebrachte Wirklichkeit.

Und wenn er erst mal so richtig in Fahrt ist, bekommt auch der hochgeschätzte Werner Heisenberg sein Fett weg. Alasco findet, er habe seine eigene Entdeckung nicht verstanden. Wenn Alasco sich dieses Thema vorknöpft, fordert er mich auf, an eine Zwickmühle zu denken. Zirkusreif nennt er die Aufgabenstellung des Heisenberg'schen »Beobachters«. »Entweder er weiß, wo er ist«, sagt er langsam, jedes Wort betonend, »aber nicht, wo er hingeht. Oder umgekehrt«, seine Stimme nimmt etwas Beschwörendes an, »er weiß, wohin er geht, aber nicht, wo er ist«. Und dann legt er los. Welch ein Irrtum, an dieser Stelle von einem Beobachter zu sprechen! Ein Beobachter stünde abseits; außerhalb. Wie durch eine Scheibe getrennt von dem, was sich ihm zeigt. Ein handfester Teilnehmer, ein Akteur sei da am Werk! »Herr Heisenberg, Ihr Herr Beobachter steckt mitten drin in ana Kalamität!« Alasco sieht erbost aus. Er hat auf diesem Gebiet keinen Namen, er tobt, es wäre Stoff für eine Veröffentlichung. Aber er ist an Stampfer gebunden, und er hat mich. Ein geduldiges Gegenüber. Er macht sich einen Spaß daraus, mich wieder und wieder auf sein Credo einzuschwören. »Denk dran, Hanna. Die Stadt und die Berge, Frau Andrian und das Stiegenhaus, wir biegen uns das alles zurecht, nichts davon ist wirklich.«

Alasco hatte es gut, hatte Beweise in der Hand für die unwirkliche Wirklichkeit; mir wurde sie einfach vor die

Nase gesetzt. Es wurde Zeit, mich nach eigenen Instrumenten umzusehen, nach *meinen* Teleskopen. Die Leihbibliothek am Rudolfskai war meine erste Anlaufstelle. Ich trug Bücher, Bücherberge in die Wohnung. Die Bücher hielten Lupen bereit. In ihnen kamen die Menschen ganz groß heraus. Man konnte sie überdeutlich erkennen, sie trugen ihre Eigenschaften wie auf einem Tablett vor sich her. Ich hatte immer gedacht, dass die Sterne am Ende der Welt leben, aber es sind die Menschen. In den Büchern irren sie gedankentief herum. Oder sind vollkommen aus dem Häuschen geraten. Preschen in gewagte Unternehmungen vor, in die Gefahr. Es sind Komiker, Schöpfer oder Verräter. Gebeutelt von Einbildungen, heimgesucht von Einsichten. Auch von den Sternen war die Rede, Alascos Sternen. In den Büchern sahen sie aus, als wären sie in einer Gemäldegalerie überarbeitet worden. Bei Georg Trakl haben sie das Aussehen »fallender« und von »weißer Traurigkeit« gezeichneter Phantome. Bei Chamisso hat sich ein »lichtes Gold« über sie gebreitet. Hofmannsthal zeigt sie uns als Gäste, die »mit zum Fest gehören« in einem »durchsichtigen Haus«.

So vornehm und feierlich geht's bei Wiesengrund nicht zu. Im Gegenteil. Ich habe mich damit abgefunden, dass seine Lektüre ein geschäftiges kleines Tier aus mir macht. Unerschrocken schlägt es sich durch das verzweigte Revier der Schriftzeichen, nimmt Witterung auf, bleibt stehen, kehrt wieder zurück, sucht nach einem anderen Weg. Dabei sehen doch seine Bücher in der Auslage der Dombuchhandlung wie ganz normale Verlagsprodukte aus. Druckerzeugnisse, über die sich meine Augen normalerweise wie ein präzise eingestelltes kleines Getriebe hermachen. Bei seinen Büchern aber scheinen die Drehzahlen nicht mehr zu stimmen. Zahnräder scheinen zu streiken, irgendetwas muss ausgefallen sein, was üblicherweise in einem Getriebe zu funktionieren hat. Die Lektüre auf eine spätere Zeit verschieben? Die Wahrheit auf die lange Bank schieben? Wenn ich jetzt aussteige, ist der Pakt gebrochen, den ich auf eigene Rechnung mit dem abenteuerlichen Gedankenarbeiter geschlossen habe. Ein Pakt ist etwas Heroisches, das weiß man aus der Nibelungensage. Ohne die Bereitschaft, für ihn zu leiden, hat er seine Gültigkeit verloren.

Ich habe mir da einen strapaziösen Maestro an Land gezogen. Einen leidigen Störenfried in den Augen der anderen. Alasco hasst Elternabende. Noch mehr, wenn der Deutschlehrer, Herr Adlmayer, schaudernd aus den Arbeiten der Tochter zitiert. Sie hat »den Wiesengrund« gelesen, kommentiert Herr Adlmayer die Darbietung meiner sprachlichen Verstöße. Bei den schriftlichen Arbeiten hätten sich überflüssige Buchstaben in die Fremdwörter eingeschlichen. Herr Adlmayer mag keine Fremdwörter und spricht von »geschraubt« und »daneben«. Und davon, dass ich für gutgemeinte Hilfestellungen nicht ansprechbar sei. »Wer genau ist denn eigentlich dieser Wiesengrund?«, fragt mich Alasco am nächsten Morgen. Er berichtet von erregten Ausrufen und von einer allgemeinen Aufgebrachtheit, als sei es um den Leibhaftigen gegangen. Es ist das erste Mal, dass ich Alasco den Namen Wiesengrund aussprechen höre. Es klingt wie skán-da-lon; argwöhnisch. Alasco ist ein Held auf dem Gebiet der unbegrenzten Räume. In der verzwickten Welt der Menschenwesen ist er pfeilgrad a Haserl.

Ich mache mir Gedanken über die verbotene Frucht, die den Lehrern so unbekömmlich erscheint. Welche Substanzen, frage ich mich, welche unbekannten Fermente in den Wörtern mögen es sein, die das Lehrerzimmer zum Ort eines kollektiven Aufstandes werden lassen. In ihren Augen bin ich eine Schülerin, die mit gefährlichen Essenzen in Berührung gekommen ist. Auf einmal ist das von mir gehütete Geheimnis des Nachtstudio-Gastes zu einem Fall geworden. Zu einem Drama beinahe. Gerwisa würde amüsiert hinzufügen, »mit Tremolo«.

Es kommt vor, dass ich gegen den Pakt verstoße, es gibt diese unrühmlichen Augenblicke. Dann, wenn sich die Augen der Lehrer und Mitschüler wie Saugnäpfe an mich heften. Wenn ich nicht weiterweiß, wenn ich Fehler mache. Sie haben es ja gleich gesagt. Haben von Anfang an vor Wiesengrund gewarnt. Ich ringe vor ihrem schonungslosen Blick um Antworten. Je erfolgloser ich dabei bin, desto verwegener, rigoroser fliege ich auf den erstbesten Einfall, auf das ins Blaue hinein Phantasierte. Jedes Zögern könnte die undichten Stellen in meinem Harnisch verraten. Den ironischen Entgegnungen der Lehrer ist schwer beizukommen. Ich fühle, wie er wackelt, der Thron der zu allem bereiten Komplizin. Dann taucht auf einmal sogar der Gedanke auf, für des Kaisers neue Kleider in die Schlacht gezogen zu sein. Feine Risse im Bündnis mit meinem Frankfurter Visavis werden fühlbar.

Wenn ich ihm im Nachtstudio dann aber wiederbegegne, habe ich am nächsten Morgen das Gefühl, alle meine Trümpfe aufs Neue in der Hand zu haben. Aber auch den Eindruck, ich wäre lange von zuhause fort gewesen. Lehrer und Mitschüler haben über Nacht das Aussehen träger, tapsiger Zweibeiner angenommen. In einer Mischung von Unwissenheit und Ungeschliffenheit machen sie sich an der Wirklichkeit zu schaffen. Sie müssen ein Leben ohne Wiesengrund in Kauf nehmen. Ich stelle mir ihre Hirne ruhelos schlingernd, hilflos und konfus vor. Oder, in einer anderen Version, schlaff, dickhäutig und abgekämpft. Menschliches Triebwerk, das einen unangemessen beschaulichen, gefassten Eindruck auf mich macht.

Am Morgen nach einer Nachtstudio-Nacht hat auch meine Stadt, das schöne Salzburg, ihr Aussehen verändert. Ich glaube, den eng geführten Gassen ansehen zu können, wie viele Blicke sich schon über sie hergemacht haben. Und auch, dass Fluss und Dom und Haus um Haus wie festgeklopft dastehen. Am nächsten Morgen sieht die Stadt so künstlich aus wie ein zum Kupferstich gewordenes, begradigtes Bild. Dabei hat hier der Krieg getobt. Ganze Häuserzeilen sind in Schutt und Asche gelegt worden. Mozarts Wohnhaus. Die Kaigasse. Das »Mozartkino«, unter dessen zerbombtem Zuschauerraum man einen römischen Tempel zutage förderte. Für ihre Bewohner wird sie immer eine Stadt »wie aus dem Schächtelchen« bleiben. Am nächsten Morgen stelle ich fest: Ich möchte nicht in einem Schächtelchen wohnen. Ich möchte keinen Deckel über mir fühlen. Nicht das Gefühl haben, wie ein Praliné in den raschelnden weißen oder braunen Papierförmchen untergebracht zu sein.

Erst am nächsten Morgen komme ich darauf, in den

Frankfurter Radio-Notturnos einen Ton der Dringlichkeit gehört zu haben. Erst dann kommen mir die vielen Zeichen der Lossagung und der Abkehr zu Bewusstsein. In Wiesengrunds Reich hagelt es Abschiede. Wenig Taugliches hat überlebt. Ein Haus wird besichtigt, in dem kaum noch ein Stück gebrauchsfähig ist. Das Haus ist baufällig, das Haus ist Europa und ein Wrack. Am nächsten Morgen ist mit mir nicht gut Kirschen essen. In meiner Nähe hat man die Dinge furchtbar genau zu nehmen. Man hat auf dem Kriegsfuß zu stehen mit allem Übereilten und Dahingesagten. In meinem Kopf betätigt sich eine eigensinnige, sich selbst überlassene Apparatur. Sie haben eine Vergangenheit am Hals, lautet die Codierung der Apparatur. Tagsüber stellt man ein beschäftigtes Leben auf die Beine, nachts schläft man sich aus. Ihr habt nicht zu schlafen, lautet die zweite Codierung.

Die Geschichtslehrerin schreibt das Wort »Austrofaschismus« an die Tafel. Das Weiß der Kreide hebt sich von dem schwarzen Hintergrund der Schiefertafel besonders hell, geradezu leuchtend ab. Zuhause, von meinem Zimmer aus, horche ich auf das muntere Herumhantieren im Küchenbereich. Frau Andrian lässt mich teilhaben an ihrem zweifelsfreien, an Selbstgerechtigkeit grenzenden Umgang mit Schüsseln und Frühstückstellern. Auch in *ihrem* Kopf müssen die Kriegsjahre, müssen Zeitungsmeldungen und Radionachrichten einen Abdruck hinterlassen haben. Am nächsten Morgen höre ich in dem Geschmetter aus der Küche die Untat eines erinnerungsresistenten Hirns. Ein Sensorium bildet sich heraus wie ein neues Organ. Es schlägt Alarm bei der allseits eingespielten, gutmütigen Anrede des »Grüß Gott«, also viele Male am Tag. Das Wort ist überall dabei. Steht zur Verfügung. Springt in die Bresche.

Das neue Organ hat einen Halbsatz ausfindig gemacht, wieder in der *Philosophie der Neuen Musik,* hat ihn mitten auf einer Buchseite herausgepickt, man konnte ihn nicht überlesen. Formelhaft, von einem dunklen Wissen getränkt, hat er den Lagebericht einer ganzen Epoche in sich aufgenommen. »Nach dem, was in Europa geschah«, lese ich. Ich habe im Geschichtsunterricht davon erzählt und Frau Dr. Kudl hat uns ein paar Daten aufgetischt. 1933 war ein gutes Jahr, Erwin Schrödinger erhielt den Nobelpreis für Physik. Und weil sie auch das Fach Physik unterrichtet, weiht sie uns in Schrödingers Überlegungen zum Phänomen der Paralleluniversen ein. Durch ihr wendiges Hin und Her zwischen den hypothetischen Welten und dem, »was in Europa geschah«, entsteht zwischen beiden ein immer enger werdender Zusammenhang, am Ende rücken sie so nahe zusammen, dass von dem Halbsatz nur noch schwache, kaum hörbare Signale ausgehen.

Verwegen planlos

Es dauert eine ganze Weile, einige Wochen, bis ich eine Antwort aus Frankfurt erhalte. Hanna Werbezirk gibt schon mal ein Lebenszeichen. Salzburger Schülerin wartet auf Antwort. Bitte melden. In einem Brief ans Frankfurter Institut habe ich um das Radiomanuskript eines Vortrags gebeten: Wiesengrund über Marcel Proust im Nachtstudio. Er habe sich gefreut über meine Nachricht, teilt mir das Sekretariat in der Senckenberganlage mit. Das Schreiben enthält die bibliographische Angabe des demnächst mit dem Proust-Vortrag erscheinenden Buches. Ein dünner Faden ist geknüpft. Unerwartet strapazierfähig. Mit ihm habe ich eine Art Depot in Frankfurt eröffnet. Sozusagen eine Zweigstelle meiner Existenz. Ich beobachte, dass die Wirklichkeit an Überzeugungskraft gewonnen hat. Auseinanderstrebende Feldlinien haben einen Magnetkern gefunden.

In einem Buch der Salzburger Universitätsbibliothek entdecke ich eine Abbildung des Instituts, ein Gebäude von betäubender Geradlinigkeit. Seine Außenfront sieht wie ein hochkant gestelltes Tablett aus. Ein Tablett mit unzähligen, eng verfugten, achsensymmetrisch angeordneten Fensteröffnungen. In Salzburg hätte Wiesengrunds Institut in einem der Barockhäuser am Alten Markt seinen Platz gefunden. In direkter Nachbarschaft zur Konditorei Fürst. Oder in dem Haus mit den dreigeschossigen Arkaden am Waagplatz. Viele Arkaden, viele Konditoreien, damit ist Salzburg gesegnet. Ich habe

mir das Frankfurter Institut nicht auch nur annähernd
so nüchtern und schmucklos vorgestellt. Eine Treppe
führt hinauf zur Eingangstür, ihr metallisch blitzendes
Geländer sieht aus wie geschient. Man merkt dem Neubau die Nachkriegszeit an. Kein Haus für einen Geistes-
fürsten. Hier hat ein friedloser Zeitgenosse seine Zelte
aufgeschlagen. Er bringt Geschichte und ein Schicksal
mit. Hinter der genügsamen Fassade seines Hauses kann
man ein von unruhigen Abenteuern und Widerrufen bestimmtes Denken vermuten.

In Gedanken stelle ich mich auf die Stufen der Treppe, steige sie rauf und wieder runter, möchte dem linien-
treuen Gehäuse näherkommen. Von Salzburg aus sehe
ich mich über die Stufen laufen. Ich fühle den Stein, die
Kälte des Bodens, das Gleichmaß der Abstände von einer Stufe zur anderen. Die Treppe wird zum Laufsteg,
sie trägt mich von der Straße aus ins Innere des Gebäu-
des. Wie kann man mit einer Treppe auf Tuchfühlung
gehen! Die kindische Methode lässt mich von Salzburg
aus zum ganz gewöhnlichen Benutzer einer Treppe werden. Und das gleich in mehreren Varianten. Ich spiele
ganze Skalen von Gemütsbewegungen durch, die auf die
verschiedenartigste Weise meinen Gang über die Treppe begleiten und in die Bewegungsabläufe eingreifen.

Die nachdenkliche Version macht die Beine schwer,
sie arbeiten sich Stufe für Stufe voran. Die Beine tragen an den Gewichten, die ihnen ein weit verzweigtes
Gedankengetriebe auferlegt. Der Gesichtsausdruck ist
geistesabwesend, er signalisiert ein schwerwiegendes
Theorieproblem. Die diensteifrige Variante treibt mich
zur Eile, ich werde erwartet und kann mir keine gemäch-

lichen, bedachtsam gesetzten Schritte erlauben. Die siegreiche verlangt von mir, drei Stufen auf einmal zu nehmen. Ohne nach links und rechts zu schauen. Als würde ich auf eine gute Nachricht zulaufen. Auf diese Weise bin ich fast schon Teil des Instituts, Teil des in seinen Räumen stattfindenden Lebens.

Im Lauf der Wochen und Monate ist mit der Treppe etwas geschehen. Sie hat ein bemerkenswertes Ausmaß an Plastizität angenommen. An Naturtreue geradezu. Sie kommt mir vor wie ein lange im Dunkeln zurückgehaltenes, rabiat gewordenes Haustier. Die Treppe erhebt den Anspruch, aus dem Rahmen der Fiktion herauszuspringen. Das Phantom spielt nicht mehr mit. Zeit, die Dinge ins Rollen zu bringen. Als ich Tante Gerwisa in meine Frankfurter Studienpläne einweihe, stehen wir oben auf dem Mönchsberg, direkt vor dem Kupelwieserschlössl. Von hier aus sieht die Stadt wie eine herausgeputzte Fata Morgana aus und so, als könnte sie in einer ausgestreckten Hand Platz finden. Von der Seite her schiebt sich die Frankfurter Institutstreppe mit ihrer lotrecht aufragenden Betonkontur ins Bild. Kaum dass mein Vorhaben offiziell geworden ist, fangen die Zweifel an. In den erfundenen Wirklichkeiten war ich eigentlich ganz gut untergebracht, denke ich auf einmal. Mithilfe der Radiostunden, der geträumten Treppe, den diversen Auftritten, die ich als hochverdächtige Schülerin bewerkstelligte, hatte ich für Wiesengrund ein paar brauchbare Quartiere geschaffen. Jenseits davon würden sich ein paar Dinge grundlegend ändern.

Zum Beispiel meine Art der Lektüre. Ich meine jenes ziellose Brüten über den heiklen Aufgabenstellungen Wiesengrunds. Das eilige Tun und Tüfteln, das Drehen und Wenden der Überlegungen und Erwägungen. Ich fürchte um meine planlos verwegene Kreuz-und-quer-Lektüre. Um die Eigenheiten, die mit der ganz und gar auf sich selbst gestellten Eroberung, ureigenen Entdeckung verbunden sind. Beschämt würde ich auch das regellose Herumstöbern in den Partituren Bergs und Schönbergs einstellen müssen, die Gerwisa Vogel in der Bibliothek des Mozarteums für mich aufgetrieben hat. Ich würde mich nicht länger als musikwissenschaftlich ahnungslose Betrachterin über ein Notenbild beugen dürfen. Nicht länger der Einbildung folgen können, auf diese Weise etwas vom Wesen einer Komposition zu verstehen.

Eigentlich hätte ich meine Schonzeit gern ins Unendliche ausgedehnt, mich weiterhin als Eigentümerin eines unteilbaren privaten Besitzes gefühlt. Am liebsten wäre ich ewig in einer nicht näher definierten Reichweite Wiesengrunds geblieben; unentdeckt, mir selbst überlassen. Dabei weiß ich es doch längst! Dass man dem Ganzen ein neues Gesicht geben muss. Ich hatte es doch kommen sehen, dass mein unauffälliges Salzburger Leben früher oder später ablaufen würde wie ein Gutschein. Stattdessen sehe ich jetzt das unbehagliche Bild einer Arena vor mir liegen, in der sich Hochleistungssportler austoben. Zwei Schuljahre liegen noch vor mir. Eine Atempause.

Anwesend, aber nicht da

Alascos Untersuchung über Simon von Stampfer ist vorerst in einer unübersichtlichen Materialfülle gestrandet. Das Wiener Institut hat die Bitte um eine Hilfskraft akzeptiert und uns Richard Baumann ins Haus geschickt. Alasco wittert einen gescheiten Menschen, den man am besten mit dem von ihm hochgeschätzten *Zarathustra*-Test auf die Probe stellt. Er besteht darin, dem überraschten Gegenüber den Satz »Auch Gott hat seine Hölle« zuzurufen und abzuwarten, was kommt. Baumann antwortet schnell. »Ich denke, er hat die Menschen grenzenlos überschätzt. Er weiß einfach zu wenig von ihnen«, meint der frisch eingetroffene Prüfling in Sachen *Zarathustra*. Gott hätte besser daran getan, sich einen Beobachterposten in der Nähe zu suchen, in Rufweite der Menschen. »Diese Fehleinschätzung liegt ihm jetzt im Magen, das genau *ist* sie, seine Hölle.« »Net schlecht«, antwortet Alasco und stellt ihn mir als seinen neuen Assistenten vor. Er habe sich eigentlich für die Zeit der Semesterferien am Wiener Zeiss-Planetarium beworben. Dann aber, kurz vor seiner Abreise aus Frankfurt, die Nachricht erhalten, dass seine Anfrage an den Institutsleiter Werbezirk weitergeleitet wurde, der in Salzburg ein kürzlich angelaufenes Projekt fortsetzen wolle.

Ein Student aus Frankfurt, ausgerechnet. Und dann auch noch über Umwege bei uns gelandet. So sieht die Verkörperung einer etwas undurchsichtig bleibenden schicksalhaften Fügung aus. Der junge Mann hat sich eine Zigarette angezündet und mich gefragt, ob er mir auch »eine drehen« soll. Er ist mit einem abgegriffenen Ledertäschchen beschäftigt, in dem er die Utensilien für seine selbstgedrehten Zigaretten unterbringt. Ein Etui, in dem sich eng zusammengefaltete, dünne Papierstreifen und eine merkwürdige kleine Maschine befinden. Sie und der Tabak werden auf irgendeine Weise in Beziehung zueinander gesetzt. Schließlich springt bei dem Ganzen ein von fern an eine Zigarette erinnernder Gegenstand heraus. Der Mann aus Frankfurt trägt bequeme Cordhosen, die einen süßlichen Geruch verströmen. Von einem Dialekt leicht verzogen, weicht seine Sprache vom akkuraten Klang des Deutschen etwas ab. Die Pupille braun und wie von innen aufgewärmt. Wir stehen vor dem von Papierstößen und Bücherbergen vollgepackten Schreibtisch Alascos.

Wenig später kann ich durch die dünne Wand meines Zimmers hören, wie Alasco seinem neuen Mitarbeiter Stampfers Gerätschaften erklärt. Zuerst die experimentalphysikalischen. Die Messtische, Drähte, Holzzylinder. Dann die Substanzen. Salpeter, Salmiakgeist, Scheidewasser, Wismut. Die geodätischen Apparaturen, mit deren Hilfe ein über das Land ausgespanntes »Dreiecksnetz« einzelne Regionen gebietsweise zu kartographieren erlaubte. Schließlich das astronomische Equipment, das der Bestimmung von Abstand und Durchmesser der Himmelskörper dient. Die astronomischen Pendeluhren, ein Sextant und ein Spiegelteleskop. Dann kommen die stroboskopischen Scheiben dran, das Herzstück der Studie, Alascos liebstes Kind und die große Erfindung

Simon von Stampfers. Die »Zauberscheiben«. Eine Bildfolge vereinigt sich, verkettet sich für das Auge zu *einer* Figur. Ich höre Alasco von Dr. Paul Linke berichten. »Mein großer Konkurrent«, sagt er lachend. Bei diesen Worten lacht er immer. Es fallen, auch wie immer, die Worte »Leipzig 1907«. Weit weg und lange her. Linke hat das stroboskopische Schauspiel treffend eine »Täuschung des Identitätsbewusstseins« genannt. Besser kann man's nicht sagen. Dem wird Alasco nichts Wesentliches hinzufügen können. Ein Wermutstropfen, er weiß es.

Später kommt Richard Baumann in mein Zimmer herüber. Er bringt den Geruch von Cordstoff und seiner komischen Zigarettendreherei mit. Unaufgefordert, natürlich, lässt er sich auf meinem grünen Sessel nieder und berichtet, dass ihn beide Physiker beeindrucken. Alasco hat ihm also auch von Stampfers Vorgänger Ulrich Schiegg erzählt. Ein ebenfalls in Salzburg praktizierender Physiker und Astronom. Beide Methodiker, beide Pioniere der Landvermessung. Ermöglicher von Flurerfassungen und Grundbucheintragungen. »Beide Pechvögel, beide traurige Gesellen«, sagt Baumann. Hochbegabte Söhne armer Leute. Der Stiegg: sein Leben lang ein Verspäteter. Er verfehlt die Erstbesteigung des Großglockner nur um einen einzigen Tag; ausgerechnet ein Priester war schneller als er. Später entwickelt er mit brennendem Weingeist und einer Leinwandkugel das Modell des Heißluftballons. Dafür hat er sich schon groß feiern lassen, als bekannt wird, dass die Brüder Montgolfier wenige Wochen zuvor in Paris die gleiche Erfindung vorgeführt haben. Bejubelt von Ludwig XVI. Hammel, Ente und Hahn, die Mitreisenden des Ballonaufstiegs, waren ohne Schaden zu nehmen zur Erde zurückgekehrt und anschließend von den Damen und Herren des Hofes bestaunt worden.

Niemals habe ich Alasco über Ulrich Schiegg so gefühlvoll sprechen hören wie jetzt den Assistenten Baumann. Eine Figur schält sich heraus, eine Individualität. Das Los, in entscheidenden Situationen der ›zweite Mann‹ zu sein. Schemenhaft sehe ich ihn vor mir. Wie er sich an dem Anblick seiner Kugel ergötzt, die der in Brand gesetzte Weingeist kilometerweit hochsteigen lassen wird wie eine Rakete. Schließlich das Drama, als dem eigenen Werk durch einen minimalen Verzug der Boden unter den Füßen entzogen wird. »Die Spur der Verspätung zieht sich bis hinein in seinen Tod.« Baumann hat sich Notizen gemacht und überfliegt sie jetzt, er hat Details protokolliert. »Nach einem Kutschenunfall gestorben«, liest er vor, »um einen Tag seinen 58. Geburtstag verfehlend.« Die Wissenschaft interessiert sich nicht für das »Wie«, würde Alasco seinem eigenwilligen Assistenten mitteilen. Die Wissenschaft sieht die Leistung, sieht das, was unterm Strich der Menschheit zugutekommt.

Über Simon von Stampfer habe man bei diesem ersten Treffen nur wenige Überlegungen ausgetauscht. Webersleute die Eltern, ein Kind ohne Schulgeld. Wieder ein Blick in die Notate. »Es sei dem Examinanten eine tiefere Befassung mit allen ihm vorgelegten Gegenständen dringend anzuempfehlen«, habe die Prüfungskommision ihm mitgeteilt, die ihn durchfallen ließ. Ob das sogenannte Fliegen von Fledermäusen den Tatbestand wirklichen Fliegens erfülle, hatte eine der Fragen gelautet. »Der Bub wird sich gedacht haben«, sagt Baumann, »es stehe ihm, dem Sohn armer Weber, nicht zu, erfolgreich zu sein.« Zeit, sich eine neue Zigarette zu drehen. Wieder werden die kleine Maschine und das Seidenpapier zum Einsatz gebracht. Ich werde ihn vermissen, denke ich. Ich tue es jetzt schon. Er ist so jemand. Daran werden auch die täglichen gemeinsamen Mahlzeiten nichts ändern. Anwesend, aber nicht da. Hinüberreichend von irgendwoher, man weiß nicht von wo, und das ist das Schlimmste.

Er schaut auf meine Bücherregale, entziffert murmelnd ein paar Autorennamen und fragt mich nach meiner augenblicklichen Lektüre. Thomas Manns *Dr. Faustus*. »Ich bräuchte eigentlich ein eigenes Exemplar, nicht das hier aus der Leihbibliothek. Viele Stellen möchte ich unterstreichen. Alles, was mit Musik und Komposition zu tun hat.« Richard Baumann kann Gedanken lesen. »Höchste Zeit, dass Sie nach Frankfurt kommen.« Die Stadt schickt mir eine Nachricht. Im nächsten Moment fällt Wiesengrunds Name. Fatalerweise erröte ich in diesem Augenblick, ich kann fühlen, wie sich das Rot von Augenblick zu Augenblick noch verstärkt. »Wiesengrunds Vorlesungen. Sensationell«, sagt er. Es klingt, als wolle er mir mitteilen, dass man eine Sensation gar nicht anders als durch tiefes Erröten beantworten könne. Jeder wolle dabei sein, sagt er, »ich auch«. Und keiner verstehe etwas, »ich auch nicht«.

In meiner näheren Umgebung habe ich Wiesengrunds Namen vorher noch niemals ohne den Ton der Missbilligung aussprechen gehört. Ich kann mich aus der verplombten Enge meiner Wiesengrund-Welt hervorwagen. Ohne das Geracker der Verfechterin, ohne das Jeanne-d'Arc-Gefühl der gebrandmarkten Schülerin. Ich darf mit Unterstützung rechnen. In dem erweiterten Rahmen der Universität würde ich auf Mitspieler, Gleichgesinnte stoßen. Hatte ich mir wirklich vorgestellt, für immer und ewig die uneinholbar einzige, wirklich authentische Vertraute eines im Untergrund arbeitenden Einzelgängers zu sein? Der Status der Komplizin wird bröckeln, ich werde ihn abschreiben müssen. Ich werde nichts anderes als Hanna Werbezirk sein. Eine von denen, über die Richard Baumann sagt, »jeder will dabei sein«.

Eine seiner letzten Stories habe wieder Furore gemacht. Ich habe mich vorgebeugt, Baumann weiß nicht, wie gierig ich nach seinen Frankfurter Mitteilungen bin, er ahnt es, denke ich. Ein Diplomand habe die Prüfung nicht bestanden, weil ihm das Wort Impressionismus unbekannt war. »In Wirklichkeit steckt etwas anderes dahinter. Er ist durchgefallen, weil er Haare wie Stroh hat. Ein glatt und gelbstichig am Kopf anliegendes Blond.« Es sei ja unglücklicherweise nicht nur ums Blond gegangen. Sondern darüber hinaus um das Hinterteil des erfolglosen Kandidaten. Ein auffällig stramm geformtes Hinterteil. »Es ist *der Typus*!«, sagt Baumann nachdrücklich. Ich verstehe nicht. »Modellbau Nazi« ist die Antwort. Ob das die Ursache dafür ist, der Mangel an robusten Recken, blondhaarigen Athleten, dass Österreich den Klauen des NS-Regimes entkommen konnte? Irgendeinen Grund muss es ja haben, dass bei uns zuhause so wenig davon zu hören ist.

Ein heißes Pflaster, dieses Frankfurt. Eine Fülle an Informationen auf kleinstem Raum. Winzige Einheiten dicht verknüpft. Baumann schlägt vor, an einem der nächsten Tage in ein Kaffeehaus zu gehen. Wäre man in Wien, am liebsten ins »Griensteidl«. »Ohne euer ›Griensteidl‹ kein 1848 im Kaiserreich! Gibt's einen besseren Versammlungsort für die Vorbereitung einer Revolution?« In Frankfurt trifft man sich nicht im Kaffeehaus, sondern in der Kneipe. Wir erörtern die Unterschiede. »Schau dir meine Zigarette an, dann weißt du, was eine Kneipe ist.« Er hält mir seinen Glimmstengel vor die Nase und beugt sich weit zu mir nach vorn. Ich frage mich, ob alle jungen Leute in Frankfurt lange Haare haben so wie er. So seidig und geschmeidig. So viel Wildheit auf dem Kopf. Die Zigarette hat sich nach Art und Umriss losgelöst von ihrem gewohnten Bild. Eines ihrer Enden ist übermäßig ausgebuchtet, das andere ist unverhältnismäßig schmal. Da kommt kein Rauch durch, denke ich. Baumann zupft sich die Tabakfusseln von den Lippen und nimmt einen tiefen Zug.

Zur bestandenen Matura darf ich mir etwas wünschen. Auf keinen Fall möchte ich nach Deutschland ins thüringische Tautenburg fahren. Alasco will mir dort das neu eröffnete Observatorium und das größte Teleskop auf deutschem Boden zeigen. Es nennt sich »Universal-Spiegelteleskop« und ist von der Firma Carl Zeiss hergestellt worden. Ich möchte lieber eine Woche bei Gerwisa Vogel wohnen. Die Entscheidung fiel nicht schwer, sie hat, als Angestellte des Mozarteums, Mitarbeiterin Bernhard Paumgarts, Eintrittskarten zur Eröffnung des neuen Festspielhauses. *Don Giovanni*, dirigiert von Herbert von Karajan. Musik hat zuhause nie eine Rolle gespielt, ich kenne sie nur durch die Besuche öffentlicher Veranstaltungen. Alasco traut ihr nicht über den Weg. »Man fühlt sich ausgeschaltet«, lautet sein Credo. Ich habe mir angewöhnt, ein unverstandenes Kind in ihr zu sehen. Kostbar, aber verstoßen. Verwickelt in eine schwierige, unaufgehellte Herkunft. Vergleichbar mit einem Gegenstand, über den man eine Wolldecke geworfen hat.

Wiesengrund hat die Decke dünner, durchscheinender gemacht. Jetzt soll er bei *Don Giovanni* einspringen. Er soll mich begleiten, er soll mithören, soll Spuren legen. Er soll mir als Fährtenleser zur Verfügung stehen, mir den Weg durch den riesigen Tonkörper der Oper bahnen. Kurz bevor mich dessen Klang erreicht, hat mein unsichtbarer Begleiter schon seine Zeichen gesetzt. Er hat Hinweisschilder aufgestellt und der Musik sein Wissen eingeträufelt, ich brauche nur noch dem freigelegten Weg zu folgen. Ich mache mir weiter keine Gedanken über die spleenige Natur meiner Vorstellungen. Ohne sie wäre doch dieses ganze Tamtam, mein Gott, dieser Spektakel rund um Wiesengrund ohnehin erst gar nicht ins Rollen gekommen! Deshalb lasse ich mich auch von den Gegenstimmen, die im Innern laut werden, nicht davon abbringen, ich könne mir auf diese Weise den unbekannten Bau der Töne leichter erschließen. Der vorausgeschickte Bote hat den Auftrag, mir ein paar Wege zu bahnen, meinem Verstehen unter die Arme zu greifen. Diese Idee lasse ich für mich arbeiten.

Natürlich kann man einen derart skurrilen Einfall mit niemandem teilen. Sein dünnhäutiges Gewebe verträgt keine Zweifel. Mit dieser Geschichte kann ich mich nicht einmal bei Gerwisa Vogel blicken lassen. Obwohl Alasco sie als verrückte Nudel bezeichnet. Sie nimmt die Merkwürdigkeiten anderer auf die leichte Schulter, lebhaft, tatkräftig. Kurz gesagt, der Musterfall einer besten Tante der Welt. Nein, nicht einmal sie soll von den hilfreichen Geistern wissen, auf die ich im Festspielhaus bauen werde. Wir sitzen in einer der hinteren Reihen, und ohne einen Blick für Zusammenhänge, ohne mir Gedanken über das Wie und Was der Aufführung zu machen, bin ich im Zustand einer auf Dauer gestellten Atemlosigkeit. Ich bin in eine schonungslose Vorwärtsbewegung hineingeraten. In ein aufbrausendes, hitzköpfiges Geschehen. Mein heimlich mithörender Begleitschutz macht seine Arbeit, ich glaube, dass er sie macht, oder auch nicht. Ich bin beschäftigt mit dem Dämon, der sich in den Armen des berühmten Maestro am Dirigentenpult niedergelassen hat. Mit einer Strömung, die alles mit sich reißt, Töne und Instrumente, Philharmonikerköpfe und Bühnenfiguren, Licht und Stimmen und menschliches Fatum. Eine Zugkraft, die nur den stämmigen Bau des Festsaals unbeeindruckt lässt. Von oben sieht die Bühne aus wie das Zuhause einer zweiten, nur ganz von fern mit uns verwandten Menschheit. Es befindet sich an der tiefsten Stelle des Raums, da, wo die stufenlose Abwärtsbewegung der Zuschauerreihen zu Ende ist. Dieser Blick setzt sich so in mir fest, dass ich auf den Zeitungsfotos am nächsten Tag den Festsaal in seiner hochgepriesenen Architektur nicht wiedererkenne. Ich bin am Ende der Welt gewesen. Ohne dass sie von uns wussten, durfte ich den dort ansässigen Menschen zuschauen. Mit den Augen der Musik. Diesen Überschuss an Empfindung schreibe ich Wiesengrund zu.

Wir gehen danach noch aus, Tante Gerwisa mit ihren umwerfenden Einfällen! In eine Hotelbar! Als wir dort eintreffen, wird gerade Cole Porters *Night and Day* gespielt. Man führt uns zu einem Tisch, Gerwisa grüßt zum Musiktrio hinüber. Kurz darauf stehen zwei mit dicken roten Kirschen und Minzeblättern dekorierte Gläser vor uns. »Gin Fizz, trink das«, sagt sie. Etwas später kommt der Geiger an unseren Tisch. Der erste Handkuss meines Lebens, ich bin doch eine Maturantin, keine Dame, denke ich. Es kommt mir vor, als habe der Gin Fizz die überraschend betörende Wirkung des Handkusses verdreifacht. Zur Maturantin passt noch mein Kleid. Die naive Rüschengarnitur am Hals, der im Ganzen unübersichtliche Hausschneiderinnengeschmack meines Aufzugs. Nicht zur Dame mit Gin Fizz in einem nächtlichen Etablissement wie diesem.

Schön, dass *er* es ist. Schön, dass es dieser Geiger ist, der mir den ersten Handkuss gibt. Er bringt eine Form der Grandezza mit, die mich auf den verwegenen Gedanken bringt, es könnte noch ein anderes, es könnten viele andere Entwürfe, andere Maße und Ausmaße von Leben geben als die für mich bisher erkennbar gewordenen. Ich meine diesem Gesicht, jeder Geste die unausdenkbare, andere Welt förmlich ansehen zu können. Gerwisa stellt ihn mir als einen Herrn Schwalbé vor. »Michel Schwalbé«, sagt sie und erwähnt sein Engagement in der Sommerakademie des Mozarteums. Sie stellt mich lachend als ihr »neuerworbenes Töchterchen mit Matura« vor. Ein Töchterchen, auf dessen Gesicht und Hals sich rote Flecken gebildet haben. Deutlich sichtbare Rotzonen, die sich auf der weißen Haut abzeichnen werden wie die frühen Formen einer Masernerkrankung. Ein Anblick, der Gerwisa nicht davon abhält, einen zweiten Gin Fizz für mich zu bestellen.

Herr Schwalbé hat Platz genommen und das Angebot, etwas mit uns zu trinken, mit der Begründung abgelehnt, kein Gin Fizz könne ihn so betrunken machen wie seine Geige. Eine Äußerung, die mehr Eindruck auf mich macht als Gerwisas Mitteilung, Herr Schwalbé sei »im wirklichen Leben« der Konzertmeister der Berliner Philharmoniker. Sein Spiel an diesem Ort, zusammen mit zwei Kollegen, Bass und Piano, nennt Gerwisa ein Liebesabenteuer. Im Gegensatz »zum ehelichen Verhältnis« mit der Konzertmusik. Ein Befund, den Herr

Schwalbé mit dem Hinweis kontert, wenn er etwas so Schönes wie seine Geige in den Händen halte, gehe es immer um eine Liebschaft. Egal ob Cole Porter oder Anton Bruckner. Das *Giovanni*-Abenteuer und der Gin Fizz haben mich längst über mein Herzklopfen hinweggetragen. Ungeniert, ausdauernd beobachte ich Gerwisas Bekannten und lausche der romantischen Liebeserklärung an eine Geige nach.

Gin Fizz oder *Don Giovanni*: Kühn lasse ich mich auf den Gedanken ein, wie gern ich Herrn Schwalbé von seiner Geige loseisen, ihn ihr wegschnappen möchte. Genau genommen, möchte ich ihn dazu bringen, mit den gleichen Worten über mich wie über seine Geige zu sprechen. Und dann als Maturantin mit dem Rüschenkleid in seine weite Welt aufbrechen. Ein Gedanke, an dem ich mich nur kurz erfreuen kann, dann hasse ich ihn. Eben noch bin ich in einem Festsaal gewesen, wo Wiesengrund mich getreulich Ton für Ton durch ein dreistündiges Opernspektakel geführt hat. Wie schnell man in eine Situation hineingerät, die verwackelt und verwickelt ist! Nicht nur die Frauen und Männer in der Literatur, die Verirrten, Ratsuchenden, aus ihrer Spur Herausgetragenen, sondern auch ich.

Mit ihrer untrüglichen Witterung für besondere, mehrdeutige Situationen führt Gerwisa mich auch in den folgenden Abenden zu Herrn Schwalbé in die Hotelbar. Kaum dass er uns bemerkt hat, unterbricht das Trio sein Spiel und setzt zu einem neuen Lied an, es ist immer dasselbe: Porters *Night and Day*. »Eine Huldigung an dich«, flüstert Gerwisa, die es nicht lassen kann. Und tatsächlich, die Geige klingt nach Aufruhr und Überredung. So, als habe sich in dem Instrument eine zweite Stimme einquartiert. Es gibt dich, sagt sie. Es gibt Hanna. Hier läuft sie in diesem Moment durch einen überfüllten Raum. Sie bahnt sich mit kleinen Schritten einen Weg, wobei sie schauen muss, wohin sie, mitten im Gedränge, vorbei an einer Reihe eng zusammengestellter Tische, den nächsten Fuß zu setzen hat. Gleich wird sie strahlend und kopflos Herrn Schwalbé gegenübersitzen, der über seine Geige sprechen wird.

Philosophisches Spielzeug

Immer wieder Simon von Stampfer. Nicht Tycho Brahe oder Johannes Kepler. Es ist der Mann von nebenan, ein Landsmann, der es geschafft hat, die zentrale Figur in Alascos Leben zu werden. Schon allein wegen seines Namens hat Stampfer immer eine beruhigende Wirkung auf mich ausgeübt. Der Name klang achtbar und charakterfest und bildete ein Gegengewicht zu den nervenaufreibenden Geschichten, die Alasco sonst so über seine Planeten und Sterne zu berichten wusste. Als Kind verübelte ich ihm seinen Bericht über den Tod unserer Sonne, noch schlimmer, den Tod der Sterne. Er ist nicht der richtige Vater für mich, dachte ich damals. Für kein Kind. Die Sonne würde im Augenblick ihres Todes als aufgedunsenes Monstrum am Himmel zu sehen sein. Ein rohes, schonungsloses Bild, schon hier streikte mein Vorstellungsvermögen. Aber damit ließ Alasco es nicht bewenden. Sollte in diesem Augenblick irgendjemand so tollkühn sein, seinen Kopf aus dem Fenster zu strecken, wäre der Kopf »wie in einem Backofen innerhalb einer Tausendstelsekunde verschmort«, sagte er. Immer wieder musste ich daran denken und stellte mir vor, wie jemand, nichts Böses ahnend, das Fenster öffnet, um frische Luft zu schnappen. Um dann, kaum würde er nach draußen schauen, umgehend zu verglühen im Schein einer Sonne, die ich bisher im wahrsten Sinne des Wortes angehimmelt hatte.

Deshalb war ich heilfroh, dass es im Leben Alascos

auch einen Simon von Stampfer gab. Dessen Forschungen richteten sich auf nutzbringende, auf für die Menschen verwertbare Dinge. Er hatte klare Vorstellungen davon, wie man Sonne, Mond und Sterne für die Menschheit arbeiten lässt: indem man mithilfe ihrer Standorte und Verlaufsformen die Erkenntnis von Raum und Zeit, von Nähe und Ferne gewinnt. Alasco ist stolz auf seinen Kollegen, den kühnen Wegbereiter der Erdoberflächenausmessung. In der alpinen Welt nahe bei Salzburg fanden sie gewissermaßen vor der Haustür statt. In Alascos Arbeitszimmer hängt in der Nähe des Schreibtischs die Kopie eines Kupferstiches. Er zeigt den erschöpften Stampfer im Kreis seiner Assistenten, noch wissen sie nicht, dass sie den Aufstieg auf den Großglockner nicht schaffen werden. Das Bild nahm sich altertümlich und ein bisschen schäbig inmitten der gläsern oder metallisch schimmernden Fernsichtgeräte aus. Vielleicht weil ihnen die Erfahrung ihrer Unzulänglichkeit erspart bleibt.

In der Wiener Sternwarte soll Alasco einen Vortrag über den Stand seiner Stampfer-Untersuchungen halten. Vom Bahnhof kommend, sehe ich ihn draußen, vor dem Eingang, im Kreis seiner Kollegen stehen. Er muss ihnen gerade die Fünf-Wörter-Frage, »Auch Gott hat seine Hölle«, gestellt haben. Gerade sagt einer von ihnen: »Na, grauslich, Gott als Gemischtwarenhändler! Er steht zufrieden vor den Regalen mit den Fernsehgeräten und sagt, ›endlich ist jetzt auch in meinem Laden die Hölle erhältlich, ätsch!‹« Die Herren lachen, man ist unter sich. Das heißt, man ist kein gläubiger Sterndeuter, sondern Strahlungsenergieforscher. Man ist Beobachter selbstleuchtender Gaskugeln. Hier und da gibt's noch ein paar Holprigkeiten in den Erklärungssystemen, das würden dann spätere Generationen glatt bügeln. »Bittschön«, hört man einen der Herren sagen, »wenn *Nietzsche* das sagt!« Als wäre Nietzsche in Gottesfragen eine Fachgröße erster Ordnung. »Deutliche Worte«, sagt der Herr mit der Goldrandbrille, während Alasco mich seinen Kollegen vorstellt, Liebhaber der österreichischen Küche, wie man sehen kann. Einer von ihnen trägt anstelle einer Krawatte ein gelbgepunktetes Mascherl und ist der Direktor des Planetariums. Es heiße ja, Gott habe die Welt aus dem *Nichts* erschaffen, sagt er. »Da fragt man sich doch, warum er sich ausgerechnet für *diese* entschieden hat. Man hätte eine bessere haben können, besser funktionierend, schöner eingerichtet.« Mit der Höllenfrage sichert sich Alasco als Leser des *Zarathustra* eine Art Starrolle unter den Kollegen. Er ist der Mann, der *Zarathustra* kennt. Dieser Werbezirk, dieser Mordskerl, denken sie vielleicht. Unsere Astronomen, die haben was drauf.

»Wie wir alle wissen«, so beginnt Alasco seinen Vortrag, habe alles mit einer vorbeifahrenden Kutsche begonnen. Dieses Mal also keine Beobachtungen mitten im Bergland, denke ich. Alasco skizziert auf einer riesigen Tafel Stampfers Konstruktion zweier gegenläufig sich fortbewegender Zahnräder. Stillstand als Folge einer Bewegung? Wie das? Alles deutete auf eine andere, eine seither unberücksichtigt gebliebene Ursache hin. Auf ein sich außerhalb der Wagenräder befindliches Phänomen. Es musste sich um eine Eigenschaft des Beobachters handeln, um eine Besonderheit des hinter dem Zaun stehenden Spähers. Vermutlich um ein Merkmal seines Ur-

teilsvermögens, um eine sein Gesichtsfeld bestimmen-
de Prägung. Naheliegenderweise also um die Natur des
menschlichen Auges.

Alasco hat sich feurig in einen Ton hineingeredet, der
so klingt, als spräche er von einer eigenen Erfindung.
Der Augenblick der Entdeckung, das Staunen, das Er-
griffensein vom Moment des Offenbarwerdens ist fühl-
bar, während von ungefügigen Zahnrädern, von Achsen,
Spalten, von vertikal gedachten Stäben und Speichen,
von Halbkreiskrümmungen und Scheibenperipherien die
Rede ist. Alasco hat eine richtiggehende Geschichte daraus gemacht. Fast ist es ein Märchen, an dessen Ende der
Hinweis auf eine weitere Erfindung Stampfers steht: die
Zauberscheibe. »Meine Damen und Herren, am ehesten kann ich Ihnen mit den Worten des Dichters Charles
Baudelaire vor Augen führen, was hier geschieht.« Im
Reich der Märchen, dort, wo jene *Zauberscheiben* zuhause sein mochten, hätte man den Hinweis auf Baudelaire ohne Verwunderung hingenommen. Aber wir sitzen
im Wiener Planetarium! Ich traue meinen Ohren nicht,
die Vorliebe für Stampfer hat Alasco auf dem fremden
Boden der Poesie abgesetzt. Ich fasse Zutrauen zur *Zauberscheibe,* die mir bisher unter der viel weniger anzie-
henden Bezeichnung der »optischen Scheiben« bekannt
ist. Als *Zauberscheibe* im Nahbereich Baudelaires hat
Stampfers Erfindung vollkommen andere Chancen bei
mir.

In Wirklichkeit, sagt Alasco, seien es zwei Scheiben.
Die eine ist mit ausgestanzten Schlitzen, die andere, me-
chanisch um die erste kreisend, mit farbigen Abbildungen ausgestattet: Figuren, die von Bild zu Bild eine ana-

tomische Neuordnung aufweisen; einen Bewegungsablauf in der Form von Momentaufnahmen darstellen. Etwas Zusammengehöriges wird gegeneinander abgegrenzt, ein Kontinuum rückgängig gemacht. Ein Hindernislauf, der Mensch hat einen Knacks weg. Stockend, schubweise sich vorwärtsbewegend ist ein Beinpaar zu sehen. Wenn die Scheiben zusammenarbeiten, hat man einen Burschen vor sich, der sich munter durchs Gelände schlägt.«›Jede dieser Abbildungen hat von der vorherigen profitiert‹, sagt uns der Dichter.«

Alasco sagt es mit einem kleinen Triumph in der Stimme. Ein wirklicher Fund von dir, schau mal an. Und tüchtig bist du auch, man hat für den heutigen Abend einen Film hergestellt, der eine Reihe optischer Scheiben aus Stampfers Zeit präsentiert. Ein Panoptikum biedermeierlicher Gestalten *in action*. Ein Akrobat mit grünen Hosen schwingt sich elegant über ein Seil. Ein tanzendes Paar scheint sich im Takt der Musik zu wiegen. Wiederum grün behost, dreht ein Mann kunstvolle Pirouetten. Grün muss damals eine Modefarbe gewesen sein. Plötzlich das grimassierende Gesicht eines Menschenfressers. Genüsslich schiebt er sich eine Gabel in den Mund, die ein schwarzes Männchen aufgespießt hat. »Ein Mohr«, kommentiert Alasco. »Gleich ist er weg, gleich wird man nur noch seine zappelnden Füße sehen.« Das Auge will nicht wahrhaben, was es sieht, die Störung, die Bruchstelle. Es täuscht und lässt sich täuschen, es überbrückt, es kittet und kleistert zusammen.

Ich würde etwas darum geben, könnte ich jetzt mit dem schlauen Wahrnehmungskünstler aus Nachtstudio-Zeiten reden. Über den Menschenfressermund und die

Mohrenfüße. Ich würde ihm meinen Eindruck in Form einer stenographierten Nachricht übermitteln. »Erst kommen die Tänzer, dann die Menschenfresser«, würde die Nachricht lauten. Wie ein guter Fährtensucher würde er in ihr lesen können. Er würde mir sagen, was mit diesen Worten gemeint sein könnte.

Als sogenanntes »philosophisches Spielzeug« fand die *Zauberscheibe* oder stroboskopische Scheibe Eingang in die Kinderzimmer der gebildeten Leute: Vorläufer der Stroboskopie und des filmischen Verfahrens. Von der optischen Eigenheit des Auges wird Baudelaire nichts gewusst haben, nichts vom verzögerten Abklingen des Lichtreizes auf die Netzhaut. Er hat dennoch erfasst, was vor sich geht. Wie es den Blick dazu drängt, zu bereinigen, auszubügeln. Die Dinge einzurenken.

Später sitzen wir in einem Heurigenlokal, Alasco erzählt, wo er vor vielen Jahren die Scheiben aufgestöbert hat. Durch Zufall in einem Trödelladen. Demnach haben sie die ganze Zeit irgendwo bei uns herumgelegen. Ohne dass ich sie je zu Gesicht bekommen habe. Stattdessen hat mich Alasco mit Stampfers Uhrenstandsvergleich, mit dem sogenannten Blickfeuer, mit den auf Bergspitzen postierten Stäben, den von Wind und Wetter abhängigen Leuchtfeueroperationen und Schallgeschwindigkeitsmessungen gefüttert. Wenigstens hatte es in diesem Zusammenhang *ein* schönes Ereignis gegeben. Seinen Messungen lag ein Längenmaß zugrunde, das Alasco als den »Pariser Fuß« bezeichnete. *Pied de roi.* »32,48 Zentimeter«, sagte er lachend. In Weimar dagegen habe der Fuß nur 28,19 Zentimeter gehabt. »Und in Wien?«, fragte ich ihn, natürlich wusste er auch das. Den Höhepunkt des Ganzen stellte aber der »angelsächsische Kompromissfuß« dar. Bei der Suche nach einer für alle Nationen verbindlichen Berechnungsmethode war man schließlich auf die Idee gekommen, alle in Umlauf befindlichen Längenmaße unter einen Hut zu bringen. Ich konnte die seltene Erfahrung machen, dass Alasco sich über seinen Fachbereich amüsierte. Geradezu großmütig ließ er zu, dass dieses Wort für uns beide zum *running gag* wurde. Es konnte ein versalzener Braten von Frau Andrian sein oder die von Bordüren und Zierbändern strotzende Robe einer Professorengattin. Dann lächelten wir uns zu. Kompromissfuß! Es hieß: man hat sich erfolglos um ein Ergebnis bemüht. Wie wars in der Schule? Kompromissfuß! Hieß: furchtbar, der Mathematiklehrer hat unbeantwortbare Fragen gestellt.

Geisterreich

Die ersten Nächte in Frankfurt am Main. Ich habe lange gebraucht, bis ich mir den Krach vor meinem Fenster erklären konnte. Kämpfende Katzen sind es. Katzen, die in einem Geröllfeld unten im Hof herumtoben, zwischen Konservendosen und Benzinkanistern. Im Badezimmer stapeln sich Wein-, Sekt- und Bierflaschen in der Wanne. Den Wohnungsschlüssel habe ich mir auf Anweisung der Besitzerin in der Bar gegenüber abgeholt. Ottostraße, Nähe Frankfurter Hauptbahnhof. Ein Zusammenhang zwischen der Bar und dem Inhalt der Badewanne deutet sich an, ich gehe ihm aber nicht weiter nach. Die drei anderen Zimmer der Wohnung sind abgeschlossen, ich habe es ausprobiert. Es ist totenstill. Es könnten sich Menschen hinter den verschlossenen Türen befinden. Lebende Menschen, dann ist es gefährlich. Wenn sie tot sind, werde ich mir in dieser Wohnung ein Trauma geholt haben.

Eigentlich möchte ich lieber nichts über die Hintergründe all dieser Merkwürdigkeiten wissen. Deshalb habe ich den unaufgeräumten, schmutzigen Hof vor dem Fenster zum ersten Mal gesehen, als ich mitten in der Nacht das unartikulierte Schreien der Tiere, das laute Geschepper von Blech und splitterndem Glas hörte. Ich hatte mich hinter die Gardine gestellt, als ich aus dem Fenster schaute. Als könnten die Tiere meine Silhouette entdecken, könnten in ihrem besinnungslosen Laufen und Jagen innehalten und sich auf irgendeine, nicht näher erklärliche Weise Zutritt zu meinem Zimmer verschaffen. Im Schein einer Straßenlaterne habe ich auf einen furchtbar zugerichteten Flecken Erde geschaut. Auf Trümmerstücke, deren Ränder abgeknickte Drähte und Metallschienen säumten.

In der nächsten Nacht warte ich ab, ich warte auf die Katzen. Ich glaube, nicht schutzlos sein zu dürfen, nicht eingeschlafen, wenn sie eintreffen und ihr Gezeter beginnt. Stattdessen höre ich etwas anderes, das Schließen der Wohnungstür und die lauten Stimmen eines Paares. Ich denke kurz darüber nach, ob mich ihre Gegenwart beruhigt oder ob ich mich fürchten soll. Ich denke an Gerwisa und Alasco und stelle mir vor, dass sie besorgt über meine augenblickliche Situation sein würden. Eine wenig hilfreiche Überlegung. Gut, dass Alascos Teleskope den Sternenhimmel, aber nicht mein Frankfurter Zimmer erfassen können. Wenig später taucht ein nackter Mann am Fußende meines Bettes auf, offenkundig fremd in der Wohnung; ebenfalls erschrocken. Anstelle der einladenden, vermutlich attraktiv aufgerüschten Lady, eine von denen, die ich an meinem Ankunftstag in der Bar gesehen hatte, schaue *ich* ihm entgegen. Ein panisch blickendes, in seine Bettdecke armselig eingerolltes, blassgesichtiges Wesen. Ein Anblick, der den Mann, dessen nackte Hinterbacken ich im hereinscheinenden Flurlicht deutlich sehen kann, eilig aus dem Zimmer treibt.

Zeit, meine Lage zu überdenken. Komik und Katastrophe. Die Katzen sind es nicht, die mir Angst machen. Es ist die Rauheit, die Rücksichtslosigkeit ihrer Schreie, die unaufhaltsame, rasende Hast, mit der sie über Blechdosen und Holzplanken jagen. Auch das Paar, das in einem der Zimmer nächtigt, erschreckt mich. Es ist der Gedanke, wie erreichbar ich geworden bin für so viel fremdes Leben. Die Sterne hatten an Unbekanntheit viel zu bieten. Schon ihre Namen hielten auf Abstand, Nembus, Murzim, Cor Caroli und Pistolenstern. Die meisten von ihnen hielten sich versteckt hinter Nebelhaufen oder Wolkenbergen auf. Oder nicht einmal das, sie existierten weit außerhalb des menschlichen Blickfeldes. Aber es handelte sich immer um ein diskretes, geradezu nobles Gegenüber, um schweigsame und unverrückbare Gefährten. Sie hielten sich von verwahrlosten Hinterhöfen fern. Und schon gar nicht drangen sie in unbekannte Wohnungen und nächtliche Zimmer ein.

Ich werde niemandem etwas davon erzählen. Kein Wort. Aber als ich mit Gerwisa telefoniere, ihr von meiner pünktlichen Ankunft in Frankfurt berichte, sagt sie unvermittelt zu mir, »Ich komme sofort, übermorgen bin ich da«. Und das ist sie. Als Erstes greift sie nach meinem Koffer oben auf dem Schrank und fängt an, meine Sachen einzupacken. Noch bevor wir ein neues Zimmer in Aussicht haben. Ihre schwungvolle Beredsamkeit bringt Gassen und Kirchenglocken mit, Alascos Sternengewitter, Stampfers astronomische Geräte. Verführerisch nah, der Hauptbahnhof. Man hätte den Koffer nehmen, sich gemeinsam in den Bahnhof retten und in den nächstbesten Zug setzen können. Ein Impuls, heftig, kurz und ins Leere gehend. Nicht stark genug, um sich gegen Wiesengrund zu behaupten.

Wir kaufen Zeitungen, setzen uns an der Hauptwache ins Kaffeehaus und lesen Wohnungsangebote; in Universitätsnähe finden wir ein Zimmer für mich. Eine Frau Rieböck öffnet uns, sie sieht aus, als hätte sich irgendwann in ihrem Leben ein schwerer Unfall ereignet; seelisch oder körperlich, es muss heftig zugegangen sein. Tante Gerwisa sagt, »jedenfalls besser als die Ottostraße«, eilig verabschiedet sie sich, um den Nachtzug nach Salzburg zu erreichen.

Frau Rieböck macht mich mit den Reinigungsvorrichtungen in Bad und Küche vertraut. Ich werde über den Gebrauch des Gaszählers aufgeklärt und darüber, welches Fach mir im Eisschrank zusteht. Nach und nach, es ist Abend geworden, stellen sich die Insassen der dichtbelegten Wohnung ein: das Ehepaar Gottwald, ein aus Kabul stammender Jurastudent, Herr Modjaz, und Fräulein Struff, eine Stenotypistin. Höhlenbewohner allesamt, dabei befinden wir uns im Dachgeschoss. Wie auf Schleichpfaden bewegen sie sich in der übersichtlichen Heimstatt, ruhen sich aus von den Strapazen irgendwelcher Verrichtungen. Einem Tag nachsinnend, den ich mir nur schwer vorstellen kann.

Dafür haben sie in dieser Wohnung für disziplinierte Systeme des Zusammenlebens gesorgt. Ich bin dahintergekommen, schon nach wenigen Tagen, dass sie ihr gemeinsames Leben in Form von ausgeklügelten Minidramen in den Griff bekommen haben. In der Stille meines Zimmers, kurz vor Semesterbeginn, kurz vor dem Beginn der eigentlichen Geschichte, bin ich als Zuhörerin und Späherin schon mittendrin in einem Geschehen. Als Mitspielerin, die an den Fäden zieht, Teil eines Kosmos im vierten Stock eines Nachkriegshauses.

Der Flur erweist sich als Zentrum, als Arena und

Kampfplatz der Beteiligten. Ein akustisches Auffang-becken. Seismografisch genau fängt er die Stimmungen der Bewohner ein. Eine entscheidende Form der Mit-teilung kommt dem Grad der Lautstärke zu, mit der das Schließen der Türen verbunden ist; ob Eisschrank-tür oder Zimmertür. Zugeknallt oder sanft in ihren Rah-men zurückgeführt, das ist die Frage. Ich staune dar-über, wie ausdrucksstark das Hin und Her von Schritten sein kann. Ob sie rücksichtsvoll übers Linoleum gleiten oder mit festem, bis hin zu tösendem Klang zwischen Zimmer, Küche und Bad lautstark das Recht auf Eigen-leben und Persönlichkeit des jeweiligen Mieters zum Ausdruck bringen. Mit im Spiel ist auch die Toiletten-spülung, das heißt der Grad des Kraftaufwandes, mit der sie in Gang gesetzt wird. Alles ist Requisite, alles Information, alles geschieht mit dem Wissen, dass es sich bei den Bewohnern um ein Wahrnehmungskollek-tiv handelt. Um ein hinter Türen verstecktes, unsichtbar bleibendes Publikum, mit dem *nicht* zu kommunizieren ein Ding der Unmöglichkeit ist.

Ich stelle fest, dass Melanie Struff, die frühmorgens ins Büro aufbricht, nach ihrer Rückkehr nur dann mit ihren gelben Lockenwicklern zu sehen ist, wenn sie spät noch einen ihrer männlichen Besucher erwartet. Den Lockenwicklern obliegt die Aufgabe, der von den Mü-hen des Tages strapazierten schwarzhaarigen Innenrol-le ihr fehlerfreies Aussehen zurückzugeben. Beim ersten Klingellaut huscht sie zur Wohnungstür und betätigt den automatischen Türöffner. Sie geht in ihr Zimmer zurück, dort rechnet sie sich aus, wie lange es dauern wird, bis ihr Gast die letzten Stufen seines Anstiegs in den vierten

Stock bewältigt hat. Rechtzeitig erwartet sie dann in der Tür stehend die meistens von einem mittleren Keuchen begleitete Ankunft ihres Gastes. Noch bevor der Ankömmling sich durch unbefangene Ausrufe der Begrüßung bemerkbar machen kann, wird er abgefangen und in das von schrägen Wänden mehrfach höhenbegrenzte Zimmer seiner Gastgeberin geführt. Ihr kommt es darauf an, im Korridor die Dinge so schnell wie möglich abzuwickeln. Um den Mitbewohnern bloß keinen Hinweis auf die Art und Weise ihrer Beziehung zu dem abendlichen Gast zu geben; sie hat ja Recht.

Keiner von uns wird in Momenten wie diesen den Flur betreten. Man wartet ab. Ich bilde mir ein, dass die Stille, die jetzt in der Wohnung herrscht, sich anders anhört, anders zusammengesetzt ist, als das, was sich sonst so an Nachmittagen etwa an Geräuschlosigkeit zufällig ergibt, wenn keiner zuhause ist. Jetzt liegt die Lautlosigkeit als unaufgelöste Spannung in der Luft. Man kommt erst langsam wieder zu sich, muss eine kleine Verschnaufpause einlegen. Wer kurz zuvor in der Küche Eingekauftes zusammengetragen hatte, um zu kochen, wer ausgehen wollte oder die Toilette benutzen, nimmt sich jetzt Zeit. Man lässt gewissermaßen Gras über das Erscheinen des Besuchers, des Eindringlings wachsen. Es kann sein, dass einer, eben noch zum Ausgang bereit, angekleidet hinter seiner Zimmertür steht. Und dass ein anderer, unterwegs zur Küche, schnell wieder in seinen eigenen vier Wänden verschwunden ist. Man geht nicht gleich nach Ankunft des Besuches in den Flur hinaus. Es muss der Anschein vermieden werden, man habe ungeduldig darauf gewartet, die Zimmertür endlich öffnen zu können. Nein, man will nicht dastehen als ein Jemand, dem daran gelegen sein könnte, die Flurregion zu betreten. Man möchte den Eindruck fortgesetzter, vollkommener Absichtslosigkeit unbedingt gewahrt wissen.

Alasco wird mir nicht glauben, wenn ich über mein Frankfurter Domizil berichte. Es wird ihm so ergehen wie mir mit seinen weit entfernten Sternen. Er wird das bizarre Hin und Her in dem Frankfurter Wohnungsflur wie die Bräuche eines Geisterreiches bestaunen. Manche meiner Beobachtungen werde ich ihm ersparen. Ich werde mich zum Beispiel nicht dazu äußern, dass Melanie Struff und ihr Besucher, auch nachdem sie miteinander im Zimmer verschwunden sind, weiterhin unsere Aufmerksamkeit zu beschäftigen wissen. Man wird nach einer gewissen Zeit das stürmische Abschließen der Tür durch einen heftig rotierenden Schlüsselbund vernehmen. Zeitgleich mit dem Entkorken einer Sektflasche. Ein Signalton, der uns darüber informiert, dass die Privatsphäre der jungen Stenotypistin in die Intimsphäre übergewechselt hat. Bestätigt durch einen unüberhörbaren »Rumms«-Laut, mit der die schmale Bettcouch in ein zum Vögeln geeignetes Lager umgebaut wird.

Wie vom Zauberstab berührt, erwacht nach einer gewissen Zeit unser Wohnbereich wieder zu neuem Leben. Das charakteristische Schleifgeräusch der Rieböck'schen Pantoffeln wird hörbar. Energisch, unüberhörbar steuern sie Bad oder Küche an. Ein Zeichen wird gesetzt. Ich bin die Königin dieser Etage, lassen die Pantoffeln uns wissen. Unbeeindruckt ziehen wir durchs Gelände.

Ich weiß, was vorgeht, ich kümmere mich aber nicht darum, sagt der Pantoffelschritt. Nur den beiden Gottschalks traue ich es zu, in aller Unbefangenheit in den Flur vorzupreschen. Sie sind mit ihrer eigenen abendlichen Programmgestaltung beschäftigt. Er geht zum Pinkeln, wenn es so weit ist. Sie betätigt derweilen den Schalter ihrer Heizdecke. Dort, wie sie mir schon am zweiten Abend berichtet hat, überdauert sie in Rückenlage die abendlichen Beischlafbemühungen ihres Mannes. Nur von Herrn Modjaz, dem afghanischen Jurastudenten, wird man nichts hören. Sogar beim Kochen, wenn er mit einem beträchtlichen Bestand an Gewürzen seine Mahlzeiten zubereitet, wird das Gesetz der Geheimhaltung gewahrt. Es kann einem vorkommen, als würde er sein eigenes Versteck mit sich herumtragen.

Er verrät sich dennoch, und zwar durch ein Merkmal, das ihm selber nicht zu Bewusstsein kommt. Sobald er seine Zimmertür öffnet und sie dann nicht schnell genug wieder schließt, möglicherweise will er nur schnell eine Tasse aus seinem Küchenregal holen, füllt sich der Flur mit einer dichten, noch lange in der Luft hängenden Geruchswolke an. Eine kompakte Duftkomposition aus Ungelüftetem, Überwärmtem, undefinierbar Exotischem. Auf diese Weise ist Herr Modjaz vor allem als ein zwischen Bad-, Küchen- und Zimmertür verwehendes Aromaereignis präsent.

Fliehkräfte

Es besteht kein Grund, gerade jetzt, kurz vor der ersten Vorlesung in einem gut belüfteten, hell erleuchteten Hörsaal, an das von allen Seiten dicht gemachte Salzburger Mitternachtsquartier zu denken, an den verbarrikadierten Schauplatz, der mir als Radiohörerin Wiesengrunds zugefallen war. Wo Luft holen hieß, seine Ausführungen ungehört vorbeiziehen zu lassen. Das war gestern, sage ich mir. Aber der Gedanke kommt wieder. Und auch das Zwielicht eines mythischen Hindernislaufes, den die Nachtstudio-Stimme zu bewältigen hatte. Wiesengrunds Stimme in geheimer Mission unterwegs. Dafür aber konnte man sich sicher fühlen; im Meer der Zuhörer. Im Dunkeln. Der neue Schauplatz badet im Licht der Neonröhren. Sie leuchten wie Scheinwerfer in alle Ecken hinein. Setzen dem Schatten der Schonzeit ein Ende und eröffnen die Ära der Risiken und Mutproben.

Es ist vollkommen still. Ich schaue auf das Podium vor mir, wo Wiesengrund steht und nicht mehr zu mir spricht, sondern zu den Anwesenden in einem großen, sehr großen Saal. Deutlich hörbare Worte. Sie werden auch noch in der dreißigsten, vierzigsten Reihe zu verstehen sein. Ich habe es doch gewusst, hatte viel Zeit, mich darauf vorzubereiten! Dass außer mir auch noch andere Personen hier auftauchen werden. Ob auch sie alle gekommen sind, um Zeuge jener magischen Transferleistungen zu werden, die dem bedenklich vornehmen, dezent verwaschenen und auf leisen Sohlen seine Runden drehenden Wort »Philosophie« eine bestürzend unbekannte, eine dabei auf einleuchtende, ja geradezu unwiderlegliche Weise neue Wirklichkeit geben werden? Und ob auch sie an der noch immer ohne Bewegung auf dem Podium verharrenden Gestalt ebenso wie ich einen Zug ins Vereinsamte wahrnehmen? Ins Altertümliche? Man kann es ihnen nicht ansehen. Sie schweigen, sie horchen so wie ich.

So richtig kann sich die neu gewonnene Freiheit nicht zur Geltung bringen. Unkonzentriert verheddere und verzettele ich mich beim Zuhören. Ich zottele hinter den Sätzen her. Kaum dass sie ausgesprochen sind, bilden sie sich wieder zurück. Als würde mein Kopf ihnen nicht erlauben, in ihn einzudringen. Und dabei fühle ich mich weit weg von Erstickungsanfällen und von Alasco, dem Nachtarbeiter im Nebenzimmer. Ich darf hier sein, in der achten, neunten Reihe sitzen und mich davon überzeugen, dass die Nachtstudio-Stimme einen offenkundig kompakten Körper für sich gefunden hat und jetzt keinen Äther mehr braucht. Ich kann meinem Atem folgen; ungehindert, mühelos. Das Atmen ist jetzt ein Kinderspiel, ein Klacks. Ich habe die geheime Existenz der Ohrenzeugin abgeworfen. Bin übergewechselt in ein Auditorium, wo mein Kopf neben einer Vielzahl von Köpfen zu sehen sein wird, unverwandt in die gleiche Richtung zeigend wie der Kopf jedes einzelnen anderen auch. Alles ist gut. Ich atme ein, atme aus, regelmäßig, unmerklich, unvernehmbar. Man hat mich ans Licht gesetzt. Ich bin unbeaufsichtigt, ich bin erlöst.

Ist es denkbar, dass ich, die erlöste Hanna Werbezirk,

die eigensinnige Tochter aus Salzburg, sich ihr mitternächtliches Schattenwesen ans Bein gebunden und bis in diesen Hörsaal mitgeschleift hat? Dass mein Körper sich den gekrümmten Rücken, den eingezogenen Kopf gemerkt und das enge Versteck in sich hineingefressen hat? Dass also das gesamte Brimborium der Nachtstudio-Umstände mitgereist ist? Zäh? Gebieterisch? Der ganze Mitternachtszauber des Schallwellenbereiches? Ein Klang, der im Unsichtbaren und in der Dunkelheit wurzelte? *Drive* der Gedanken, die vom Auf und Ab meines Verstehens und von der topographischen Irritation begleitet waren, mein Zimmer, in dem ich zum Durchatmen auftauchte, in fremden Boden verwandelt zu sehen? Ich selber, unerlaubt lauschend, untergetaucht in einem Bettenberg, ein lachhaft zusammengeschustertes Bauwerk, zeltförmiges Provisorium? Ungetüm und Herberge in einem? Jetzt halte ich einen Kuli in der Hand, der Schreibblock liegt auf der Ablage aufgeschlagen vor mir. Dicht an dicht die in die Sitzreihen gedrängten Kommilitonen.

Zugehörige, Zusammengehörige. Ortskundig sehen sie aus und scheinen Wiesengrunds Anwesenheit auf dem Podium mit entspannter Selbstverständlichkeit hinzunehmen. Ich frage mich in diesem Augenblick, ob ich ihn die ganze Zeit für ein bloß sphärisches Phänomen gehalten habe. Für ein phantomhaftes Luftraumgebilde im UKW-Wellen-Bereich. Ein Geschöpf, das erst in der Nacht zum Leben erwachte. Erst dann, wenn, wie Gerwisa Vogel sich ausgedrückt hätte, die »manierlichen« Menschen längst zu Bett gegangen sind. Möglicherweise habe ich die nächtliche Stimme niemals im Ernst in

Verbindung mit einem richtiggehenden Körperleben, einem funktionierenden Organsystem gebracht.

So gesehen, scheinen alle anderen in diesem Raum einen Schritt weiter zu sein als ich. Sie haben pünktlich vor Veranstaltungsbeginn Platz genommen, erkennbar sorglos. Sie kümmern sich einen Dreck um die abenteuerlichen Formen meiner großen Entdeckung »Wiesengrund«. Ob einer von ihnen den Mann auf dem Podium auch nur annäherungsweise so reglos perplex anstarrt, wie ich es jetzt tue? Ich erwarte von den Anwesenden nicht, dass sie sich, um diese Stimme hören zu können, schon einmal rotglühend im Gesicht keuchend aus einem Daunentuchent wie aus einem die Atmung abschnürenden Taucheranzug herausgepellt haben. Auch nicht, dass sie sich, während sie ihm zuhörten, in eine Kreatur verwandelt haben, die es nur *undercover* geben durfte. Aber ein bisschen anders hatte ich sie mir schon vorgestellt, vom üblichen Bild des Studenten auf irgendeine Weise abweichender. Vielleicht, wenn ich ganz ehrlich bin, hatte ich sogar an die Möglichkeit gedacht, ihr Anblick könnte durch irgendein Merkmal die Anhängerschaft zu dem Mann auf dem Podium zum Ausdruck bringen. Eine Phantasie, die mir jetzt als Ausgeburt meines eigenen abgesonderten Umgangs mit ihm vorkommt. Das Bild, das ich für die Umsitzenden abgebe, wird sich nämlich in nichts von dem unterscheiden, das sie mir selber zum Verwechseln ähnlich macht. Folgerichtig und gewissenhaft taucht kurz der Gedanke auf, dass jeder so wie ich auf möglicherweise ebenfalls unvergleichliche, abenteuerliche Umstände zurückblicken kann. Er bleibt aber Episode, verdunstet wie nicht gewesen, ich sitze selber zu tief im Hokuspokus meines Sonderfalls.

Man kann gar nicht anders als vollkommen bewegungslos nach vorn zu schauen, zum Podium hin. Das Podium sieht aus wie eine leere Bühne, deren Requisiten aus nichts anderem als einem Stehpult und aus diesem Mann bestehen, den ich aufgrund seiner nie versagenden Stimme von Anfang an für ein mythisches Geschöpf gehalten habe. Im Griechischunterricht war ich in der *Ilias* fündig geworden. Dort, wo von einem Vogel mit schwarzen Flügeln die Rede ist. Der Vogel, so heißt es, wirft sein silbernes Ei im Gehäuse der Dunkelheit ab. Darin hatte ich meine Situation sofort wiedererkannt. Das silberne Ei wird mir zu mitternächtlicher Stunde in Gestalt eines Wissensschatzes zugeworfen. Schauplatz und Rahmen einer Stimme, die jetzt in einem hell ausgeleuchteten Raum vom Podium aus an mich gerichtet ist. Es liegt an ihrem bedächtigen und wie gemeißelt erscheinenden Singsang, dass sie die Mitternacht und den radiophonen Luftraum mitgebracht hat; ich höre es doch. Und einen Klang, vergleichbar mit einem Behältnis, der die Wörter in den nächsten Tag hinüberretten konnte. Die Wörter selbst waren von Schlaf und Traum verschluckt oder von deren furiosem Eigenleben weggepustet worden. Am nächsten Morgen war nichts mehr von ihnen da. Nur Ton und Klang und Kolorit. Als hätte die Stimme ein Lied im Nachtstudio vorgetragen, keinen Text. Oder ein Gedicht, das Atem und Dasein mitbringt. Melodik, Ausdruck. Ein Binnenraum der Vibrationen, der den Sendetermin überdauerte und der Nacht standgehalten hatte. Wie ein Organ, das seine Arbeit diskret verrichtet. Ein Inkognito-Organ. Geheimnisvoll mitlaufend wie ein Herzschlag. Wie ein Lebenszeichen der Wörter, ein Triebwerk der Gedanken.

Mein Beobachterposten ist gut gewählt, ich kann das fremde, neue Gegenüber ganz nah vor mir sehen. Es ist ein untersetzter Herr, der einen grauen Anzug trägt. An dessen Revers entdecke ich die Kette einer Taschenuhr. Der Herr in dem Anzug bewegt sich beim Reden kaum von der Stelle. Auf diese Weise nimmt das Gesicht mehr und mehr die Züge eines Portraits an, das überraschenderweise über eine unentwegt redende Stimme verfügt. Dabei redet sie von einer überaus vitalen Angelegenheit, von den denkfremden Anteilen, vom unbeherrschbaren Naturstoff im Zentrum der philosophischen Systeme. Für die »Vernunftbegabten ein Erlebnis mit Gänsehaut und eine Kränkung für die Liebhaber mit Blick fürs Wesentliche und Erstrangige«, sagt die Stimme. Wieder höre ich sie, als würde sie aus dem Radio kommen. Die Gedanken scheinen auf die Stimme gewartet zu haben. Rhythmische und melodische Schwerpunkte setzend, hört sie sich so an, als würde sie sich auf eine vor ihr aufgeschlagene Partitur konzentrieren.

Ich lasse mein Gegenüber nicht aus den Augen. Der Kopf, von genügsamer Beschaffenheit, klein der Mund. Ein Gesicht, denke ich, das sich unbeobachtet fühlen möchte. So, als wollte es nur da sein, um zu sprechen. Kein Zug, der ins Bedeutende geht, kein physiologisches Ereignis wie bei Samuel Beckett oder Franz Kafka. Gesichter, in die sich der Geist hineingefressen, geradezu hineingefräst hat. Verhältnismäßige Gesichter. Hier dagegen ein Mund, geformt vom Weichzeichner der Anima. Eine nachgiebige, in die Membran hineingeschnittene Öffnung. Eine ungefähre, zarte Linie, etwas tiefer getönt. Aber. Da gibt es etwas. Ich kann nicht gleich erkennen, was es ist. Es ist ein Haltepunkt. Ein Etwas wie aus Glas gemacht. Bruchfestes Glas. Gussform. Jetzt sehe ich, dass es die Pupillen sind. Schild. Deckung. Befestigungsanlage. Von ihnen abgeschirmt und bewacht das bewegte Innenleben des Kopfes. Ein Wächterpaar. Zwei dunkle, von Weiß umgebene Kugeln.

Nicht irgendwelche Pupillen, sondern kristallin. Durchgreifende, tatkräftige Gerätschaften. »Mich könnt ihr nicht beeindrucken«, sagen die Pupillen und wappnen sich für die in Sprüngen und Sturzbewegungen verwickelten Gedanken. Was tue ich denn da! Ich soll hier sitzen und lernen, was Philosophie ist. Nicht das Gesicht meines Professors studieren. Nicht die Zwischenfälle, die sich unterhalb seiner Haut ereignen. Aber ich sehe es doch, sehe, dass die Gedanken selber etwas Mitgerissenes an sich haben. Sie brauchen, um standzuhalten, den ausdauernden, nicht von der Stelle weichenden Blick. Die zu Festkörpern gewordenen Augen. Ich beobachte, wie sie sich hineinzuschrauben scheinen in den Ausdruck der Ungerührtheit. Wie sie mehr und mehr zu einem Schaltpult werden, das dem Gesicht die Anweisung gibt, sich tot zu stellen. Der Mimik diktiert, außer Kraft gesetzt auszusehen. Wie beiseitegelegt. Sich wie ein ausgebreiteter, wettererprobter Mantel über die Züge zu legen.

In diesem Moment, kurz, kommt es mir so vor, als wäre ich wie bisher allein mit Wiesengrund. So still ist es in diesem Raum. Die Stille gibt den Worten ein zusätzliches Gewicht. Gemeinsam sitzen wir inmitten eines Erkenntnisberges, der sich als Unterwelt entpuppt. Und Wiesengrund ist der Fremdenführer. Es braucht nicht ausgesprochen zu werden. Das Wort Faschismus. Wir verstehen auch so, dass im Innern des Erkenntnisberges gewütet wurde. Seine Gesteinsschichten haben sich in alle Richtungen verschoben, sind in Splitter zerfallen. »Émile Durkheim«, sagt die Stimme in diesem Augenblick, »war einer von denen, die den Blick für die Rückschläge der Geschichte hatten.« Jetzt werden die Pupillen gebraucht. Das Scheitern im Bau und Bauch des Bewusstseinsberges kommt in Sicht. Ein Zweifel wird angemeldet am steten Zuwachs der menschlichen Vernunft, gibt den Blick frei für die Totschlagnatur der Gattung.

Sogar in diesem Moment noch, in Rufweite Wiesengrunds, frage ich mich, ob ich nicht auch jetzt einem Phantom zusehe. Liegt es an der nach wie vor reglosen Stellung der Pupillen? Meine Gedanken scheren aus und landen bei einem Reptil, dessen Pupillen mir noch kürzlich bei einem Besuch im Wiener Tiergarten Schönbrunn unvergesslich erschienen sind. Die Pupillen gehörten einem Chamäleon und waren dem sonderbaren, schrulligen Wesen wie zwei Kugellager aus dem Kopf herausgewachsen. Alasco hatte nach unserer Rückkehr zuhause das zoologische Lexikon angeschleppt und ausgerufen, »Hornhaut mit dem Augapfel verwachsen!« Eine andere besondere Eigenschaft des kleinen Monsters war seine Sehschärfe, die mit der einer Kamera verglichen wurde. »Bis zu einem Kilometer und mehr«, stand im Lexikon. Ich hatte beobachtet, dass uns das Tier mit beiden Pupillen ins Visier genommen hatte. Dabei bewegten sie sich mit wilden Drehungen in unterschiedliche Richtungen und sahen wie aus dem Ruder gelaufen aus. Zuerst war das von uns aus gesehen linke Auge auf uns gerichtet gewesen. Etwas später dockte auch das rechte Auge auf unseren Gesichtern und Mänteln an. Da war das linke, das aussah wie ein kreisender Knauf, bereits wieder abgesprungen. Vielleicht, weil es im Strom der Besucher etwas Ereignisreicheres als uns beide entdeckt hatte oder plötzlich einen Vogel im Baum gegenüber.

Für einen schnellen Moment hatten aber die Pupillen eindeutig im gleichen Augenblick zu uns herübergeschaut. Ob es ihnen gelungen war, einen Zusammenhang zwischen den beiden für einen kurzen Moment lang identischen Gesichtsfeldern festzustellen? Oder ob sie weiterhin auf die unverbundenen Hälften unseres Äußeren starrten? Alasco hatte jedenfalls triumphierend darauf hingewiesen, dass die Kollegen von der Zoologie, wie er dem Lexikon entnahm, noch immer keine Ahnung hatten, auf welche Weise das Chamäleonhirn die beiden gleichzeitig eintreffenden, aber verschiedenartigen Bilder verarbeitet. Als ein gesteigertes dreidimensionales, plastisches Sehen? Als alarmierend behelfsmäßigen Eindruck einer fahrig, ruckweise vorwärtsstolpernden Welt? »Immerhin weiß man wenigstens schon, dass für das Tier bei bestimmter Drehung der Pupillen der eigene Rücken sichtbar wird.« Alasco war in seinem Element: als Führer durch die Welt der Fliehkräfte. Als Erklärer einer schräg aufgestellten Realität, wie er sie von den flitzenden Scheiben und all den anderen Erfindungen rund um Christian Doppler und Simon von Stampfer her kannte. Kurz nach der Einschulung hatte er mir erklärt, dass manche Menschen gegen ein beständiges Schwindelgefühl anzukämpfen haben: »verwickelt in eine unentwegte Drehung«, hatte er mir erklärt und dieses Gefühl mit der Tatsache der Erdbeschleunigung erklärt. Es hatte ziemlich kippelig geklungen, nicht gerade nach einem festen Boden unter den Füßen.

Ich sehe jetzt noch genauer hin. Das Gesicht, rund, weich, steht wie ein entfernter Mond über den Sitzreihen der Zuhörer. Ich entdecke, dass der Blick gerade jetzt wieder die Richtung geändert hat. Der Blick ist abgebogen, er schaut an den Zuhörern vorbei. Er ankert irgendwo in der Leere. Was tut er da? Gerade jetzt, wo »der Begriff« und »das Begreifen« als unvereinbare Elemente erörtert werden. Er hat sich losgemacht vom Auditorium, von unseren Köpfen, von den aufgeschlagenen Heften, den Schreibutensilien. Es sieht aus, als könnten die Gedanken den Blick nicht halten. Nicht in Zeit und Raum dieses Hörsaals. Als würden die Gedanken von woanders her etwas heranschaffen. Zweifelnd an der Gestalt, in der sie vorgebracht, zur Sprache gebracht wurden. Voller Vorbehalte gegenüber der Aufmachung, in der sie der Hörerschaft aufgetischt worden sind. Der Möglichkeit misstrauend, überhaupt eine Form für sich finden zu können. Angewiesen auf die Sehfähigkeit eines Auges, das den Horizont abzusuchen scheint. Spielräume abtastet, die in keinem Wort passend untergebracht werden können. Der Blick sucht die Weite, ausgelagert, aus der Bahn geworfen, während der Mund druckreife Formulierungen in die Welt setzt: vergleichbar einem

Gegenzauber, der auf die Wiederherstellung der Balance gerichtet ist.

Das passt zur Lautlosigkeit im Saal, zur Reglosigkeit der Anwesenden. Beinahe ein Stillleben. »Von Auguste Comte bis hin zu Karl Marx«, sagt Wiesengrund in diesem Moment, ließe sich beobachten, wie »ein triumphaler, naiver Aufstieg« in einem »aufsässigen, Sturm laufenden Finale« endet. Ich traue diesem zur Akkuratheit entschlossenen Podiumskörper nicht. Seine Gliedmaßen, ganz fürs Bequeme gemacht, müssten sich eigentlich unbehaglich fühlen. Ich kann sie mir in einem Liegestuhl, auf einem Sessel vorstellen. Stattdessen halten sie sich aufrecht, vertikal sistiert. Soldatisch im Lot, argwöhnisch gegenüber jedem *Espressivo.* Man kann aber erleben, wo es geblieben, dass es woanders untergekommen ist. Es ist eingewandert in Tiefenschichten der strabanzenden Wörter, mäandert in den Höhlungen und Schächten der Silben und Sätze. Ich werde zurückkehren nach Salzburg und in Frankfurt nichts gelernt haben. »Erzähl mir von deinen Veranstaltungen, erzähl mir von Wiesengrund«, wird Alasco sagen. Und ich werde ihm antworten müssen: »Da gab es diesen Tonstrom, weißt du, der die verlorene Welt eingelassen hat in seine Spielräume.« Ich könnte auch sagen, eingefärbt vom Dialekt, um meinen Worten eine vertrauliche Note zu geben, »Du wiast as net glaubn, Wiesengrund schaut auf dem Podest mit den kreuzten Händen im Rücken so aus, als hätt er keine Arme. Die Füß scheinen im Boden zu wurzeln. A standhafte Gstalt mit der Kontur von an wundersamem Obelisken.«

Fünfundvierzig Hörsaalminuten, denke ich. Ein Glücksstern hat mich hierher gebracht. Aber es kümmert den Glücksstern wenig, was dabei aus mir wird. Er hat mich vor einer *terra incognita* abgesetzt, mehr kann er nicht für mich tun.

Heimliches Zentrum

Die Gottwalds haben einen eigenen Zweizimmerwohn-
bereich auf der Etage. Ich vermute, dass es außer mir
keinen anderen Hörer Wiesengrunds gibt, der mit Leuten wie den Gottwalds am Abendbrottisch sitzt. Die
Gottwalds sind weder Fisch noch Fleisch, weder bürgerlich noch proletarisch, am wenigsten sind sie aristo-
kratisch, das ist ihr Dilemma: Eigentlich gibt es sie gar
nicht. Bei den Gottwalds am Abendbrottisch zu sitzen heißt, fremdes Leben auszuspähen, heißt Wohnstu-
be, Kleinkram, Kopflosigkeit. Und die Aussicht, mich
für knappe zwei Stunden im Brutkasten eines anderen
Lebens zu fühlen. Schaudernde Zeugin eines Wirrwarrs
zu werden, in dessen Zentrum die Gottwalds für mich
»die Gottwalds« spielen.

In ihrer Gegenwart machen sich meine Gedanken wie
von selbst auf den Weg. Tasten das Terrain ab, die Spiel-
arten einer nach dem Nestgefühl dürstenden Zweisam-
keit. Manchmal sitze ich auch einfach nur da, lasse die
Dinge laufen und warte ab. Bis meine Beobachtungen
sich festhaken, an irgendeinem Detail hängenbleiben.
Dieses Mal ist es die ungesunde Blässe des Gastgebers.
Mitten im Juli. Es ist heiß, ein Gewitter wurde angesagt,
Frau Gottwald trägt eine hellblaue, kurzärmelige Bluse.
Ich frage mich, ob ihr Mann krank ist, dann aber fällt
mir ein, dass er als Herrenhosenverkäufer wenig frische
Luft bekommt. Er ist Chefverkäufer bei der Firma Am-
merschläger und hat dafür zu sorgen, dass aus den Kun-

den des Hauses verlässliche Stammkunden werden. Ich versuche mir vorzustellen, wie er ihnen die Passform der verschiedenartigsten Beinkleider vor Augen führt. Und was die Wörter Knopfleiste, Gürtelschnalle und Hosenaufschlag für ihn bedeuten.

Ich schaue auf eine geöffnete Sardinendose und ein Gurkenglas. Und auf Herrn Gottwalds blasses Gesicht, das mich an einen schall- und luftdicht verschlossenen Ort denken lässt. Ein Gehäuse, in dem die Zeit sich staut; aufgehalten, abgefangen. Wie in Schneewittchens Schrein. Nur dass anstelle von Schneewittchen dort Herr Gottwald zu sehen ist. Hoch aufgeschossen und blass, aber in einer perfekt geschnittenen Hose. Es hat ihn kalt erwischt, irgendwann muss ihm klargeworden sein, welche Bedeutung es für ihn hat, weit weg vom städtischen Leben in der sparsam beleuchteten Abteilung eines Kaufhauses gelandet zu sein.

Wenn er am Abend nach Hause kommt, stürzt er sich auf die Neuigkeiten aus dem Arbeitsleben seiner Frau. Sie ist im Frankfurter Westend bei einer vermögenden Dame als Haushaltshilfe tätig. Wenn sie vom Leben im Westend berichtet, erhebt sich im Herzen von Herrn Gottwald ganz plötzlich der Gedanke, auch ihm hätte ein Leben jenseits von Herrenhosen und Hosenspannern zugestanden. So erkläre ich mir seine aufgebrachte Stimmung, den gereizten Ton, wenn das Gespräch sich um die Arbeitgeberin seiner Frau dreht. Ein psychischer Balanceakt für Herrn Gottwald. Er muss seine Neugier auf die abendlichen Mitteilungen mit der Befürchtung bezahlen, sein Hosenverkäuferberuf könnte es nicht auch nur im Entferntesten mit dem Abwechslungsreichtum jener Geschichten aufnehmen, die seine Frau mit nach Hause bringt. Quälend rührt diese Empfindung an seine Wunde. Dennoch, er bemüht sich um eine neutrale, auf Ausgleich setzende Zuhörerhaltung. Es liegt nicht in seinem Interesse, die einzige Quelle versiegen zu lassen, die dem ehelichen Dialog zu einer gewissen Unterhaltsamkeit verhilft.

Der Zwiespalt, in dem Herr Gottwald sich befindet, nötigt ihm eine ganze Skala von Gefühlsregungen ab. In den Ton empörter Missfallensäußerungen, offenen Unmuts mischen sich deshalb immer wieder auch die spontanen Laute einer anerkennenden Verwunderung oder eines amüsierten Auflachens. Ich halte es sogar für denkbar, dass die Vorgänge im Westend das heimliche Zentrum im Leben der Gottwalds sind. Die Mitteilungen von dort machen aus dem beengten Zweizimmerappartement einen weiträumigen Themenumschlagplatz. Das Westend hat die Rolle eines immerwährenden Impulsgebers übernommen. Frau Gottwald ist die Kundschafterin, ihr Mann der Kommentator und die richterliche Autorität. Beide sind ein eingespieltes Team. Ich bilde das Publikum für das zur Höchstform auflaufende Gespann. Eine Mitspielerin, die dem ehelichen Szenario Bühnentiefe verleiht.

An diesem Abend ist von einem arabischen Koch die Rede. Der Koch hat den Auftrag erhalten, ein Abendessen, Frau Gottwald sagt, »ein Dinner«, zu gestalten. Man hat sich auf ein in Tunesien beliebtes Lammgericht geeinigt, Frau Gottwald soll bei der Zubereitung assistieren. Ihre begeisterten Schilderungen über das fehlerfreie, schneeweiße Gebiss des jungen Tunesiers nimmt

Herr Gottwald noch hin. Als aber vom Ausbluten der freigelegten Adern und von der zeitraubenden Zerlegung des Tieres die Rede ist, nimmt er die Gelegenheit zu einem ersten Einspruch wahr. »Typisch arabisch«, sagt er erbittert, die Araber seien Tierschinder, rohe Leute. »Sie denken sich nichts dabei, für ihren abendlichen Fraß Blut fließen zu sehen.« Ich zweifle an der Feinfühligkeit des Herrn Gottwald. Er ärgert sich in diesem Augenblick nur über die Tatsache, dass die Arbeitgeberin seiner Frau sich einen Koch leisten kann. Dass eigens ein Koch ins Haus kommt, wenn Frau Hilsdorf Gäste bewirtet.

Den Spielregeln zufolge muss jetzt ein Einlenken erfolgen. Ein Zeichen muss gesetzt werden für das weiterhin bestehende Interesse an dem fremdartigen Handwerk der Zerfleischung. Das Zeichen erfolgt in Form von Fragen, die sich auf Kopf, Herz und Gedärm des Tieres richten. Sie lassen weitere Details ausdrücklich zu und ermöglichen Frau Gottwald die Erwähnung von tieferen Schichten des Tierkörpers, von zersplitterten Kiefern und Knochen, von Knorpeln und Gewebeteilen. »Eine bessere Suppe gibt es nicht«, habe Nadim, der Koch, gesagt.

Ein Vertrauensverhältnis wie dieses ist Herrn Gottwald bei Ammerschläger vermutlich nicht einmal mit seinen besten Kunden vergönnt. Mit dem Koch aus Tunesien ist es seiner Frau auf Anhieb geglückt. »Wer will denn schon wissen, dass Lämmer Knochen und Kiefer haben«, sagt er wütend. Er hat weniger gute Karten als sie. Dafür wird sie wieder büßen müssen. Pünktlich nach den Spätnachrichten wird er sie in einem lieblos durchgeführten Geschlechtsakt ausgiebig bearbeiten. Halb schlafend schon, berichtete sie mir flüsternd kürzlich in der Küche, lässt sie die abendlichen Liebesbeweise ihres Mannes geduldig über sich ergehen. Jahreszeitenunabhängig bei Wärmestufe drei auf einem Heizkissen liegend. »Er spreizt meine Beine, als ob er einen Nussknacker bedient.« Möglicherweise rächt sie sich für seine Gefühllosigkeit durch ihre detaillierten Berichterstattungen aus dem Hilsdorfer Haushalt. Und möglicherweise tut sie gerade genau das, sie lässt nicht davon ab, von weiteren Aktivitäten zu erzählen; immer mit Nadim, dem Koch an ihrer Seite. Es ist von Gelenken die Rede, die, durch den Fleischwolf gedreht, als Bindemittel für die Sauce zum Einsatz gekommen sind. Von einer am Brustbein angesetzten Knochensäge. Von blitzenden Cromargan-Schüsseln, angefüllt mit appetitlichen Bällchen und in Würfeln geschnittenen Bratenstücken.

Höchstwahrscheinlich wird Herr Gottwald die draufgängerischen Darlegungen seiner Frau nicht widerspruchslos hinnehmen. Das einsetzende Schweigen hat den Charakter eines Strafvollzugs. Ich vertiefe mich in den Anblick des bescheidenen Stilllebens von Messer und Gabel, Brot und Butter auf dem Abendbrottisch. Wie wird es weitergehen? Es gruselt mich, gleichzeitig möchte ich mir das Drama nicht entgehen lassen. Aber dazu kommt es nicht. Herr Gottwald ist wider Erwarten gnädig mit seiner Frau, die Versöhnungsszene ergibt sich wie von selbst. Wieder einmal geht es um das beiden gemeinsame »Vertriebenen«-Schicksal. Ein unbekanntes, unheimliches Wort. Es erinnert an die Vertreibung aus dem Paradies. Jedenfalls scheint den Gottwalds großes Unrecht widerfahren zu sein. Glücklicherweise hatte sich die »Pommersche Landsmannschaft« ihrer angenommen. Ich habe mir das Wort eingeprägt, um in den Gesprächen über das »Vertriebenen«-Schicksal mithalten zu können. Wenn die »Pommersche Landsmannschaft« im Spiel ist, wird von Ortsnamen gesprochen. »Grabow«, sagt Frau Gottwald. Diesem Wort sinnen beide so lange nach, bis ihr Mann das Wort »Wussow« von sich gibt. Es vergeht eine ganze Weile, bis einer von ihnen »Züllchow« sagt und der andere »Schönow«. Ich kann mich nicht genug darüber wundern, wie tief sich die »ow«-Silbe in die Herzen der beiden eingegraben zu haben scheint. Und dass überhaupt einer einzelnen, aus zwei Buchstaben bestehenden Silbe so viel Macht zukommen kann. Vergessen ist Nadims Knochensäge, vergessen das elegante Domizil der Frau Hilsdorf, der Abend endet mit den Wörtern »Kummerow« und »Schwarzow«.

Sprechstundenzeit. Freitagnachmittag. Die Dame vom Sekretariat weist mir die Richtung zum Sprechzimmer. Ich kann dabei zusehen, wie ein Traum – noch ein Schritt, noch einer, da ist die Tür – in den Modus der Realität übergeht. Und sofort von einem anderen abgelöst wird. Der graugekleidete Herr vom Podium kommt mir gut gelaunt entgegen. Er begrüßt mich geradezu überschwänglich wie einen längst überfälligen Besuch. »Die Briefschreiberin aus Salzburg!« Man hat mit mir gerechnet. Ich werde erwartet. Typischer kann ein Traum gar nicht sein.

Dem Vorgang liegt aber nichts anderes als die Findigkeit einer Sekretärin zugrunde. Sie sitzt in Wiesengrunds Vorzimmer und hat, als ich mich für die Sprechstunde anmeldete, meinen Namen mit jenem Brief in Verbindung gebracht, den ich zwei Jahre zuvor ans Institut mit der Bitte um das Manuskript des Proust-Vortrags geschrieben hatte. Zwischen Schreibtisch, Sitzecke und Bücherbord ist nun aus der beredten Schallwellenerscheinung eine sich emsig durch den Raum vorwärtsbewegende handfeste menschliche Gestalt geworden, die nach der auf einer braunen Schreibplatte abgelegten Brille greift. Ich warte. Warte ab. Der freundliche Institutsleiter und das mächtige Bild, die Wiesengrund-Ikone, die ich wie ein Gepäckstück mit mir herumtrage, stellen sich im Augenblick als zwei vollkommen unabhängig voneinander existierende Gebilde dar. Möglich, dass Leben in die Ikone kommt. Dass die Verwandlung in etwas Leibhaftiges gelingen könnte: der Sprung in die Gestalt eines kleinwüchsigen Herrn, der mir den Anblick eines überzeugend lebensnahen Pyknikers bietet. Schon glaube ich, das Phänomen im Griff zu haben. Aber da habe ich mich geirrt, das Bild bleibt unbestimmt. Mag es an mir liegen, an meiner Unfähigkeit, ihm einen festen Umriss zu geben? Mag es deshalb anfällig für Ausschläge, für Abweichungen sein? Aber der Schwung der Bewegungen, die unentwegt mobile Mimik meines Gegenübers trägt das Seine dazu bei, dass das Bild die Neigung hat zu zerfasern, in alle Richtungen auszuscheren. Offen für Improvisationen, entgleitet es jedweder Kontur. Zieht Eindrücke und Einbildungen auf sich. Jedenfalls fliegt mir in diesem Moment die Erinnerung ans Salzburger Landestheater zu, auf dessen Bühne man Shakespeares *Sommernachtstraum* spielt. Puck, der »fröhliche Wanderer der Nacht«, ist zu sehen. Er hat an diesem Abend, einem Einfall des Spielleiters folgend, seine Rolle überwiegend auf dem Kopf stehend zu bewältigen.

Das Sekretariat des Instituts mochte gut, es mochte perfekt und seine Buchführung gewissenhaft sein. Ohne Puck, den Spieler, wäre es jedenfalls nicht zu diesem »traumhaften« Coup gekommen. Ohne ihn hätte ein zeitlich so lange zurückliegendes Schreiben nicht auch nur annähernd so gekonnt ins Spiel gebracht werden können. Im Schub der Bilder, die mir den reglosen Redner auf dem Hörsaalpodium neben dem radiophonen Idol aus Schülerzeiten zeigt, setzt Puck erkennbar ein Zeichen. Ich ahne, was kommt. Auch nach diesem Institutsbesuch wird Wiesengrund ein Fabelwesen geblieben sein. In übereinanderkopierten Momentaufnahmen zuhause. In Mixturen. In vielgliedrigen Formationen.

Und Puck ist weiter am Werk. »Sie sind Schauspielerin geworden«, sagt er. Die Worte klingen nach einer freudigen Feststellung. Sie sind mitreißend, und mir liegt das einverständige »Ja« schon auf der Zunge. Die verlockende Offerte bringt Bühnenluft mit. Und Blumenarrangements in der Garderobe. Sie setzt auf unbekannte, dennoch verlässlich und verschwenderisch abrufbare Anziehungskräfte. Nein, das bin ich nicht. Ich bin eine nach Frankfurt gereiste Studienanfängerin, müsste ich sagen. Der euphorische Ton der Bemerkung hat einen ganzen Kosmos mitgebracht. Ich höre den heranwachsenden Knaben sprechen. Er muss die Primadonnen geliebt haben. Es fällt mir schwer, mich in diesem Moment als rechtschaffene Neuimmatrikulierte zu präsentieren. Sehenden Auges eine beispiellose Degradation auf mich zu nehmen. Von der gerade inthronisierten Bühnenkünstlerin zur geheimnislosen Studienbuchinhaberin, zu einer weiteren Seminarscheinanwärterin unter vielen anderen zu werden. Für eine rasche, die Dinge zurechtrückende Entgegnung würde ich eine Tapferkeitsmedaille verdienen. Ich lasse mir Zeit. Wenigstens noch für zwei, drei Minuten will ich kein sogenanntes Erstsemester sein, kein Newcomer in einem überfüllten Hörsaal.

Wir sind zu dem kleinen Tisch mit Sitzgarnitur hinübergegangen. Begleitet von einer Reihe fürsorglicher Gesten, hat Wiesengrund mich zu meinem Sessel geführt. So als bedürfte der Akt meines Mich-Setzens einer besonderen Umsicht, den Begleitschutz einer Ein-

Mann-Eskorte. Später, als ich benommen in meinem Zimmer über die Begegnung nachdenke, zeichnet sich in dem so mühelos erscheinenden Fluss der Gebärden eine Neigung zum Übereifer ab. Schon bei der Begrüßung war mir die Haltung des entschiedenen Aufrechtstehens aufgefallen. Eine Entschlossenheit, Nachdrücklichkeit, die etwas übers Ziel Hinausschießendes hat. Ein Unterhändler des Augenblicks, denke ich später. Einer, der in Fahrt ist. Ohne die überwachende Pupille wie auf dem Podium.

Noch kann ich mir das bescheidene Studentendasein vom Hals halten, das sich im Innern des schönen Bildes einer Aktrice krumm macht. Der verlockende Gedanke taucht auf, die Dinge so zu drehen, dass es mir erhalten bleibt. Zum Beispiel: Aus Österreich angereist zur Fortsetzung des Rollenstudiums. Seminarteilnehmerin, um den tieferliegenden Eigenschaften des Humanwesens auf die Schliche zu kommen. Gewissermaßen von der Basis aus. Wie ebenso im Rahmen von Weltgeschichte und Kapitalismuskritik. Um, davon beflügelt, den von Liebe Erfassten, vom Verhängnis Gezeichneten und vom Wahnsinn Befallenen ein unvergessliches Gesicht zu geben. Einer Jeanne d'Arc, einer Ophelia, Julia oder Cordelia.

Warum überhaupt die ereignislose Figur eines studentischen Neulings aus ihrem Versteck hervorziehen? Nicht für sie hat Puck sich ins Zeug gelegt. Er hat die Darstellerin, die Tragödin, meinetwegen auch die Komödiantin gemeint. Warum Farbe bekennen? Farbe erzeugen! Eine der Redewendungen Gerwisa Vogels lautet, »a Aizerl von allem!« Da ist es wieder, das Geknäuel von Wirklichkeit und Fiktion! Das erweiterte Tätigkeitsfeld der Wahrheit. Ihre Nähe zur Paradoxie! Gemessen daran sitze ich viel zu aufrecht da. Viel zu angespannt. Ich merke es sofort, kann aber nichts daran ändern. Ein dramatisch geschultes Visavis sieht anders aus. Eine Schauspielerin hätte gewusst, wie man das anzustellen hat. Wie man ein *Bild* aus sich macht.

Ich bin keins. Ich bin ein nach Worten ringender Trabant, der einen Stern umkreist. Und von den Sternen gibt es im Augenblick viel zu viele in diesem Raum. Zu viele Wiesengrund-Ausführungen. Vielleicht gerate ich deshalb an eine Äußerung, verirre mich in eine Mitteilung, die ich heraustrompete, als handele es sich um des Pudels Kern, um ein Bekenntnis von weitreichender Bedeutung. Ich höre meine Stimme etwas sagen, ohne dass ich sie dazu beauftragt hätte. Ohne ihr die Worte eingegeben, anvertraut zu haben. Ich horche auf die fremde Stimme, höre sie sagen: »Ihretwegen bin ich in der Unterprima sitzengeblieben! Ihretwegen habe ich mir die Nächte um die Ohren geschlagen!« Und das in einem nicht ganz und gar vorwurfsfreien Ton, so als hätte ich hier mit jemandem ein Hühnchen zu rupfen.

Er müsste doch längst selber schon etwas gesagt, mir ein Gesprächsangebot gemacht haben. Vermutlich habe ich es überhört. In meiner Aufgeregtheit. Panik. Wie ich auch aus Panik daran gescheitert bin, meinen Worten Sinn und Verstand mit auf den Weg zu geben. Zu lange habe ich meinem Gegenüber, das ich vor mir in den Sessel gelehnt sehe, zugemutet, in einer luftdichten Verpackung ohne Verbindung zum Rest der Welt in Gedankengebäude und Luftschlösser eingebettet zu sein; geradezu gefangen gesetzt. Dabei habe ich niemals an einen Menschen gedacht. Niemals an eine Person, die eine gebräuchliche Situation so wie diese annäherungsweise gebräuchlich abwickeln kann. Ich habe nur an Maßloses, an nicht Berechenbares gedacht. Anders kann ich mir den unglückseligen Einstiegssatz nicht erklären.

Ob es angesichts meiner Ungeschicklichkeit heute schon, ob es überhaupt je dazu kommen wird, mit ihm über mein Studium, über etwas üblicherweise so Naheliegendes wie meinen akademischen Werdegang zu sprechen? »Meine Lehrer habe ich zur Weißglut gebracht«, sagt die laute, immer noch auf eigene Faust agierende Stimme. Sie hört sich an, als würde sie alles auf eine Karte setzen und heimlich darauf hoffen, als aufsässige Komplizin ins Boot geholt zu werden. Als eine aus dem Kreis der Wohlgeratenen Ausgestoßene; seinetwegen Ausgestoßene.

Aber so, wie es aussieht, hat sich Puck dazu entschlossen zu pausieren. Oder doch nicht? Sein wacher, unentwegt aufmerksam auf mich gerichteter Blick, sein Abwarten lässt sich als eine Einladung verstehen. Als eine Aufforderung, mit ein paar substantiellen Nachrichten herauszurücken. Mit Bekanntmachungen aus einer Welt, in der ich die Rolle einer geistigen Vorkämpferin und leidenschaftlichen Frankfurt-Pilgerin spiele, gleichzeitig aber auch als Bühnenaktrice vorkomme. Puck macht es mir schwer. Sein Blick könnte nicht interessierter, nein, nicht bestrickender sein. Und ich mich dabei nicht konfuser, ratloser in meiner Schräglage fühlen. Ich bin auf ein beharrlich sprechendes, Dinge aufdeckendes, Fragen aufwerfendes Gegenüber vorbereitet gewesen. Es hat die Zügel straff in der Hand, es schweigt nicht, und es betrachtet mich nicht in allen Einzelheiten. Es führt in einer Höhe, die man als luftig bezeichnen kann, die verschiedenartigsten gedanklichen Balanceakte aus. Nun aber entdecke ich, wie sich inmitten meiner Einbildungen und Bilder eine Region unschlüssigen und sprachlosen Tastens auftut. Und damit der Wunsch, mich in Sicherheit zu bringen. Zum Beginn zurückzukehren. Zu dem monologisierenden Wortführer von Radio Wien. Dem nimmermüden Sprecher der Nacht.

Ich schaue, mit der Aussicht, mich bald wieder aus Frankfurt zu verabschieden, ruhig, beruhigt zu Wiesengrund hinüber. Ein Salzburger Kind, mag er denken. Mirabellgartengewächs. Wenigstens kein grüner Anorak. Keiner von diesen abstoßenden Parkas, wie man ihn jetzt überall sieht. Ein Dirndl würde ihr stehen. Von fern eine Nestroy'sche Kathi, Peppi, Marie. Eine merkwürdige Geschichte bringt sie mir hier an. Ein eigenartiges »Wiesengrund«-Imaginarium. Übersteuert einerseits, andererseits eine Melange des Unaufgedeckten. Wiesengrund ist mit seinem Sessel etwas näher an mich herangerückt. Als würde damit das zu Entdeckende, Auszukundschaftende leichter erkennbar, deutlicher sichtbar werden. Sein Gesicht hat etwas Ebenes, in seinen Verläufen Nachgiebiges. Nicht nur, weil es aus der Nähe zu sehen ist, kommt es mir *näherliegend* vor als die metallisch reglosen Züge, wie ich sie vom Podium her kenne. »Erzählen Sie, wo sind Sie untergebracht? Wo haben Sie Quartier gefunden? Wie leben Sie in Frankfurt?«

Wiesengrunds Fragen lassen erkennen, dass er meine

Mogelei durchschaut hat und inzwischen eine andere Fährte verfolgt. Er erspart es mir, mit eigener Hand die Diva schachmatt zu setzen. Ein bisschen hätte ich mich gern an ihren Glanz drangehängt. Hätte gern das fetzige Unterwegssein einer ausgebuchten Berühmtheit für mich arbeiten lassen. Kurz taucht die Abbildung des Kometen »Donati« aus dem *Bilderatlas der Sternenwelt* vor mir auf. Die Enden seines prächtigen Schweifes, tausendfach zerfasert, sehen silbern und filigran aus. Sie lassen ahnen, wie rasend schnell er sich fortbewegt. Das herrliche Gebilde am nachtblauen venezianischen Himmel macht den Eindruck, als befände es sich gebieterisch auf einer privaten, einer nur ihm zustehenden Umlaufbahn. Staunende Menschen stehen auf einer Brücke, schwebend über einer Lagune, und schauen zu ihm hoch, während das vorbeiflitzende Gebilde ihnen den Gedanken an etwas Schönes und Kostbares zum Geschenk macht.

Am liebsten würde ich von Donati erzählen. Aber Wiesengrund hat nicht nach meinen Kometenphantasien gefragt. Er hat sich fürsorglich nach meiner Unterkunft erkundigt und damit nach Herrn Modjaz, nach den Gottwalds und deren Abendbrottisch. Und während ich schon glaube, dass die Sache mit dem Puck sich erledigt hat, kommt es mir so vor, als habe er mich ins Visier genommen und mit einem Funken nach mir geworfen. Allein wäre ich auf diesen Einfall nicht gekommen, der mit meiner Beobachtung zu tun hat, dass Wiesengrund den beiläufigen Austriazismen der wenigen von mir bisher geäußerten Worte einen seltsamen Singsang hinterherschickt. Und es ist bestimmt nicht meine Schilderung des Bockenheimer Quartiers, nicht im engeren Sinn jedenfalls, der er gedankenvoll nachlauscht. Auch nicht das Gottwald'sche Paarverhalten oder die fehlende Möglichkeit, an heißen Tagen für erfrischenden Durchzug in der Wohnung sorgen zu können. Es ist etwas anderes, es hat mit Melodie und Mundart zu tun. Einzelne Wörter scheinen nämlich wie bei einer Violine eine Saite bei ihm zu berühren. Und diese Saite antwortet, sie folgt den österreichisch kolorierten Lauten wie ein gefügiges Echo. Lehnt sich geschmeidig in das milde und sanftmütige »ä« hinein, das anstelle des hellklingenden, deutschen »ei« von mir zu hören ist. Begleitet das ins Dunkle und Dubiose gewendete »o«.

Die Äußerung des Kommilitonen Rahlsberger flitzt mir durch den Kopf. Der linientreue Fichteaner hatte spöttisch von einem Ausspruch Wiesengrunds berichtet. »In Wien steht mein Gartenzwerg« lautete er. Ich habe ihn mir gemerkt, weil Rahlsberger bekennender Fichteaner ist. Und sich in seinem Mund die Wörter Wiesengrund, Wien und Gartenzwerg wie die Totempfähle der ihrem endgültigen Untergang zustrebenden menschlichen Gattung ausnehmen. Ich werde diesem Ausspruch meinen Tribut zollen, ich habe etwas in die Wagschale zu werfen. Dieses Mal, ohne zu mogeln. Dabei brauche ich mich nur an jene Melodie anzuhängen, die mir die in Wien gebürtige und außerdem überaus beredte Gerwisa Vogel schon mein ganzes Leben lang ins Ohr geträufelt hat. Ein Wohllaut, der Stimmung und Atmosphäre mitbringt. Ich beginne von meiner Straße zu erzählen, einer in Universitätsnähe gelegenen Durchfahrtsstraße zum Opernplatz hin. Kaum hörbar und auf eine sonderbar weltentrückte Weise folgt meiner Beschreibung ein akustisch diffuses, gedankenverlorenes Summen. Ein Singsang, der sich lautmalerisch meinen Schilderungen anschließt. So ergibt sich dem Klang nach ein seltsam verrutschter Dialog, der mich zuletzt doch noch zu einer Art Darstellerin werden lässt. Kein großer Auftritt, aber eine Wendung, die im Nachhinein Wiesengrunds Begrüßung, der einer Schauspielerin galt, ein Quäntchen Rechnung trägt.

Eine bedauerlich talentlose Schauspielerin. Ich chargiere, überziehe die Töne, ich trage dick auf. Dem schmucklos weißgetünchten Nachkriegshaus, in dem ich wohne, verpasse ich einen idyllischen, zur Straße hin gelegenen Wiener Schanigarten, dessen Gästen ich abends vom Zimmerl aus zuschaun würd. Frau Rieböck, die einen so recht sekkieren kann, »so dass ma schaun muss, dass ma weiterkummt«, macht sich, in einer Gastrolle, im Korridor zu schaffen. »Manchmal kiefle ich daran, manchmal is ma grad powidl«, sage ich. Meine Wohnsituation fasse ich in der Formel zusammen: »Neben dem Zimmer das Häusl und vor der Tür der Eiskasten.« In Wiesengrunds widerhallendem Echolaut klingt das Wort vom Eiskasten nach einem mit Zeit und Raum unverbundenen, abgesonderten Spalt des menschlichen Bewusstseins. Es könnte auch ein Wort von Hölderlin sein, der einen in der Höhe spitz zulaufenden, verschneiten Berg beschreibt. Oder, lang hingestreckt, flach in die Landschaft gebettet, einen zugefrorenen Fluss.

Das Glanzstück unseres Gesprächs stellt zweifellos der »a«-Laut dar. Dunstig verhangen scheint er aus einem Wald hervorzutreten. Langgezogen, als sei er es wert, in die Länge gestreckt zu werden. »Paaasssst!« Mit diesem Wort gehe ich über zu weiteren Details des ungastlichen Zuhauses, denen Wiesengrund seine selbstvergessenen Laute hinterherschickt. Die Szene, in der wir uns befinden, komisch, kindlich, funktioniert ungeplant. Es sind kurze Momente, grotesk verknotet. Bilder, die auf dem Sprung, und Wörter, die zur Stelle sind. In meiner Schilderung entsteht eine unübersichtliche, beziehungsreiche Örtlichkeit, hindurchgeschleust durch Idiomatisches und wie von Zauberformeln Aufgemischtes. Unser kauzig konstruierter Dialog muss fortgesetzt, muss weitergesponnen werden auf Teufel komm raus, denke ich. Und sei es auf Rieböcks Kosten, wen schert's! »I kann mi no so zersprageln, aber das in Bad und Küche herrschende Regiment is derart i-tipflerisch, dass einem eh nix anders übrig bleibt, als sich potschert zu gebn. I loss ma ungern in meine Sochen dreireden. Sogar die Vorrät im Frigidaire tuats ma ausspähn. So a Theata! Afoch *lulumäßig*!« Das Äußerste hole ich aus Gerwisas Sprachfärbung heraus.

Wiesengrund begleitet ihre Eigentümlichkeiten mit einer Folge von Lauten, mit einem in zusammenhanglosen Brocken vorgetragenen Sprechgesang, der meinem Wohngemeinschaftsdasein den Charakter eines unerforschten Stammeslebens verleiht. Er hat sich im Klang des letzten Wortes, dem Schlusslicht der Inszenierung festgebissen. Formt die Silben sinnfrei ihrer Tonlage folgend, lässt die Bezeichnung »lulumäßig« wie einen Fund, ein klangliches Ausgrabungsstück in der Luft stehen. »Ungustiös«, rufe ich, um das Wort zu erklären. Aber die Stimme wiederholt nur versonnen das rätselhafte

»lulumäßig«, nun der deutschen Intonation vom Tonfall her deutlich nähergerückt. Eine klangliche Schattierung, in der sich umrisshaft etwas ganz anderes, von meiner Wohnmisere vollkommen Unabhängiges abzuzeichnen beginnt und aus dem sich nun, deutlich wie das Deckblatt einer Partitur, der Name der Opernheldin »Lulu« herausschält.

Das kleine Husarenstück ist damit beendet. Entstanden aus einer unentschlossenen, instabilen Situation, die Wiesengrund leicht in ein sicheres Fahrwasser hätte lenken können. Das Spiel führt in Nachtstudio-Zeiten zurück. Zu einem Sprechen, einem Zuhören, dieses Mal mit vertauschten Rollen. »Lulumäßig«. Das sonderbare Wort hängt noch immer im Raum. Womöglich wird Wiesengrund sich dazu verleiten lassen, es immer dann einzusetzen, wenn es etwas zu feiern gibt. Nur, weil es dem Namen einer hochgeschätzten, in Musik gesetzten Titelheldin folgt. Das Wort habe mit unangenehmen, unerfreulichen Situationen zu tun, sage ich warnend. Nur in solchen Zusammenhängen habe eine in Wien gebürtige Tante es hin und wieder benutzt. Eine Bemerkung, die ein Nachspiel hat, es gilt dem Namen der Stadt Wien. Dieses Mal trifft das Echo, Wiesengrunds nachhallende Stimme, den Ton nur annäherungsweise, ungenau. Es ist ein blitzschnelles Scheitern. »Die Eigenheit österreichischer Kehlköpfe und Münder hat den Namen der Stadt phonetisch so weit abgewandelt«, sagt er, wir stehen beide auf und bewegen uns auf die Türe zu, »dass er für immer nach Knödel und Kindheit klingt.«

Viel später erst fällt mir auf, dass ich die Treppe des

Instituts zerstreut, in Gedanken versunken hinunterge-
stiegen bin. Ich hätte es eigentlich andächtig und über-
wältigt tun müssen. Ich hätte meinen fiktiven früheren
Begehungen Rechnung zu tragen gehabt. Hätte den Bestand ausgefeilter Posen ad absurdum führen sollen, die
erfundenen Gangarten, mit denen ich damals in meinen Vorstellungen hier aufgekreuzt bin. Ohne aber die
Treppe überhaupt zu bemerken, habe ich mich auf den
Nachhauseweg gemacht. Viel zu beschäftigt mit dem
Gedanken, dass das Ganze, wie auch immer es sich gestalten mochte, ein »Hier« sein wird, nicht mehr ein
»Dort«.

Zeitlupe

Sommerliche Hitze. Erwin Rahlsberger, mit dem ich mich regelmäßig über Wiesengrund streite, hat mich zum Abendessen eingeladen. Ich glaube, es ist immer heiß, wenn ich ihn besuche. Rahlsberger ist Asthmatiker. Meistens verschwindet er sofort nach unserer Begrüßung im Badezimmer. Der Neubau hat so dünne Türen, dass die Geräusche der aufwendigen Prozedur deutlich zu hören sind: krächzendes Husten, der heisere Ausstoß von Atem und ein ausgiebiges Räuspern. Gleich darauf sind andere, nie gehörte Laute zu vernehmen. Einige von ihnen kann ich mir erklären. Sie haben mit Würgelauten, mit einer Kehle und mit Abhusten zu tun. Andere müssen mit einem Gerät zusammenhängen, es verursacht einen gleichmäßig wiederkehrenden Ton und steht vermutlich mit dem Vorgang des Inhalierens in Verbindung. Wenn Rahlsberger kurz darauf das Zimmer betritt, begleitet ihn ein intensiver Räuchergeruch.

Das Zimmer ist dunkel. Schwere Teppiche hängen von der Decke herab, mehrfach übereinandergeschichtet. Staubfänger. Es scheint den von seinen Heilanwendungen zurückgekehrten Asthmatiker nicht zu bekümmern, dass er sein entzündetes Bronchialsystem einer neuen Ladung von Fusseln und Flusen und staubigen Rückständen aussetzt. Für einen Asthmatiker ist die Anschaffung so vieler Teppiche eine ungewöhnliche Entscheidung. Schwer atmend steht er vor mir und bringt aus dem Badezimmer den Geruch von Räucherspeck und Bratkartoffeln mit. Nicht immer riecht sein medizinisches Zeug nach Gebratenem. Hin und wieder auch nach einer Hütte im Herbst, in der sich Fallobst und abgetretene Schuhe befinden. Er sagt »Katze« zu mir. Oder, ohne Anrede, einfach nur meinen Namen. »Werbezirk«.

Wir sitzen uns gegenüber. Erwin Rahlsberger redet, er redet auf mich ein. Eigentlich sollte er seine Stimme schonen, möchte offenkundig aber immer wieder sichergehen, dass er mit ihr rechnen kann. Dass sie ihm zur Verfügung steht. Er braucht Stoff, immer neuen Stoff, um seiner Stimme einen Anlass zum Sprechen zu geben. Vermutlich hat seine Krankheit zur Beschleunigung seines Denkvermögens beigetragen. Denken und Sprechen und die unanfechtbare Gewissheit zu atmen, das heißt zu existieren, scheinen für ihn ein und dasselbe zu sein. Es sieht so aus, als besäße er nur einen Anzug, es ist immer derselbe. Er ist braun, der Stoff hat durchs häufige Tragen etwas Glänzendes, Schimmerndes angenommen. Der Anzug ist nicht in der Lage, den ausgezehrten Körper vergessen zu machen. Und schon gar nicht den leichten Auswuchs, den Hügel, den die Wirbelsäule links in Schulterhöhe bildet. »Er hat einen Ast«, hätte Alasco gesagt. Ein naturnahes Wort, in dem Vergänglichkeit anklingt. Manchmal sehe ich dann die Teppiche in einem anderen Licht. Sie hängen lagenweise von der Zimmerdecke herab wie schützende Häute. Wie Kleidungsstücke, wärmende Textilien.

Einige Male hat mich Wiesengrund im Gespräch mit ihm gesehen, meistens in der Bibliothek, einmal in Campusnähe auf der Straße. Er weiß, dass Rahlsberger ein eiserner Verfechter Johann Gottlieb Fichtes ist. Es wird ihm nichts ausmachen, dass bei Rahlsberger nichts Gutes für ihn herausspringt. Rahlsberger bezeichnet seine Philosophie als phänomengesteuertes Denken. Trotzdem, kaum etwas ist in seinen Veranstaltungen so ausdauernd sichtbar wie das weiße, von regelmäßigen Räucherbehandlungen und tagtäglichen Inhalationen asketisch ausgehöhlte Gesicht Erwin Rahlsbergers. Nach Schluss der Vorlesung lässt er mich an seinen Eindrücken teilhaben. Es geht ihm um nichts anderes, als mir Johann Gottlieb Fichtes Philosophie unterzujubeln. Das Kraftwerk des sich selbst setzenden Ich. Und die von »kruder Welthaltigkeit«, wie er sagt, gereinigte Apparatur der intellektuellen Anschauung. Ich bin eine undankbare Zuhörerin. Gewöhnlich reicht er mir am Schluss ein Zuckerl hinüber. Er greift sich ein Detail der eben zu Ende gegangenen Vorlesung heraus und verkündet, »zugegeben, mit dieser Überlegung hat er Recht«. Aber nur, fügt er dann hinzu, wenn man diese oder jene Einsicht von Locke oder Kant oder Schelling unberücksichtigt lässt. In seinen Augen hat Wiesengrund auch da, wo er Recht hat, nur annäherungsweise Recht.

An diesem Abend wollen wir Gustav Mahlers Erste Symphonie hören. Die Teppiche verleihen dem Einzimmerappartement den Charakter eines schalldicht abgeschlossenen Konzertsaals *en miniature*. In seiner Mitte Rahlsberger, der den Dirigenten ohne Taktstock gibt. Es ist abzusehen, dass die Musik an diesem Nachmittag weder an die von ihr beabsichtigte Klangfülle heranreichen wird noch ihrem Namen, *Der Titan*, wird gerecht werden können. Verhalten und zögernd setzen die ersten Takte ein. Rahlsberger erklärt mir, dass die Musik uns zeitlupenartig am Zerfall der Welt teilnehmen lässt. »Was meint die Katze dazu?« Ganz im Gegenteil, denke ich. Die Welt beginnt sich langsam aufzurichten und träge ihren ersten Schöpfungstag zu gestalten. Die Welt oder der Titan. Eine Kreatur fährt ihre Glieder aus wie ein Raubtier, das seine Reichweiten abtastet. Schließlich lasse ich mich dann doch auf Rahlsbergers Idee der ins Nichts zerfallenden Welt ein. Seine Eingebungen, die Musik und die teppichverhangene Zelle wollen genommen werden, wie sie sind. Als *ein* Wurf. *Ein* sternenloses, unbegehbares Zauberreich, das in diesem Zimmer festhängt. Weder weiß es von der Stille des Horchens. Noch von den laut tönenden Megaphonen, von den Versammlungen und den Flugblättern, die irgendwo in der Stadt zur gleichen Zeit für Unruhe sorgen.

In diesem Moment überrascht mich ein Tonereignis, jener unverkennbare Zweiklang, wie man ihn vom Kuckuck her kennt. Also doch eine Morgenstimmung; die Vögel erwachen. Rahlsberger scheint den mehrmaligen Kuckucksruf überhört zu haben. Weißglitzernde Gletscherluft, raunt er mir zu. Er hat den rechten Zeigefinger an seine Lippen gelegt. Als wolle er mich zum Schweigen bringen. Aber ich rühre mich ja gar nicht, ich schaue nur. In die Musik, in das Zimmer hinein. Es mag an seinem rasselnden Atmen liegen, dass Rahlsberger die mehrmaligen Zwischenrufe des Kuckucks überhört hat. Im Hintergrund haben ein paar Bläser ihre Arbeit aufgenommen, sie klingen feierlich. »Hören Sie das? Hören Sie, wie sich in diesem Augenblick eine Hand auf den Scheitel der Welt gelegt hat?« Ich lausche den gewichtigen Worten nach. Ja, warum sollte die Welt eigentlich nicht die Form eines Kopfes haben? Flüchtig taucht der Gedanke an eine sorgfältig gescheitelte Frisur vor mir auf, die eine kundige Hand dem Erdball verpasst hat und die sich nun schützend auf sie legt.

In der strengen Intonation eines Zeremonienmeisters kündigt mir Rahlsberger den Auftritt roter Kardinäle an. Sie setzen sich mit einer melodisch wendungsreichen Tonfolge in Szene. Wieder der Kuckuck. Dann bleibt die Musik stehen, sie verharrt auf der Stelle. Atmet aus. Die Kardinäle haben in offenbar großer Eile den Schauplatz verlassen. Denn an dieser Stelle weist der asthmatische Kommentator auf das Rauschen erntemüder Bäume hin. Erneuter Bildwechsel. Beim Einsatz des vollen Orchesters, einige Takte später, schreitet ein »gefallenes Mädchen« über die Straße. Auf den Taktanfängen lasten in diesem Moment Pauken und Trompeten, setzen schwergewichtige Akzente. »Ein Gewittermantel, der Mantel öffnet sich und schickt lärmenden Donner ins Gelände«, schreit Erwin Rahlsberger. Dann verliert sich seine Stimme flüsternd in der abebbenden Musik, rhythmisch in jeden einzelnen Ton hineinsprechend: »Schäch-te der Un-end-lich-keit.«

Es ist Zeit für eine neue Räucherbehandlung. Luftnot setzt dem Konzert ein Ende. Auf dem Weg ins Badezimmer hat Rahlsberger den Tonarm angehoben und in Warteposition gebracht. Gustav Mahler muss sich gedulden. Das Geräusch krächzenden Ausspeiens, gurgelnden Inhalierens dringt ungemildert ins Zimmer. Ich möchte meine Tasche nehmen, zur Tür laufen, ins Treppenhaus, auf die Straße. Aber ich bleibe. Keinen Schritt werde ich machen. Ich werde sitzen bleiben, den Rachenlauten lauschen und mich davor fürchten, dass die Musik weitergeht. Dass Rahlsbergers Flüstern und Schreien kein Ende nehmen wird.

Nun ist sie da, die Wirklichkeit. Die, von der ich mir aus der Ferne immer nur ein Bild machen konnte. Die, der ich als Leserin von Edgar Allan Poe begegnet war. Hier habe ich einen Zipfel von ihr in der Hand. Und auf einmal ist Salzburg nur noch ein *Bild*. Es rollt sich wie eine Leinwand vor mir auf. Komisch, denke ich. Die Leute, die jetzt dort zu sehen sind, tragen alle weiße Perücken. Und die Männer weiße Strümpfe bis hoch zum Knie hinauf.

Ich höre, wie sich Rahlsberger die Seele aus dem Leib hustet. Ein Leib, den es eigentlich gar nicht mehr geben sollte. Von einer Liste war irgendwann die Rede gewesen. Da hatten wir beide an einer Haltestelle gestanden und auf die Straßenbahn in Richtung Hauptwache gewartet. Auf jener Liste hatte sich auch der Name Rahlsberger befunden. »Jeder Krüppel, jeder Kretin hatte Anspruch auf ein Foto«, hatte er mir aufgebracht mitgeteilt. Und dann ein Wort gesagt, das fremd und gefährlich klang. Es lautete »Rassehygiene« und hatte mit der Geschichte der Deutschen zu tun. Unvorstellbar, dass dieses Wort in meiner Heimat eine Rolle gespielt haben könnte. Dass etwa Alasco davon wissen konnte. Der Sternforschervater. Fein raus war er mit seinem erdfernen, nicht tausendjährigen, sondern billionenjährigen Reich. »Das Foto hat aber nicht zum Namen gepasst. Eine Verwechslung«, sagte Rahlsberger. »Da hat man mich wieder rausgeholt aus dem Wagen. Der Transport ging ohne mich ab.« In der Straßenbahn war es voll gewesen. Wie betäubt konnte ich im ersten Moment der Geschichte keinen Glauben schenken. Dann wusste ich, dass es die Wahrheit ist. Trotzdem war mir der im Gedränge des Straßenbahnwagens dicht neben mir stehende Rahlsberger in dem abgenutzten braunen Anzug körperlich unangenehm. Und die bleiche, unreine Haut seines Gesichts fand ich aus dieser Nähe abstoßend. Ich versuchte aber nicht, von ihm abzurücken. Fühlte die schwierige Hypothek einer Vergangenheit, die sich in Rahlsberger als pure Gegenwart verkörperte. »Darüber rede ich sonst eigentlich nie«, sagte er noch. In diesem Moment hielt die Bahn am Opernplatz. Gott sei Dank, nur noch eine Station.

Warum ausgerechnet mit mir?, denke ich jetzt, im Teppichzimmer. Warum hat er ausgerechnet mir von sich erzählt, der ahnungslosen Zugereisten? Kurz, nur einen flüchtigen Moment lang, schießt mir eine Erklärung durch den Kopf. Aber der Moment verflüchtigt sich viel zu schnell. Lässt sich nicht halten. Die Geräusche aus dem Badezimmer, das Spucken, Räuspern und Räuchern, dringen ungemildert zu mir herüber. Hier gibt ein Körper sein Letztes. Im Zimmer riecht es nach dem Räuchermittel. Entweder weil die Badezimmertür nur angelehnt ist oder weil sich der Geruch schon in den Teppichen abgesetzt hat. Ich gebe mir Mühe, den körperlichen Kräfteverbrauch, das Ausmaß der Erschöpfung, den Kampf gegen das Kranksein zu erfassen, deren Zeuge ich werde.

Rahlsberger sieht überraschend erfrischt aus, als er

das Zimmer betritt. Dem jubelnden Ende des ersten Satzes gibt er die Worte mit auf den Weg: »Zarathustra hat sich geheimnisumwittert in Bergeshöhen postiert.«

Augenmaß

Sie rauchen, sie halten Taschen, Hefte, Bücher in ihren Händen. Sie unterhalten sich und stehen in kleinen Gruppen herum. Einige von ihnen lassen Wiesengrund nicht aus den Augen, halten sich in seiner Nähe auf, im richtigen Moment werden sie auf ihn zugehen, um ihn anzusprechen. Manchmal trägt er seinen hellen Hut, er blickt gesellig in die Runde. Er sucht nach den schönen, nach den bekannten oder unbekannten Gesichtern. Alle sind gekommen. Wiedergekommen. In diesen Momenten, kurz bevor Wiesengrund das Podium besteigt, erwischt mich die Erinnerung an die mitternächtliche Radiostunde besonders heftig. Dann denke ich, dass meine Nerven Witterung aufnehmen. Sie richten sich auf eine Situation aus, die gerade hier um alles in der Welt nicht zu haben ist. Verborgenheit, Rückzug. Und ein genau definiertes Gespann: ein Sprecher und seine in Schweigen versunkene Zuhörerin. Nun das. Das aufreibende Abenteuer, sich der Wirklichkeit eines Gegenübers auszusetzen, das sich als Sedimentgestein der Unabwägbarkeiten vor mir aufrichten wird. »Wie der Flug in einem Raumfahrzeug.« Das ist die allgemeine Formel für den Versuch, mit Wiesengrund ins Gespräch zu kommen.

Grund genug, mich vorerst noch vor dem Hörsaaleingang kleinzumachen. Unscheinbar und unansprechbar zu wirken, bis ich sicher auf einem Platz im Hörsaal gelandet bin. Schwerwiegender noch ist meine Überlegung, dass mir meine Wahrnehmungen einen Streich spielen werden. Mit einem Bein sitze ich noch im Salzburger Boot fest. Eigentlich phantastisch. Ich sehe Wiesengrund von dort aus aufgelöst in eine Folge von Spielfiguren. Den von seinem rasanten Redefluss beflügelten Genius. Den aus höfischen Gefilden in unsere späten Zeiten versetzten Fremdling. Den Auskundschafter, den kaltblütigen Ausrufer einer im Fegefeuer vergehenden Welt. Und den schwindelfreien Akrobaten und unaufhaltsamen Geist, der auf dünnem Seil spazieren geht und aus der Reihe tanzt: der gewitzte, gelenkige Puck, der das Regime der Bedeutungen hochnimmt. Ein weiteres Motiv für meine Drückebergerei stellt Wiesengrunds Neigung für den galanten Handkuss dar. Hier, wo sich die Studenten, wie ich weiß, als Teil der Arbeiterklasse sehen, nimmt der Handkuss vor einem Hörsaal fast den Charakter des Hochverrats an. Dies alles zusammengenommen, macht aus mir eine sich an Wiesengrund vorbeimogelnde Davonlaufende.

Es wird Zeit, eine neue »Wiesengrund«-Variante ins Spiel zu bringen. Eine weniger undurchsichtige, weniger beschwerliche. Ich werde ihn ganz einfach den »Mann mit Hut« nennen, denn der Hut ist, neben der Aktentasche, immer mit von der Partie. Die neue Version kommt mir vertrauenswürdig vor, jedenfalls auf den ersten Blick. Ich stehe etwas seitlich vom Hörsaaleingang und lasse den »Mann mit Hut« vor mir Revue passieren. Es handelt sich dabei um einen aus seiner Wohnung im Frankfurter Westend aufgebrochenen Philosophen. Um einen Werktätigen, der seinem Arbeitsplatz zustrebt. Und wenn er auf dem Podium steht, wird es sein, als habe er ein Büro betreten. Weiter komme ich nicht. Schon löst sich das Bild des wackeren Hutträgers in Luft auf. Ebenso wie der Versuch meiner Selbstdisziplinierung.

Gleich werde ich es wieder mit einer unvertrauten Form der Gelehrsamkeit zu tun bekommen. Und mit dem Sprecher einer aufgewühlten, außer sich geratenen Welt. Aber, bevor ich den Gedanken weiterverfolgen kann und noch einmal versuche, mir vorzustellen, wie der Hut des werktätigen Philosophen neben der Aktentasche auf dem Podiumstisch abgelegt wird, sehe ich ihn auf mich zukommen, den Hut, sehe die Krempe und wie sie Wiesengrunds Gesicht so selbstverständlich, so zugehörig umrahmt, als wäre sie ein Teil von Haut und Haar. Für mich gibt es seit dem Besuch in der Sprechstunde kein Inkognito mehr. Ich bin aus der Deckung hervorgetreten, registriert in Wiesengrunds Atlas der eingeführten Gesichter. Die Erinnerung an meinen possenhaften Auftritt wird an mir haften. »Ich habe den Briefwechsel zwischen Alban Berg und seiner Frau Helene gelesen«, sage ich eilig. Ich rede, rede drauflos. »Es scheint, dass sein Leben ihm erst dann zur Erfahrung wird, wenn er es seiner Frau in Briefform mitteilt.« Dann picke ich eine Stelle heraus, die von der Berliner Einstudierung des *Wozzeck* berichtet. Ich sehe, wie Wiesengrunds Züge den für sie bekannten unbeirrten Ausdruck annehmen. Wie der Blick zur kristallinen Pupille, zum ungerührten Auge wird. »Zu dieser Zeit hatte Berg mit der Frau eines Prager Handschuhfabrikanten eine langjährige Liebesaffäre begonnen. Helene wusste davon«, sagt er.

Jäh öffnet sich eine Verschalung, klappt auf, und eine andere Menschenwelt erscheint. Durch den ehelichen Mythos geht ein Riss, es wird ihm ein Stoß versetzt. Dieser Mann ist eine Zumutung, denke ich. Helene und Alban. Eben noch ein Paar, wie es im Buche steht. Vollkommen unerwartet hat sich ein rabenschwarzer Schatten über sie gebreitet. So ist Liebe, hatte ich während der Lektüre gedacht. So möchte man sie haben. Das große Paar. Nichts ist davon geblieben, ich warte auf das Gefühl, einen Verlust hinnehmen zu müssen. Eigentümlicherweise ist es das Gefühl von Freiheit, das sich einstellt. Man sieht sich über Stock und Stein geschickt, man landet bei einer Unstimmigkeit, die Wirklichkeit ist anders, als sie aussieht, sagt Wiesengrund: und das Leben fühlt sich größer an. Als wäre es in eine andere Substanz übergegangen. Wie Eis zu Wasser wird, wenn es taut.

Nach dem Ende einer Vorlesung wiederholt sich die Zeremonie der Begegnungen und Nichtbegegnungen. Wiesengrund verlässt meistens mit den letzten Studenten den Raum und geht auf den Lift zu. Er weiß nichts davon, dass die, deren Gesichter er kennt, sich in diesem Augenblick die Frage stellen, ob sie sich, vom Geschubse und Geschiebe der Kommilitonen mitgetragen, in den Fahrstuhl hineintreiben lassen sollen oder nicht. Ob sie als seine Gesprächspartner zum Zentrum der Aufmerksamkeit werden oder sich der Strapaze entziehen möchten. Hier spätestens muss die Entscheidung fallen. Hier, ungefähr drei Meter vor der Fahrstuhltür.

Sich in der Nähe des Fahrstuhls zu postieren verlangt Augenmaß, ein Gespür für sämtliche Komponenten des

Geschehens. Der Grad des Winkels, von dem aus Wiesengrund Kurs auf die Fahrstuhltür nimmt. Das Tempo, in dem sich der Pulk der Kommilitonen vorwärtsbewegt. Die Zwischenräume, die plötzlich aufklaffen in dem unruhigen Gebilde der sich nach vorn schiebenden Menge. Lücken, Nischen, die es im letzten Moment noch erlauben würden, auszuscheren. Wenn ich es bis zum Fahrstuhl geschafft habe, wenn ich dort stehe, fühle ich das Gewicht, das Schwergewicht der vielen von mir angestellten Überlegungen. Was ich am allermeisten zu fürchten habe, sind meine eigenen Einfälle. Die Horde, der Andrang meiner wildgewordenen Einbildungskräfte. Sie haben sich in Wiesengrund ein unwiderstehliches Visavis geschaffen und lassen es nicht mehr los. Ihnen verdanke ich es, in einer Frankfurter Fahrstuhlkabine Blut und Wasser zu schwitzen. Sie sind dafür verantwortlich, dass mir die Fahrt vom vierten Stock ins Parterre wie eine Ewigkeit vorkommen wird.

Heute entscheide ich mich dafür, gleichzeitig mit Wiesengrund vor der Fahrstuhltür einzutreffen. Kurz darauf zweifle ich an der Notwendigkeit, eine Situation auf mich zu nehmen, die sich Überraschungen ausheckt und sich Mutproben für mich ausdenkt. Schon im Hörsaal werfen sie ihre Schatten voraus, schon wenn die Zeiger der großen, runden Uhr auf die volle Stunde zusteuern. Es beginnt mit einem leisen Rauschen in den Gehörgängen, der Herzschlag legt zu. Es gibt Gründe dafür, den Fahrstuhl zu meiden. Die andere Möglichkeit würde nach links, am Fahrstuhl vorbei, ins Treppenhaus führen. Dort wäre ich auf der sicheren Seite. Dann aber mit der Überlegung beschäftigt, ob ich nicht doch hätte die andere, die unerschrockene Variante wählen sollen. Statt mich abwärts gehend vier Stockwerke tief Stufe für Stufe vom Tatort zu entfernen. Nicht dort zu sein, wo ich eigentlich hingehöre.

Eng ist es da. Inmitten seiner Studenten Wiesengrund. Er presst den Hut an seinen Körper, die Krempe legt sich breit über seinen Brustkorb. Kreisrund wie ein Tellerrand. Im Sommer Stroh, im Winter Filz. Beim Sprechen bewegt er den kugeligen Bauch von links nach rechts und von rechts nach links. Der Bauch streift dabei leger sein Gegenüber in einer unbewussten, intimen und grotesken Berührung. Noch unterhält er sich mit einer Assistentin, dann hat ihn eine seiner Drehbewegungen zu einem Punkt geführt, von dem aus er mich direkt im Visier hat. »Wie geht es Ihnen?«, sagt er. Es sind immer die gleichen Worte, mit denen er ein Gespräch beginnt. Und jedes Mal können sie mich ins Bockshorn jagen. Der Bauch macht für einen kurzen Moment vor mir halt. Das Gesicht nimmt den Ausdruck der Erwartung an. Ich bin auf Empfang gestellt, sagt das Gesicht. Es präsentiert sich mit halbgeöffnetem Mund und einem Blick, der von einem heftigen Lächeln begleitet ist, das aus den Augen kleine Schlitze macht.

Das kümmert die betriebsamen Furien nicht, die in diesem Moment in meinem Kopf die Herrschaft übernommen haben. Jetzt und hier sollte eine durchschlagende Idee zur Stelle sein! Eine Betrachtungsweise des Lebens, die mit denkwürdiger Wucht aus der mir gestellten Frage das Letzte herausholen wird. Hätte ich einen Zeus vor mir stehen! Einen König Artus! Aber es ist der höfliche Wiesengrund, der ein bisschen Konversation machen möchte. Eben, es ist Wiesengrund. Sobald mein Vorstellungsvermögen anspringt, und es ist immer in Betrieb, wenn ich Wiesengrund gegenüberstehe, kann er es mit Zeus und Artus mühelos aufnehmen. Das ist ja das Dilemma. Die Infektion. Beide nur darauf aus, meine Alltagstauglichkeit außer Kraft zu setzen. Nur damit beschäftigt, mich einer Benommenheit zu überlassen, in die sich das unglückliche Gefühl hineinmischt, keinen Fuß auf den Boden zu bekommen. Da ist keiner. Da ist kein Boden. Sich händeringend an das Abtakeln der vergrößerten Umrisse zu machen oder zu versuchen, die hochgeputschten Perspektiven kleinteilig zu zerlegen, bringt deshalb nichts. Es gibt nichts her. Höchstens könnte ich, wenn die gleiche Frage das nächste Mal auf mich zukommt, einen etwas umgänglicheren Einfall zur Hand haben. Einen Einfall, der im entscheidenden Augenblick auch tatsächlich funktioniert. Der über Spielräume verfügt, die in diese oder jene Richtung verschiebbar, der an dieser oder jener Stelle ausbaufähig ist und über eine Reihe von mühelos zugänglichen Möglichkeiten verfügt. Kein Fall für Zeus, sondern nur noch für einen kleinen Kentaur.

Die Assistentin springt ein und bringt die im Hörsaal neu eingebaute Klimaanlage ins Gespräch. Sie lässt sich über die Absurdität eines Systems aus, bei dem man die Türen schließen muss, damit es kühl wird. Wenn sie dagegen offen stehen, erwärmt sich der Raum. Ich lache, alle im Fahrstuhl Anwesenden lachen, jemand ruft die Begriffe »Kühlaggregat« und »Lüftungseffizienz« in den Raum. Man hat es trotzdem mit einer Kuriosität zu tun, wir wissen es alle. So gehen die beiden Wörter im Gelächter unter. In diesem Augenblick bin ich eine normal atmende und, wie man bei mir zuhause sagt, eine in ihre Umgebung »adaptierte« Person.

Fernsprecher

An diesem Abend habe ich mir Kants *Kritik der reinen Vernunft* vorgenommen. Besser gesagt, ich werde sie in Angriff nehmen. Der pure, bloß methodisch geformte Geist wird in Stellung zur schlampigen Wirklichkeit gebracht. Geist minus alles, was *ist*. Die schmal geführten Zeilen des Buches wahren Stille und Gefasstheit. Und eine Überzeugungskraft, als wüssten sie davon, wie folgenreich sie sich in die Geschichte des Denkens eingegraben haben. Aber wie das so ist mit der »Erfahrungswelt«! Sie hat ihren eigenen Kopf und lässt sich schwer zum Schweigen bringen. Es klopft an der Tür und Frau Gottwald ruft, »Wir haben eine Leber zu viel besorgt, Püree gibt's auch!« Ich habe eine Flasche Limonade gekauft, die schnappe ich mir, und schon sitze ich drüben bei den Gottwalds mit am Tisch.

Man hat nach dem schwülheißen Tag das Fenster geöffnet, das Püree riecht nach Muskatnuss, und der Abend beginnt mit den Worten Frau Gottwalds »Heute hat sich eine Libelle ins Esszimmer verirrt«. Ich sehe, wie das Gesicht ihres Mannes mobil macht. Eine Libellengeschichte ist unbekanntes Gelände. Sie kann sich in alle möglichen Richtungen entwickeln. Immer wieder sei sie von den Fensterscheiben abgeprallt, die Libelle. Immer wieder auf die gleiche Weise gescheitert, sagt Frau Gottwald. Völlig vergeblich habe Frau Hilsdorf ihr einen Besen hingehalten. Und dann, voller Sympathie für das verirrte Tier, zu ihm gesagt, »Weißt du was, wenn ich eine Libelle wäre, würde ich mich auch nicht auf einen Besen setzen«.

Eine Bemerkung wie diese hätte Frau Hilsdorf lieber nicht machen sollen. Jedenfalls wäre es besser gewesen, Herrn Gottwald nach einem langen Arbeitstag mit einer solchen Bemerkung nicht zu strapazieren. Warum sollte die Borste eines Zimmerbesens eigentlich nicht gut genug für eine Libelle sein?, wird er denken. »Dieser Ziege«, damit ist Frau Hilsdorf gemeint, »müsste man mal so richtig heimleuchten mit einem Besenstiel.« Die Untugend der feinen Umgangsformen wird von Herrn Gottwald zu den Erbsünden gezählt. Es ist das Unglück seines Lebens, in früheren, besseren Zeiten der Geschäftsführer eines stadtbekannten Schneiderateliers gewesen zu sein. Damals in Stettin, eine erste Adresse. Wer sich in seiner Nähe für »etwas Besseres« hält, rührt an seine Wunde. Man kann sich bei den Gottwalds so mutterseelenallein fühlen. Als eingeschriebene Soziologin sollte mir das eigentlich nicht passieren. Ich könnte bei Leber und Limonade Studien betreiben und meinen Beobachtungen den Namen geben *Das Phänomen der Entbürgerlichung oder Der Übergang von Geschichte in eine Konkursmasse.* In dieser Studie müsste Herr Gottwald in den schmalen Gängen des Kaufhauses Ammerschläger auftauchen. Geräumigeres hat es für seine Angestellten nicht vorgesehen. Herr Gottwald kann sich zwischen den runden Ständern, an denen die Herrenhosen, nach Größen geordnet, befestigt sind, ein Ausschreiten nicht erlauben. Kein Wandeln oder Stolzieren, wie es eines tonangebenden Geschäftsführers würdig gewesen wäre. Allein schon aus diesem Grund wird bei Ammerschläger niemand ein Gefühl für Gottwalds Mitbringsel der »besseren Zeiten« aufbringen. Vor allem Gottwald selbst ist sich dort seiner Herkunft nicht mehr sicher. Die Appelle seines aufgebrachten Gemüts hat er deshalb ganz in die Abendstunden verlegt. Er lässt sie am Abendbrottisch zu ihrem Recht kommen. Auf diese Weise, so würde die Studie zeigen können, führt Herr Gottwald Krieg gegen Frau Hilsdorf, gegen seine Frau, weil sie im Bündnis mit ihr steht, und gegen eine Libelle.

Am nächsten Morgen habe das Tier sterbend auf dem Teppich gelegen. Und nicht nur das. Frau Gottwald ist mit ihrem Erlebnis noch lange nicht fertig. Das Tier, so sagt sie, sei von einer unerwarteten Schönheit gewesen. Das nun ist eine Betrachtungsweise von Frau Gottwald, die weit über das tägliche Denken und Sprechen hinausgeht. Ein Hauch der Hilsdorf'schen Westend-Welt macht sich bemerkbar. Verstärkt durch einen Ausdruck der Begeisterung, die sich dazu hinreißen lässt, von der »verschwenderischen Farbigkeit« und insbesondere von einem »weichen Grün« der Flügel zu sprechen. Es ist sogar von der »berückenden Pracht« des Libellenkörpers im Ganzen die Rede. Das sind schwerwiegende Worte. Ich kann nicht anders, als meinen Blick in diesem Moment mit voller Breitseite auf die beiden Dialogführer zu richten. Was ich sehe, ist eine Manege. Sand. Wimpel und Stützbalken. Zwei Artisten. Ein Menschenpaar.

Herrn Gottwald, wie deutlich zu erkennen war, hat die Libellengeschichte von Anfang an nicht gefallen. Eine Geschichte wie diese liegt außerhalb der für die abendliche Tafel zugelassenen Geschichten. Noch immer klingen die Worte »verschwenderisch« und »berückend« nach, sie stehen über unseren Köpfen in der Luft. Beharrlich. Kompromisslos. Ich bin mir sicher, dass es diese beiden Worte sind, die Herrn Gottwald rebellisch machen. Im Augenblick hat sich sein Körper in den Zustand einer momentanen Erstarrung begeben. Die kleinste Bewegung, vermutlich sogar das Atmen, verbraucht jetzt übermäßig viel Kraft, streift den Tatbestand der Vergeudung. Das Westend hatte das Westend zu bleiben, das war der Pakt. Es hatte nicht plötzlich selbstgefällig an ihrem Tisch Platz zu nehmen. Es hatte Stoff für den Feierabend abzuwerfen. Es hatte Themen für den paarhaften Eiertanz zu präsentieren. Nicht Eindrücke in seine Frau hineinzupumpen, die sie von einem weichen Grün sprechen ließen. Hätte es sich auf die ausgedehnten Stettiner Parkanlagen bezogen, das Grün, das weiche, wäre die Sache in Ordnung gewesen. Nicht aber in Verbindung mit einer in der Hilsdorfer Wohnung verendenden Libelle.

Meine Bewunderung für Frau Gottwald ist grenzenlos. Das blasse Gesicht ihres Mannes lässt erkennen, dass er den Geruch einer freibeuterischen Ungezwungenheit, fast schon der Anarchie in den Darstellungen seiner Frau erkannt hat. Eine ganz neue Tonlage ist im Spiel. Man kann den Versuch machen, sie zu überhören. Sie lässt sich aber nicht ungeschehen machen. Den in der Tiefe wirkenden Nachdruck wird man nicht zum Verschwinden bringen können.

Für einen kurzen Moment kommt Frau Gottwald mir nicht wie Frau Gottwald vor. Sie ist inkognito auf der Durchreise; zufällig, nicht hierher gehörig. Gleich ist sie wieder weg, eine Besucherin. Sie hat Wichtigeres zu tun, als mit uns das Abendessen einzunehmen. Zweifellos setzt Frau Gottwald mit ihren Worten die gespenstische Fehde der Eheleute fort. Eine hauchdünne, dennoch alarmierende Spur von Poesie hat sie auf ihre eigene Kappe genommen. Ein Stückchen Freiheit rumort im Überschwang ihrer Worte. Merkwürdigerweise denke ich in diesem Moment an mein gestriges Telefongespräch mit Alasco, der mir mitteilte, dass sein »Fernsprecher« tagelang ausgefallen sei. Er kann sich nicht dazu durchringen, von einem Telefon zu sprechen. So komme ich auf den eigentümlichen Ausdruck der »Fernschrift«. Auf den Gedanken, es habe sich in die Beobachtungen von Frau Gottwald eine Fernschrift eingemischt. Unbeeinflussbar, außerhalb des Gottwald'schen Universums liegend. Eine Nachricht ohne Autor.

Die Flügel hätten wehrlos um sich geschlagen, der Kopf sei schutzsuchend in den Tiefen des Teppichs untergetaucht. Frau Gottwald reicht die Schüssel mit dem Püree an ihren Mann weiter. Auch von den gedünsteten Apfelscheiben ist noch etwas da. Und natürlich Limonade. Großen Hunger hat aber keiner mehr. Das Paar mir gegenüber ist in zwei gegnerische Lager zerbröselt, und beide wissen es. Gottwald lädt einen Riesenbatzen Kartoffelpüree auf seinem Teller ab. Etwas muss in diesem Augenblick durch sein Hirn geschossen sein, sein Zugriff auf das Kartoffelpüree hat etwas Triumphierendes an sich. Es muss Herrn Gottwald eine Idee gekommen sein. Vermutlich geht es um die Überlegung, wie er die Frau zurückbeordern, das verlorene Schaf in sein Gehege locken kann. »Das ist nun wirklich nichts Besonderes.« Eine Abwiegelung. Abkanzelung. Nun hat eine

Begründung zu folgen. Die Einreihung. Die Zuordnung. »Guck sie dir doch an, deine Libelle. Dann würdest du sehen, dass ihr nichts anderes passiert, als jedem x-beliebigen, abgestürzten Flugzeug auch.«

Dieser extreme Vergleich hat es wohl sein müssen. So kaltblütig hat es sich anhören müssen, das Signal an seine Frau. Die Warnung. Ungerührt beendet Frau Gottwald ihre Geschichte, sie klingt aus mit dem kläglichen Sterbevorgang der Libelle. Auf Anweisung von Frau Hilsdorf hatte sie das Tier auf dem Boden der Terrasse abgelegt. Seine zuckenden Flügel mochten noch immer einsatzbereit sein. Dort sei es dann aber unter dem Ansturm der Ameisen endgültig verendet. »Das hätte ich dir gleich sagen können.« Herr Gottwald genießt seinen Sieg, einen Sieg über den Unverstand der beiden Frauen. Über ihr Missgeschick. In diesem Augenblick hat er sie in Gedanken neben das tote Tier gelegt, denke ich. Das Studium der Gottwalds ist der Mühe wert. Gleich werde ich von ihrem Tisch aufstehen, in mein Zimmer gehen, meine Lektüre fortsetzen und mich *davongekommen* fühlen. Auch wenn ich hier und da nicht auf Anhieb verstehen werde, welche Tragweite den bedenkenswerten Ausführungen Immanuel Kants innewohnt. »Die Erklärung der Möglichkeit synthetischer Urteile ist eine Aufgabe, mit der die allgemeine Logik gar nichts zu schaffen hat, die auch sogar ihren Namen nicht einmal kennen darf.«

Für und wider

Ich habe ihn schon von weitem erkannt und mit einem Blick gesehen, dass er seinen Arm um die Schultern einer Frau gelegt hat. Richard Baumann. Dass sie sich an ihn schmiegt und ihm den Hals küsst. Möglich, dass er mich aus den Augenwinkeln bemerkt hat. Ich sehe, wie er sich eilig von seiner zärtlichen Gefährtin verabschiedet. Nach seinem Aufenthalt in Salzburg hat er sich nie wieder gemeldet. Als wir uns gegenüberstehen, sind wir beide befangen, viel haben wir uns nicht zu sagen. Im Weggehen ruft er mir über die Schulter zu, »Heute Nachmittag Termin für neue Mitglieder«. Er nennt Ort und Zeit in einem Ton, der sich einladend anhört. Der Ton verstrickt mich in die aussichtslose Überlegung, ob er nach Reue und Wiedergutmachung geklungen hat. Also nach dem Wunsch, unsere damalige Begegnung fortzusetzen. Oder ob er einfach nichts, gar nichts bedeutet, lediglich auf den Umstand verweist, dass Männer von Natur aus harmlose Gemüter sind, rechtschaffene Nichtsahnende.

Er kreuzt verspätet auf und übernimmt die Begrüßung der Anwesenden, offenbar hat er in diesem Kreis etwas zu sagen. »Wir möchten euch heute etwas über unsere Arbeit erzählen. Ein gut abgehangenes, striktes Programm haben wir euch allerdings nicht zu bieten.« Was nicht von Nachteil sein muss, fährt er fort. Eher im Gegenteil. Er sei der Genosse Richard und werde sich über ein paar gesellschaftliche Tatbestände äußern, die mit Aktivitäten der Gruppe in Verbindung stehen. Wobei er mehrmals den Namen der studentischen Vereinigung erwähnt, also auch die ihr zugehörige Bezeichnung »sozialistisch«. Ein Wort, das in meinen Ohren alles andere als mitreißend klingt und mich an Aufmärsche, Arbeiterräte und Parteiprogramme denken lässt. An Gesichter, die mit Kneifer und mit Bartspitzen in der Form von Haifischflossen ausgestattet sind. Ich sehe den Kopf von Karl Renner vor mir. Der sozialdemokratische Gründer der Arbeiterbank hat die Monarchie einen »Völkerkerker« genannt. Man kann sich hier in guter Gesellschaft fühlen. Aber genau genommen bin ich hier, weil mit Baumanns Hinweis die Aussicht verknüpft war, ihm an diesem Nachmittag noch einmal zu begegnen. Und mit seinen Empfehlungen habe ich gute Erfahrungen gemacht. In Salzburg hatte er Bücher dabei, Nietzsche, Simmel, Benjamin und Horkheimer, er besorgte mir Marx und Reich und neigte dazu, unserem Gespräch den Charakter einer Polit-Schulung zu geben. Für den Gedanken, dass der Kapitalismus ein fressgieriges Ungeheuer ist, fühle ich mich bestens präpariert.

Die alten Hasen, die hier neue Mitglieder anwerben wollen und »Genossen« und »Genossinnen« zu uns sagen, lassen ein wahres Feuerwerk an Polemik und Analyse auf uns los, Ausbeute vieler ausgedrückter Zigarettenkippen, heißgeredeter Köpfe, ausgedehnter Nachtlektüre. Auf weißen Untertellern liegen Kekse aus. Diese glatten, wie poliert erscheinenden. Die, denen man in ganz normalen Wohnzimmern schon begegnet ist. Sie sehen geschmacklos aus und sind es auch, trotzdem greife ich zu. Man diskutiert die Verfehlungen und Tücken des bürgerlichen Denkens. Das Wort weist auf furchtbare Zustände hin, auf eine lange Tradition der Irrtümer. Es hat sich Fluchtwege zuschulden kommen lassen. Es hat Verstecke angelegt, die dichtgemacht werden müssen. Die Welt des Kapitals hängt fest im glühenden Kern eines Dramas. Dessen Überlebensangebot heißt Faschismus. Die letzten Tage der Menschheit liegen im Grunde schon hinter uns, sagt einer. Ich schäme mich für Österreich. Bei uns denkt man bei diesen Worten nur an einen Werktitel von Karl Kraus. Wir haben mal wieder alles verschlafen, die Zeit drängt.

Karl Marx gehört jedenfalls nicht zu den weggepackten Größen. Er liefert das Kernstück für die nachmittägliche Erörterung. Das folgenreiche Ungleichgewicht zwischen dem Gebrauchs- und dem Tauschwert der Ware ist der flammende Brennpunkt, von dem aus sich Bürgertum und Kapitalismus zu siegreichen Mächten formiert haben. Wortmeldung reiht sich an Wortmeldung. Kennwörter, griffig abgepackt, verweisen auf Aussortiertes, auf unbrauchbar Gewordenes. Sie fliegen durch den Raum wie Geschosse. Rien ne va plus. In meinem Leben gibt's schon einen »Brennpunkt«, denke ich. Hab es mit Wiesengrund zu tun. Bin versorgt. »Bin überdrüber«, würde Tante Gerwisa sagen. Von dem weißen Unterteller könnte ich mir noch schnell einen Keks nehmen und verschwinden. Davon hält mich aber nicht nur Richard Baumann ab, der mir gegenüber in einer der hinteren Reihen sitzt und unentwegt raucht, aber nicht zu mir hinüberblickt. Es gibt da einen Ton, ein Gebaren, das jenseits des Abschaffungs- und Ausverkaufshokuspokus eindrucksvoll ist. Vielleicht ist es das Fieber einer inspirierenden Selbstüberschätzung. Vielleicht ist es der Blick auf einen Scheitelpunkt, aber welchen? Der Punkt, an dem Kindheit und Weltgeschichte zusammentreffen, möglicherweise.

Ein weiterer Posten taucht auf der Abschussliste auf: Zum abservierten bürgerlichen Denken gesellt sich die Ästhetik. In feierliches Schwarz gekleidet, meldet sich ein blasser Mensch erregt zu Wort. Er ähnelt der Vorstellung, die ich mir vom »deutschen Tonsetzer Adrian Leverkühn« gemacht hatte. Der Leverkühn dieser Versammlung spielt allerdings, ganz im Gegenteil, den kompromisslosen Tonkunst-Verweigerer. Die Ästhetik sei eines der machtvollsten Instrumente der herrschenden Klasse, ruft er. »Von der Gesellschaft verstehen die was! Aber nichts von Zivilisation«, flüstert der neben mir sitzende Kommilitone, ein früh ergrauter Bartträger, der abwechselnd mitschreibt und unter seinem Stuhl nach der Teetasse langt. Die kämpferische Darbietung »Leverkühns« klingt nach einem Machtwort, jedenfalls ruft er ein Gefühl in mir wach, wie ich es bei den Wörtern Bremsklotz, Engpass, Schlagbaum oder Verschanzung habe.

Leverkühn steht nicht auf der »Haben«-Seite des heutigen Nachmittags. Ein dunkler Punkt im Gesamttableau. Sein Auftritt wirft Fragen auf. Was ist mit Gustav Mahler, Franz Kafka, Franz Schubert? Vor allem, was ist mit Wiesengrunds *Kleinen Proust-Kommentaren*? Was mit dem Nachtstudio? Würde Leverkühn mich als Nachtstudio-Zuhörerin abstrafen und vor die Tür schicken? Was mit den Arbeiterräten und der klassenlosen Gesellschaft ist, kann man mir später erklären. Ich muss der sozialistischen Geselligkeit gleich etwas zumuten und mir etwas abverlangen. Und schon höre ich mich rufen, ohne groß den Finger zu heben, ohne mich parlamentarisch als diskussionswilliger Teilnehmer kenntlich zu machen. »Ich möchte auf die Ästhetik zurückkommen«, höre ich mich rufen. Mit einer Stimme, die sich selbständig gemacht hat, die auf eigene Faust in den Raum hineinbrüllt.

Man war inzwischen bei den Hinweisen auf Mitgliederversammlungen und Aktionsvorhaben gelandet. »Ich will wissen: Welche Chancen werden hier in eurem Verein dem Musiker und Philosophen Wiesengrund eingeräumt?« Es muss mit einem kindlichen Nachahmungstrieb zu tun haben, dass ich mir einen der kümmerlichen Kekse in den Mund gesteckt habe, kurz bevor ich aufgestanden bin, um meine Frage zu stellen. In der Kinowerbung machen lässige Jungs kaugummikauend den Eindruck, als könne nichts auf der Welt ihrer Kaltblütigkeit etwas anhaben. Fatalerweise ist ein Bahlsen-Produkt kein formbares, wendiges Gebilde wie Kaugummi. Der Keks hat sich im Innern meines Mundes widerspenstig quergestellt. Er hat eine Art Planke gebildet, hart wie ein Dielenbrett, die ich durch schnelle, ziemlich lärmerzeugende Kaubewegungen kleinkriegen muss.

Deren Getöse ist deshalb überdeutlich zu hören, weil eine plötzliche Stille eingetreten ist. Damit habe ich nicht gerechnet, wahrscheinlich niemand in diesem Raum. Das unerfreuliche Backwerk hat sich jetzt in sein Ausgangsmaterial, in breiigen Teig, zurückverwandelt. Durch eine Reihe hastiger Schluckbewegungen hoffe ich, ihn niederkämpfen zu können. Inzwischen hat der Lärm laut durcheinanderrufender Stimmen eingesetzt. Ein akustischer Erregungszustand hat die anwesenden Vereinsmitglieder erfasst. Das bisher umsichtig zur Sprache gebrachte Rohmaterial und Rüstzeug des revolutionären Subjekts hatte beinahe gut gelaunt geklungen. Eine politische Avantgarde hatte ihre Themen, ihre Stärken aufgetischt. In diesem Augenblick schaut man in lauter aufgebrachte Gesichter, ein Chor gereizter Ausrufe hallt quer durch den Raum, ein in Halbsätzen zum Ausdruck gebrachtes Für und Wider der Bekundungen, der gellenden Verlautbarungen.

Einige der Anwesenden, ein paar der tonangebenden Größen, sind aufgestanden. Leverkühn tut sich mit der ausdauernd gebrüllten Wiederholung eines bestimmten Wortes hervor, das, von rhythmischem Händeklatschen begleitet, unverständlich bleibt. Zehn, zwanzig Antworten auf meine Frage sind im Raum unterwegs. Irgendwann gelingt es der Parole des enthemmten Tonsetzers, sich in schrillem Diskant hörbar durchzusetzen. Ich glaube die Wörter »Schwanengesang« oder »Grabgesang« zu vernehmen. Apokalyptisches jedenfalls, das die bürgerliche Elite zum Abschuss freigibt. Unbekümmert setzt sich die lautstark geführte Diskussion der Mitglieder über die Köpfe der eben noch gehätschelten Newcomer hinweg. Baumann meldet sich endlich auch zu Wort und ruft zu mir hinüber, es werde in diesem Kreis unter keinen Umständen zu einer Verbannung der Künstler und ihrer Konsumenten kommen.

Ich hätte in diesem Augenblick auf meinen Stuhl steigen, hätte dem Pallawatsch mit einer Handbewegung und den Worten »Ich habe genug gehört, mit mir könnt ihr jedenfalls nicht rechnen!« ein Ende bereiten sollen. Da oben hätte ich stehen und ein flammendes Plädoyer für Wiesengrund halten sollen auf der Suche nach dem alles klärenden, alles bereinigenden Wort, das es nicht gibt. Nicht hier; nirgends. Probeweise steuere ich dennoch auf einen Gedanken zu, der unglücklicherweise mit dem abschreckend aufgedonnerten Ausdruck »opulent« beginnt und einen Satz einleitet, der mit Sicherheit einen weiteren Aufschrei in der Runde auslösen würde. »Opulent im Denken, asketisch in der Wirklichkeitsberührung«, dem Himmel sei Dank, dass die Worte in meinem Kopf ungesagt stecken bleiben, »baut Wiesengrund dem Unvereinbaren eine Brücke.«

Noch immer dieser Spektakel! Dass mich gerade dieser Moment an die Stille im Herzen meiner Kindheit erinnert! An die apathischen, kleinen Bewegungen, die mich hin- und hergetragen hatten zwischen Menschen und Schauplätzen, mich hatten hineinlaufen lassen in das Drama der Kinderkrankheiten und frühen Verliebtheiten. Still waren auch die Sterne am Himmel, noch stiller in Alascos Wälzern. Gleichmütig, gefasst. Alasco selbst ein unverrückbarer Fels, am liebsten ungestört in Klausur. Lautlos die Gassen bei Nacht, in den Häusern der Stadt an der Salzach ein Abwarten. Ein Sich-Gedulden in den Menschen, ein nachdrückliches Sich-Wegducken ins Diskrete, Ortskundige.

Ich stehe noch immer aufrecht da vor meinem Stuhl, ich hätte mich setzen können. »Wie du siehst, Genossin, gibt es in diesem Punkt keine Einigkeit.« Die Stimme kommt aus einer der hinteren Reihen. Mich kurz umwendend, sehe ich, dass die Sprecherin eine vermutlich durch Kinderlähmung behinderte Frau ist. An ihrem Stuhl lehnen ein Paar Krücken. So jemand verplempert nicht seine Zeit, denke ich, nimmt nicht unnötig den Weg in einen studentischen Versammlungsraum auf sich. Ich werde ganz genau hinhören auf das, was sie zu sagen hat. Zunächst kommt mir allerdings Karl Renner mit seiner Uhrenkette und dem gestärkten Kragen in die Quere. Ob ihn seine Parteifreunde auch mit »Genosse« angesprochen haben? Aufgrund unserer Sitzordnung befindet sich die Frau außerhalb meines Blickfelds. Das gibt der Situation etwas Ungelenkes und Unbeholfenes. Ich drehe mich immer wieder halb zu der Sprecherin um und bleibe dann für Augenblicke in dieser verwinkelten Haltung stehen. Ich könnte mich durch eine volle Körperdrehung ihr zukehren, was ich dann auch tue.

Ich höre es sofort, sie findet die Worte, die mir nicht möglich waren. So geht es, denke ich. Sie tut sich leicht damit. Ich stehe auf einmal ungezwungen zwischen den Reihen und höre, schaue ihr zu. Hier spielten einige den großen Zampano und Liquidator, sagt sie. Sie feierten ihr neu erstandenes Revolutionärsmäntelchen und schwängen das Hackebeilchen. Lenin, Wilhelm Reich, Neokolonialismus und faschistische Verheerungen. Das könne man so machen, sagt sie. Dennoch hielte sie für die versammelten Kapitalismuskritik-Koryphäen eine niederschmetternde Mitteilung bereit. Die Mitteilung lautet: Man kann von Wiesengrund etwas lernen! »Wir haben in unserem Leben nicht nur mit Schuhen zu tun. Nachzulesen bei Karl Marx!«, sagt die Frau. Ihr kluges Auge schaut in den Raum, schaut, bedingt durch ihre Erkrankung, von einer ungewohnten Stelle des Körpers aus. »*Kapital.* Band eins, erstes Kapitel, vierter Abschnitt«, sagt sie. »Es geht nicht nur um die Arbeit der Tischler und Gerber, nicht nur um Torfgewinnung und Lohnkämpfe. Auch Menschen können eine Warenform annehmen. Auch Menschen. So gesehen muss über das Ästhetische, über Poesie, über Kunst ganz neu nachgedacht werden. Das ist es, was Wiesengrund uns zeigen kann!«

Richard Baumann steht neben mir, als ich mich in die Liste der neuen Mitglieder eintrage. Das Gedränge um uns herum drückt seinen Körper in kleinen Schüben in meine Nähe, sie fühlen sich wie Umarmungen an. Ich höre ihn lachen und sehe, noch mit dem Gekritzel meines Namens beschäftigt, seine rechte Hand vor mir auftauchen, die eine leidlich zustande gebrachte Zigarette hält. Ich würde mir gerne von seinen Augen Beifall für meine Entscheidung abholen. Würde mich von ihrer Wärme gern belohnen lassen. Eine Wärme, die ich mir gut als Feuer und Glut vorstellen kann. Wenn diese Wärme nicht in einem kalten Hund begraben wäre! Und dieser kalte Hund nicht so unwiderstehlich, so gefahrbringend wäre! Er steht noch immer neben mir. Wartet er auf mich? Adieu, du Schöner.

Verglasung

Wiesengrund auf dem Podium, vor dem Hörsaal, im Fahrstuhl. Manchmal glaube ich schon, der eigenartigen Geschichte entkommen zu sein, die ich als Nachtgewächs aus Salzburger Zeiten mitbringe. Dann wieder habe ich das Gefühl, sie lässt mich nicht aus den Fingern, sitzt im Dunkeln fest, in der Bedrängnis des angehaltenen Atems, in einer Eröffnungsszene, die mit einer Reihe von grotesken Handikaps in Zusammenhang steht. »Fräulein Werbezirk«, sagt er, »wo kommt Ihr Name her? Ich glaube, ich hörte ihn schon mal, in einem anderen Zusammenhang.« Dass die Familie um mehrere Ecken herum mit Gisela Werbezirk verwandt sei, erkläre ich ihm, einer Komikerin, Bühnen- und Filmdarstellerin. Der Vater habe mehrmals einen berühmt gewesenen Film erwähnt, *Das Kabinett des Dr. Larifari.* »Er stammt aus einer Zeit, in der Sie noch in Deutschland gewesen sind.« »Was für ein lustiger, nichtsnutzig klingender Filmtitel!«, sagt Wiesengrund und glaubt, sich sogar daran zu erinnern. Vom Vater wüsste ich sogar, welche Rolle sie in dem Film gespielt hat. »Eine überkandidelte Schriftstellerin mit dem Namen Hedda Mutz-Kahla.« Wiesengrund ist schon in Eile, wir gehen auf den Hörsaaleingang zu, Vorlesungsbeginn. In Sachsenhausen habe eine neue Zoohandlung eröffnet, sagt er noch schnell. Ob ich ihn Ende der Woche dorthin begleiten würde. Er macht kein Aufhebens von seiner Idee, sie klingt, als bedürfe sie keiner näheren Erklärung. So, wie Kinder miteinander sprechen, die sich zum Ballspielen verabreden.

So einfach geht das, denke ich, als ich mich eilig noch irgendwo in eine Sitzreihe hineindränge. Jetzt habe ich Zeit. Um mich zu wundern. Ich richte dankbare Grüße an Hedda Mutz-Kahla. Sie hat mir eine schöne Geschichte geschenkt. »Meine Damen und Herren«, höre ich die Podiums-, die Mitternachtsstimme sagen. Sie erläutert, dass die Haltung der Skepsis verschiedenartige Bedeutungen haben kann. Besuch einer Zoohandlung!, denke ich. Wie lustig, ausgefallen! Im 18. Jahrhundert hat sie etwas Aufklärerisches, später neigt sie dazu, zum Freibrief für die Leugnung der Wahrheit zu werden. Mir fällt eine Bemerkung Erwin Rahlsbergers ein. Demnach erfindet Wiesengrund für Mutter und Tante die sonderbarsten Tiernamen. Wie in einem Comic. Warum? Eine Geste der Ehrerbietung. Eine Auszeichnung.

Die Zoohandlung hat zwei große Schaufenster, deren Boden mit Sand bestreut ist. Hier und da sind ein paar Gräser und Andeutungen von Strauchwerk zu sehen. Auf diese Weise stören die Käfige nicht weiter. Sie sehen aus, als wären sie ein für ihre Bewohner von Natur aus bestimmter Aufenthaltsort. Wiesengrund wartet schon, in ihren Anblick vertieft. In den der Käfige oder der Tiere? Bei unserer Begrüßung tritt dieses ganz bestimmte Lächeln in sein Gesicht, es lässt das Weiche, das Weiße der Züge noch nachgiebiger, noch wehrloser erscheinen. Als wollte es gleich das ganze Gesicht mit sich nehmen. Ich bemerke im Hintergrund der Schaufensterscheibe in einem grünlich eingefärbten Glasbehälter ein paar schillernde Eidechsen herumgeistern. Aufgrund einer opti-

schen Verkürzung und gleichzeitig des in der Scheibe ge-
spiegelten Gesichts ihres Betrachters Wiesengrund sieht
es einen Moment lang so aus, als wären die Eidechsen
in seinem Kopf ansässig und von dort aus auf seinen
Schultern gelandet. Ich hätte den Eindruck gern noch eine Weile festgehalten, das Bild hat etwas Bestechendes
an sich, es kommt mir schlüssig vor. Wiesengrund hat
mich aber an die äußerste linke Seite des Schaufensters
gezogen, wo er auf die eben noch in seinem Kopf vermu-
teten, nun in einem Terrarium untergebrachten Tiere
zeigt, drei erschreckend grüne Lebewesen, deren kral-
lenförmige, schuppenüberwachsene Zehen eine über-
proportionale Größe aufweisen.

»Ich habe Eidechsen immer für genial gehalten. Wenn
ihnen beim Kämpfen nichts anderes übrig bleibt, werfen sie ihren Schwanz einfach ab, schmeißen ihn ihren
Feinden vor die Füße und machen sich aus dem Staub.«
Hinter der doppelten Verglasung sind an den Tieren merkwürdige Einbuchtungen, kleingezackte Ausstülpungen
an Rücken und Kehlkopf zu sehen und in der Halsge-
gend eine Mulde, in der sich ein schuppenlos glattes Gebilde befindet, das wie ein Schmuckstein aussieht, aber
auch Ähnlichkeit mit einem glänzend polierten Kugellager hat. Während ich weitere befremdliche Details der
Eidechsen in mich aufnehme, die Glätte der Klauen zum
Beispiel, die aus dieser Entfernung den Eindruck machen,
als hätte die Natur ihnen – ein bizarrer Widerspruch zu
der wüstenhaft aufgerauten, ruppig und schuppig ge-
musterten Hautoberfläche – Gummihandschuhe über-
gestreift, scheint Wiesengrund über die kleinen Kerle
genau Bescheid zu wissen. »Das Beste an ihnen ist, dass

sie die meiste Zeit ihres Lebens bewegungslos dasitzen und sich sonnen.« Er sagt es im Ton eines beglückten Vaters, der sich über die brillanten Fähigkeiten des Nachwuchses äußert. So könnte er mit dem Gesicht des übereifrigen Kindes Mutter und Tante seine Schätze zu Füßen gelegt haben. »Wüstentaugliches Dromedar«, höre ich ihn zur Tante sagen und zur Mutter »lichtgepunktetes Känguruh«.

Aus Gewohnheit hat Wiesengrund den breitkrempigen Hut vor seine Brust gedrückt, dabei könnte er ihn hier, außerhalb von Hörsaal und Fahrstuhl, auch in der Hand tragen. Weil ich gerade noch angespannt mit den Auswüchsen des Eidechsenkörpers beschäftigt war, macht der Hut auf mich in diesem Moment den Eindruck eines Gewächses. Eines aus dem Brustkorb Wiesengrunds heraustretenden Wulstes. »Sie sind keine Bürger«, sagt er jetzt im Ton der Verzückung. »Keine Angestellten, keine Unternehmer.« Weit davon entfernt, lungern die knallgrünen Echsen von Sachsenhausen beschäftigungslos in ihren Käfigen herum und fläzen sich in der Sonne. »Geschöpfe wie sie haben nicht am Rad der Geschichte gedreht«, sagt er. In einem Menschenkörper zur Welt gekommen, wären sie wahrscheinlich auf einem Landgut zuhause. Müßige Feudalherren, die einer eingespielten Dienerschaft durch ein Minimum gestischen Repertoires wortlos ihre Wünsche zum Ausdruck bringen. »Man möchte sie mit nach Hause nehmen«, sagt Wiesengrund zu den Eidechsen gewandt. In Gedanken sehe ich ihn in einem Schlosspark auf und ab gehen. Es gibt sonst niemanden in meinem Leben, der so unvermutet, so glaubhaft und akrobatisch, so geübt von einer Erscheinung in die andere überwechseln kann.

Im Innern der Zoohandlung riecht es nach Sägespänen und Reinigungsmitteln. In dem neu eröffneten Laden haben sich die Ausdünstungen der Tiere noch kaum zur Geltung gebracht. Eine Frau wischt einen Käfigboden sauber. Wiesengrund will von ihr wissen, ob sich einige der Tiere vor dem Anblick der Menschen fürchten. Die Frau zeigt kein Erstaunen über diese Frage, im Gegenteil. Sie scheint erfreut darüber zu sein, es mit einem so brauchbaren und sachdienlichen Thema zu tun zu bekommen, und ergeht sich in Beschreibungen tierhaften Panikverhaltens gegenüber den meisten der eintreffenden Kunden. Während sie frisch aufgefüllte Futternäpfe in die Käfige stellt, berichtet sie, dass ihre Freunde sich überflüssigerweise Sorgen um sie machen würden. Jeden Tag in schlechter Gesellschaft, würden sie zu ihr sagen. Jeden Tag in diesem Gestank und in der Umgebung von Bestien unbekannter Herkunft.

»Eine solche Umgebung könnte in der Tat der Begriffsbildung schaden«, sagt Wiesengrund leise, er küsst mir die Hand, vielleicht, weil er es in diesem Augenblick schön findet, einen sprachfähigen Zweibeiner an seiner Seite zu haben. Wir stehen dicht vor dem Käfig mit den giftig aussehenden Insekten. In einem Punkt, sagt die Zoohandlungsangestellte, hätten die Freunde ja Recht. In einem Punkt sei ihre Sorge zulässig. Sie könne sich über ihr Leben mit den Tieren mit niemandem wirklich aussprechen, weder mit den Menschen noch, klarer Fall, mit den Tieren selbst. »Das geht aber bestimmt nicht nur Ihnen so. Man bleibt ein Überläufer. Mal in diese

Richtung, mal in eine andere.« Wiesengrund hat sich in den Anblick der wirr durcheinanderlaufenden Insekten vertieft, Käfer, Kakerlaken, Riesenameisen.

»Unser Urlauberkäfig«, meint die Angestellte. Sie zerhackt ein rohes Stück Fleisch und zerlegt es in immer kleinere Würfel. Bei den Insekten, sagt sie, handele es sich um die »Mitbringsel« zurückgekehrter Urlauber. Mitgereiste Kleintiere, die sich in Kulturtaschen und zwischen Blusen und Badeanzügen in den Koffern versteckten. Draußen vor den Fenstern blicken wir noch einmal auf die Eidechsen. Unbeweglich verharren sie auf ihren blattlosen Ästen. Eine der Eidechsen blinzelt. »Sie hat geblinzelt«, ruft Wiesengrund. Es klingt, als hielte er für denkbar, sie könnte es für ihn getan haben.

Erwin Rahlsberger will für uns kochen. Zusammen werden wir in seiner kleinen Küche stehen. Ein Raum, in dem sich eigentlich Zwerge befinden sollten. Wir werden in dem winzigen Quadrat jede Bewegung zwischen Herd und Tisch genauestens abwägen müssen. An die hohen, weißgekalkten Küchenwände in der Salzburger Wohnung, an den weitgestreckten, gekachelten Boden sollte ich in diesen Stunden lieber nicht denken. Noch weniger aber daran, dass ich das gemeinsam Gekochte naheliegenderweise auch essen soll. Es wird wieder Situationen geben, die wie ein bissiges Tier auf mich zukommen werden. Augenblicke, die sich in mir verkrallen und mich lange beschäftigen werden. Augenblicke mit fremden Köpfen. Fabeltierköpfen.

Rahlsberger hat schon sein Jackett ausgezogen, als er mir öffnet. Er sieht geschäftig aus und hält ein kleines Küchenmesser in der linken Hand. Irgendetwas klebt an seinen Fingern, als er mich begrüßt. Er beeilt sich, in die Küche zurückzukehren. Auf einem weißen Frühstücksteller liegt ein weichliches, merkwürdig geformtes Fleischstück, das er mit dem Küchenmesser zu bearbeiten beginnt. Ich bin nicht scharf auf das unansehnliche Etwas auf dem Frühstücksteller. Ich möchte mit Rahlsberger in seinen eigenen vier Wänden ein Stückchen Leben teilen. Offensichtlich verbinde ich damit etwas Wichtiges, das aber unvermeidlicherweise an etwas Abstoßendes und mich Erschreckendes gebunden ist. Anders kann ich mir meine Besuche in seiner Wohnung nicht erklären.

»Das war einmal ein Hirn in einem Kalbskopf.« Zuerst aber müsse es gehäutet werden. Ich finde, es sieht schon jetzt gehäutet aus. So, wie es da liegt auf dem weißen Teller. Schmierig rutscht die windungsreiche Masse, die unsere Mahlzeit werden soll, auf dem Teller herum. Darum also ist Rahlsbergers Hand bei der Begrüßung klebrig gewesen. Das Hirn sieht zerklüftet aus. Aber nicht wie Felsen aussehen, sondern wie ein tausendfach verschlungenes Gedärm, bei dem sich zwischen tief gezogenen Rinnen wulstartige, fleischfarbene Schläuche krümmen.

Das Küchenfenster ist geschlossen zum Schutz vor der Julihitze, noch jetzt, am Abend, herrschen mindestens 27 Grad. Trotzdem haben sich ein paar Fliegen eingefunden, die Rahlsberger mit dem kleinen Messer abwehrt. Nachdrücklich versichert er mir, das Hirn habe auch ohne Eisschrank einen kühlen Tag verbracht. Er zeigt auf den mit zwei Türen festverschlossenen Geschirrschrank. »So ein Hirn hat ja mal etwas bedeutet. Das war ja mal was«, sagt er. Ein süßlicher Geruch geht von dem Frühstücksteller aus. Ich fange an, darüber nachzudenken, welche Form ich meiner Entscheidung geben kann, diese Mahlzeit lieber nicht mit meinem geschäftigen Gastgeber zu teilen. Nicht mal ein Häppchen zum Kosten.

Während er das Messer auf dem Teller hin und her fahren lässt, herumschnippelt, häutet und zerstückelt, berichtet er von sonntäglichen Spaziergängen über den Hauptfriedhof. Er sähe sich gerne Gräber an. Dabei zupft er an den Hirnwindungen und legt einige Hautfetzen neben dem Teller auf der Resopalplatte ab. Kopfschüttelnd würde er vor den Gräbern stehen bleiben. »Es fällt mir schwer zu begreifen, warum sich hier so viele Leute unter die Erde begeben haben.« Ob sich die Katze, damit bin ich gemeint, nicht auch schon Gedanken darüber gemacht habe? Sein mir abgewandtes Gesicht beugt sich über die inzwischen kleinteilig zerlegten Hirnstücke. Er meint es ernst. Er meint, was er sagt. Nein, natürlich nicht, denke ich im nächsten Augenblick. »Wie kann man sich derart tollpatschig einer Abwehrschwäche unterwerfen! Kopflos sich damit einverstanden erklären, sich in eine solche Enge, in ein solches Dunkel verfrachten zu lassen!«

So sieht sie also dieses Mal aus, die überraschende Wende, die Überrumpelung. Er will gemeinsam mit mir die Dummheit der Toten belächeln. Bloß kein Disput, denke ich. Kein Wort über die Zwangsläufigkeit von Sterbeprozessen, über die Vergänglichkeit der Kreatur. Denkbar, dass Erwin Rahlsberger eine gewisse kindliche Leichtgläubigkeit austestet, die er an mir bemerkt haben mag. Dass er mir einen Bären aufbindet und mich dabei genauso aufmerksam beäugt wie ich ihn. »Für den, der sich auch nur einmal auf das Erdreich eingelassen hat, ist es für immer zu spät. Er wird nie wieder zu sich kommen.« Rahlsberger hält das enthäutete Fleischstück unter fließendes Wasser und trocknet es mit einem Handtuch ab. Das Handtuch sieht aus, als wäre es schon genauso lange in Gebrauch wie das Messer, wie Tisch und Teller und drüben die alten Teppiche an der Wand. »Die große Illusion! Man sucht nach Geborgenheit. Das Gegenteil ist der Fall. Kaum ist man unten angekommen, arbeiten alle möglichen Tierarten sachgerecht an deiner kleinteiligen Zerlegung herum.« Das Hirn hat inzwischen mehrere Stufen der Trockenlegung durchlaufen und auf der Oberfläche des Handtuchs weitere dunkle Flecken hinterlassen. »Die Klügsten, die Besten haben sich täuschen lassen. Ein Hegel, ein Cusanus. Ein Aristoteles! Meister der Konklusion, der Prämissen und Syllogismen. Nur fürs Vorstellungsvermögen hat's nicht gereicht. Keiner von denen hatte ein Auge für die unzumutbaren Verhältnisse, mit denen man da unten zu rechnen hat.«

Irgendwo auf dem Schreibtisch müsste die Streichholzschachtel liegen, Rahlsberger braucht sie, um den Gasherd anzuzünden. Tut sie aber nicht, dabei müsste sie jederzeit griffbereit sein für die mehrmals täglichen Räucherinhalationen. Das Zimmer ist in ein trübes Licht getaucht, eine Jalousie ist heruntergelassen. Undeutlich zeichnen sich an den Wänden die Muster der gewichtig herabhängenden Teppiche ab. Schattenhafte Kontur einer Gruft, die mit persischen, türkischen und aserbaidschanischen Wollfabrikaten ausgekleidet ist. So soll es bleiben, für immer, sagt das Zimmer. Hier wird keiner umziehen tief unter die Erde. Keiner wird hier weggetragen, keiner abgeschleppt werden. Nur, um in ein kaltes, beengendes Holzetui verfrachtet zu werden.

»Am schlimmsten verhalten sich die Schriftsteller.« Rahlsberger macht einen Heidenlärm in der Küche. Dabei befinden sich in seinem Küchenregal gerade mal ein Topf und eine kleine Bratpfanne, wie ich gesehen habe. »Die Schriftsteller sind süchtig nach Heimgängen, nach

Herzstillständen und letzten Zuckungen«, ruft er laut. Immer in dem gleichen überspannten, gespreizt klingenden Ton. Natürlich, er nimmt mich auf den Arm. Es *muss* sich um einen Schmäh handeln! Sein sechster Sinn, sein Spurius für meine gutgläubige, vertrauensselige Seite muss Blut geleckt haben. Inzwischen hat sich der auf dem Teller liegende Hirnflatschen in unzählige kleine Vierecke verwandelt. Sie zeigen im Querschnitt eine Reihe durchtrennter Blutbahnen und das Hin und Her von Adern. »Selbst dran schuld, wenn einer sich pfundweise Sand über den Körper schütten lässt. Und, ohne ernsthaft drüber nachzudenken, sich dann auch noch darauf einlässt, in einem schauderhaften Holzkasten Platz zu nehmen, der ihn niemals wieder freigeben wird.«

Auf einmal glaube ich zu wissen. Rahlsbergers Aufstand gegen die menschliche Kurzlebigkeit könnte mit jener Namensliste zu tun haben. Mit den Aufstellungen, die ihn aus der »Tausendjährigkeit« des Dritten Reiches ausweisen wollten. Sie mochten seine Phantasien entzündet, mochten ihn für Einbildungen zugänglich gemacht haben. Für Gedankengänge, die wie Lebewesen ihre eigenen Wege gingen. Die sich Raum schufen, um brachial das diesseitige Menschenmaß zu sprengen, es auszudehnen bis ins Unvorstellbare. »Unter diesen Bedingungen bleibt einem gar nichts anderes übrig, als dazuliegen und grußlos, blicklos das Vorbeiflitzen des nächsten Käfers abzuwarten.« Obwohl es mich schaudert, muss ich über diese Worte laut lachen. Zornig rechnet er weiter mit den gedankenlosen Sterblichkeitsanwandlungen der Menschen ab. »Erst schlecht durchblutet, dann abgeschafft«, ruft er aus. Es klingt energisch und auf eigene Weise durchdacht.

Ich bin hungrig. Nicht mal ein paar unverdächtige Kartoffeln sind zu sehen. »Anfangs halten sie ihren desolaten Zustand noch für einen Migräneanfall. Paradiessüchtig begreifen sie zu spät, dass sie bereits in Fäulnis übergehen. Fräulein Werbezirk, ich werde mich auf keinen Fall am Tod beteiligen.« Das Hirn in der Pfanne hat allmählich den Anblick einer Mahlzeit angenommen. Ich setze zwei Teller auf dem Schreibtisch ab, lege Messer und Gabel dazu. In der Küche haben sich ein paar grüne Salatblätter angefunden, die ich mit Salz und etwas Essig versorge. Beim Anblick unseres Abendessens würde Gerwisa Vogel vermutlich auf einen beängstigenden Gedanken kommen. Dass in Deutschland schon wieder Krieg herrscht. Oder noch immer.

Vom Asthma ist heute keine Rede gewesen. Ob das am heißen Sommerwetter liegt? Neben mir beugt sich Rahlsberger über einen Berg gebratener Hirnhappen. Ich hoffe, seinetwegen, er nimmt keine Notiz von meinem leeren Teller.

Mit Hegels Weltgeist kann man mich jagen. In der politischen Szene, wo ich mittlerweile Freunde habe, macht man sich über ihn lustig. Ich finde ihn grauslich. Hegels Briefe trompeten dem »Avanceriesen« ungeniert ein glückstrahlendes Willkommen zu. Dem Philosophen Niethammer teilt er seine Freude über die »gepanzerte Phalanx«, das sehnlich erwartete »Kommandowort« des »Götterschuhe« tragenden Eroberers mit. Aber meine Weltgeistskepsis wird bei den Freunden auf wenig Interesse stoßen. So oder so bin ich als »Philosophin« ein delikater Sonderfall. So oder so handelt es sich gleich um zwei Sonderfälle bei mir. Zum Federkleid der untauglichen Gedankenarbeiterin addiert sich meine alpenländische Herkunft hinzu. Mir haftet insgesamt der Geruch des Irrtümlichen an; des Verspäteten und Entbehrlichen. Ich bin eine Wackelkandidatin. Außerdem ist die Wiesengrund-Falle über mir zugeschnappt. Was mich nicht davon abhält, mich ab und zu in den Wohnungen der geschäftigen Zuarbeiter der Revolution herumzudrücken.

Es sind aussagekräftige Unterkünfte. Behausungen wie Umspannwerke, hier hat jedes Phänomen die Neigung, zu einer Chiffre zu werden. Das nachlässig Hingehauene illustriert bahnbrechende Entschlossenheit. Der über einer Stuhllehne abgeworfene Socken verkörpert die Brücken, die man hinter sich abgebrochen hat. Vom Türrahmen aus, in dem ich stehe, ist es ein Leichtes für mich, den immer eiligen Bewohnern klarzumachen, dass der lange Marsch durch die Institutionen kein Ende haben wird. Am liebsten möchte ich ihnen zurufen: Eure beste Zeit ist jetzt! Ihr seid mittendrin! Ihr besiedelt einen Brennpunkt! Ihr habt ihn in der Hand, den heißen Draht. Den Draht zu euren Phantasien. Das *ist* es! »Geh nach Hause, Österreicherin«, werden sie sagen. Sie mögen mich, sie lachen, lachen mich aus.

Ich vermute, man setzt auf die Korrosion. Noch hält die Gesellschaft zusammen. Aber in ihrem Kern arbeitet die Verheerung, bereitet sich der Abbruch vor. Bei Alascos sterblichen Sternen ist es auch nicht anders. Wie intakt sie aussehen können! Wie funktionstüchtig! Und wie ewig! Während sich in ihrem Innern der Kollaps vorbereitet, sich die Reihe der Spaltungen fortsetzt. Es sind ruhelose Naturen, so wie die Menschen. So wie ich. Der Gedanke hilft mir, das Verwackelte meiner Eindrücke hinzunehmen. Die Unschärfe des Blicks. Wäre das Leben ein Buch, würde ich mich für das Geschehen zwischen den Zeilen entscheiden.

Die Stadt wirkt größer, als sie in Wirklichkeit ist, und scheint aus allen Nähten zu platzen vor Bedeutung und vor Erwartung. Man lebt auf das Ereignis hin. Man rechnet mit dem Auftritt von etwas Unerhörtem. Noch fehlt der Code, die zündende Kombination der Elemente. Man entdeckt das verzaubernde Wirken der Hybris. Die Hybris ist ein Brandbeschleuniger, sie stellt menschliche Neuschöpfungen in Aussicht nach dem Bilde des Golem. Sie besteht auf der Eskalation. Auf dem Höchstmaß. Der Boden glüht. Man legt sich probeweise schon mal die Kleider zurecht. Schlüpft unter die Fittiche der Maskerade. Ich mag Maskeraden, schon immer. Schon aus der Zeit, als ich Palmsonntag und Fronleichnam als Zuschauerin am Straßenrand stand und auf rote Umhänge, auf rote Fahnen geblickt habe. Auf Krummstäbe. Auf Standarten und Palmwedel. Auf Gesichter, die sich hinter einem heiligen Buch verbargen. Nicht zu vergessen das seltene Vergnügen, Familiengeburtstage hin und wieder in Gesellschaft von aufgerüschten Rosenkavalieren und Fledermäusen, von Sommernachtsträumen und Zar und Zimmermännern zu verbringen.

Romantiker gibt es auch hier, nur ist der Boden nicht getränkt von Weihrauch und edler Historie. Er lässt Fragen zu. Zuerst muss das Schlimmste zur Sprache gebracht werden. Den großen Abflug, den revolutionären Taumel gibt's nicht geschenkt. Der Boden trägt, hier sind die Leute, die sich jene Fragen stellen, die mir aus den ersten Seiten der Wiesengrund-Lektüre entgegenkamen: im Für und Wider eine Kontur der eigenen Herkunft zu finden. Jetzt werden die Protagonisten genannt. Es gibt die verbrecherischen Väter, die rettenden Nachbarn, die Emigranten und die Denunzianten.

Wenn ich lange dort in den Wohnungen herumstehe, im Türrahmen lehne, denke ich schaudernd an mein eigenes Frankfurter Quartier und fühle mich außerplanetarisch. Ich sehe das sorgfältig angelegte Wabenwerk mit den verschachtelten Hohlräumen vor mir. Einen Ort, an dem man sich umsichtig vorwärtsbewegt. Mit Blick auf das ordnungsstiftende System unausgesprochener Abkommen und einer ganzen Batterie von Schließvorgängen. Die Küchentür bei Pfannengerichten. Bei Schlechtwettermeldungen das in ein schräges Dach montierte Flurfenster.

Zum Trost peppe ich mir meine Mitbewohner hin und wieder zu Mitspielern eines Bühnenstücks auf. Sie werden von mir in die »Vorstadt« verfrachtet und treten in einem Schauspiel von Ödön von Horváth auf. Sobald sie auf offener Bühne als Amtsgerichtsräte, Buchhalter, als Trafikantinnen und Prostituierte zu sehen sind, ist nichts mehr an ihnen unerfreulich privat, nichts mehr stumpfsinnig persönlich. In einem Horváth-Stück kann man sich mit ihnen sehen lassen. Ich blicke dann mit anderen Augen auf den Wabenbau und seine auf- und zuklappenden Türen. Mit den luftigen Durchgangszimmern, in denen ich mich hier gerade befinde, wird er es dennoch niemals aufnehmen können.

Ein unschlagbarer Vorzug des Wabenbaus ist allerdings das *Zimmer für mich allein.* Es lässt mich ungestört Siegfried Kracauers Buch über die *Angestellten* lesen. In aller Ruhe kann ich darüber nachdenken, warum Fräulein Struff, die als Stenotypistin arbeitet und jeden Morgen schlechtgelaunt in ihre Firma aufbricht, kein gutes Wort für Kracauer finden würde. Sie hat Freundinnen und Liebhaber, sie geht ins Kino. Sie fühlt sich nicht deklassiert. Und Frau Rieböck! Mein unantastbares, aber auch hellhöriges Zimmer gibt mir Gelegenheit, ihr rastloses Unterwegssein im Wabenbau zu verfolgen. Ihr Leben spielt sich zwischen Eisschrank, WC und der beigefarbenen Bettcouch in ihrem Zimmer ab. Frau Rieböck geht selten vor die Tür. Sie hat die Welt da draußen zum Sperrgebiet erklärt.

Sonntagnachmittags ist Telefonzeit, Alasco wartet auf meinen Anruf. Auf dem Weg zur Telefonzelle laufe ich durch Bockenheim, in den Straßen steht die Hitze. Ganz in der Nähe, laut aus einem geöffneten Fenster heraus, hört man das augenblicklich zu Tode gespielte Lied *Lazy Sunday afternoon,* wo Leute in einem Regenbogen sitzen, im Mond ersaufen und »Tweedle dee bite« singen. Was für ein gottverlassener Sonntag! Ich laufe in der Mitte der Straße, weil kein Mensch und weit und breit kein Auto zu sehen sind.

Wiesengrund, mir gegenüber im Fahrstuhl. Seine Frage gibt sich unauffällig, macht sich klein. Wir stehen uns im vollbesetzten Fahrstuhl gegenüber. Er suche nach einer Erklärung, warum es in seinen Seminaren so wenige Wortmeldungen gebe. »Es ist ja nicht so, dass meine Beiträge sich auszeichnen würden durch Gedankenarmut.« Heute ist von Cusanus die Rede gewesen. Auf einem zeitgenössischen Gemälde sieht er wie ein Engel aus. Was ich für Flügel hielt, ist aber eine Kopfbedeckung, wie ich später gesehen habe. Eben noch war es laut gewesen. Wie auf Knopfdruck brechen die Gespräche ab. Wiesengrunds Stimme ist, selbst wenn er sie senkt, tragfähig, unüberhörbar, weil überakzentuiert. Nun ist es mucksmäuschenstill, man will sich kein Wort entgehen lassen. So wie es aussieht, möchte Wiesengrund coram publico auf eine heikle Frage eine einleuchtende Antwort von mir haben.

Im Hörsaal habe ich ihre Gegenwart nicht weiter wahrgenommen. Jetzt sehe ich, dass man mich ins Visier genommen hat mit Augen, die wie optische Instrumente auf mich gerichtet sind. Die Augen sind in der Lage, meine Außenhaut zu durchdringen und mein Innerstes abzusuchen nach Zeichen einer namenlosen Unschlüssigkeit. Und sie haben ja Recht, Wiesengrunds Frage ist allein an mich gerichtet, ich bin gemeint. Sie läuft auf einen Anspruch hinaus. Einen Anspruch, der ein Versäumnis einklagt. Mein Versäumnis. Ich, Hanna Werbezirk, hätte durch eigene Beiträge die Situation zu beleben und zu retten gehabt. Auf keinen Fall hätte ich gleichmütig zusehen dürfen, wie er vorn auf dem Podium sich ratlos gewunden und das Schweigen etwas Lähmendes angenommen hat. Hätte nicht hinnehmen dürfen, dass er viel zu lange entgeistert auf seine maulfaule Zuhörerschaft herunterblickt und nicht weiß, was los ist.

Ja, dieses törichte Nichtbegreifen traue ich ihm zu. Er scheint sich in den einfachsten Dingen nicht auszukennen. Leicht hätte er sonst eine Erklärung für die betäubende Stille in seinem Hörsaal gefunden. Gewusst, warum ein öffentlich geführter Gedankenaustausch in seiner Nähe selten ist. Gleich werde ich mich für jedermann verständlich zu seiner Frage äußern. Gleich werde ich loslegen, beginnen mit ein, zwei Mutmaßungen, es wird sich mit Sicherheit ein überzeugender Einstieg finden lassen. Meine Gedanken sind ja schon ausgeschwärmt. Sie klappern beschleunigt ein paar Haltepunkte im Strom der Überlegungen ab. Stoßen dabei auf einen Wust von Möglichkeiten, auf erschreckend ungeordnete Verhältnisse. Ein Zuviel hier, da ein Zuwenig. Eine stürmisch sich anbahnende Blockade. Ein Pendel hat sich in meinem Kopf etabliert, das unentwegt seine Richtung wechselt. Sich verloren hat, ja wo? In einem Überangebot mentaler Modelliermasse, wo es von einem Einfall zum anderen geistert.

Es ist so still, dass man Atemzüge hören kann. Ich überschlage die Fahrzeit bis hinunter ins Parterre. Nicht mehr als zwei Minuten. Kaum Zeit für Erklärungsversuche, glücklicherweise. Ich ahne, dass ich einen mühsamen Weg zurückzulegen habe. Dass ich nach einem Ton suchen muss, der nichts von Anstrengung verraten darf, nichts von Verwirrtheit. In der dritten Etage muss der Fahrstuhl länger warten, es wird voll. Ich werde am besten mit einem Geständnis beginnen. Von Hindernissen und Klippen sprechen. Nicht gerade beflügelnd, aber unvermeidlich.

Zuerst einmal die vielfältigen Ablenkungen zur Sprache bringen, die meine Aufmerksamkeit immer wieder vom *Wesentlichen* abziehen. Beispielsweise der Hang, ihn, Wiesengrund, beim Sprechen, Dastehen und Aussehen zu beobachten. Ich könnte sagen, dass mir als Tochter eines Astronomen die Vorliebe fürs Ausspähen gewissermaßen in die Wiege gelegt worden sei. Der Astronom ist damit beschäftigt, seine stellaren Objekte mithilfe ausgetüftelter Instrumente einzukreisen, ja geradezu zu umzingeln. Er will sie aus der Nähe sehen. Eine Vorgehensweise, die auf mich übergesprungen zu sein scheint.

Die Fahrstuhltür ist zugefallen. Noch drei Etagen bis zum Erdgeschoss. »Da ist zum Beispiel Ihr Sonnenhut«, so könnte ich fortfahren. Genauer gesagt, da ist seine breite, merkwürdig großflächig angelegte Krempe. Bei diesen Worten dürfte ich ehrlicherweise nicht stehenbleiben, müsste mit der ganzen Wahrheit herausrücken. »Mich beschäftigt Ihr aberwitziger Hut mehr als Hegels *Phänomenologie des Geistes*«, müsste ich sagen. Um dann mit einer Reihe von Beobachtungen zu beginnen. »Nur ein von sehr weither Gekommener zieht mit einem so sonderbaren Gebilde herum. Überall Dellen, Ausbuchtungen, kleine Risse. Wer sich einen solchen Hut auf den Kopf setzt, hat mit Zeitsprüngen zu tun. Mit dem Wechsel der Epochen, mit zurückgelassenen und wiedergefundenen Kontinenten. Dicht gewirktes Stroh in einem Gelb, das ins Weiß hinüberspielt und oben auf dem Kopf wie ein Dach aufsitzt.«

Ohne nach links und rechts zu blicken, habe ich mich in Gedanken in das Hutthema verbissen, ich lasse es nicht mehr los, es kommt mir auf seine Weise plausibel vor. »Sie werden seine Merkwürdigkeit immer übersehen haben«, werde ich ganz direkt zu ihm sagen und ihm die Frage stellen, ob der Hut vielleicht für lange Zeit auf einer Ablage im Flur in Vergessenheit geraten ist. Oder ob er sich seine Dellen auf dem Weg nach Übersee geholt hat; schlecht gelagert in einem viel zu kleinen Koffer möglicherweise. Auf dem Podium, neben der Aktentasche liegend, sähe er abgenutzt, sogar leicht heruntergekommen aus. »So, als würde er die Darlegungen seines Besitzers illustrieren, der, neben ihm stehend, wortreich die abgewirtschafteten Restposten, die Konkursmasse des am Boden liegenden Europa begutachtet.«

Noch ist Platz im Fahrstuhl, eine Enklave, in der sich inzwischen ein stabiles Schweigen ausgebreitet hat. »Ganz davon abgesehen habe ich den Eindruck«, mit diesen Worten würde ich einen weiteren Gesichtspunkt ansteuern, »dass Ihre eigene ewige Frage nach Nähe oder Ferne, nach dem Abstand, in dem sich die Welt zu den Menschen befindet, für einen öffentlichen Gedankenaustausch wenig geeignet ist.« Ich stehe noch immer schweigend vor ihm, heimlich warte ich darauf, dass er mich durch eine wohlmeinende Bemerkung aus meiner Verlegenheit erlöst. Aber das tut er nicht. Er steht weiter erwartungsvoll da und begreift nicht, warum meine Antwort so lange auf sich warten lässt. Eine rebellische Regung bringt mich auf den Gedanken, mich zum Fürsprecher aller hier im Fahrstuhl versammelten Studenten zu machen und auszurufen: »Es scheint Ihnen vollkommen entgangen zu sein, wie viele unbeantwortete Fragen jeder von uns mit sich herumzuschleppen hat. Jeder fragt sich doch und keiner kann es beantworten, warum wir Ihnen zuhören wie im Taumel. In einem Zustand, bei dem die Entgeisterung vom Gefühl der Begeisterung kaum zu unterscheiden ist. Ihre Sätze sind Sägen. Im nächsten Augenblick klingen sie dann wieder so, als würden sich aus ihrer Mitte Formen, Formate wie Lebewesen abnabeln, die aus dem Nest gefallen sind. Abgespaltenes, Ausgeschlossenes, das nach einem Weg und nach Zusammenhängen sucht!«

Ein ausgesprochen unbrauchbarer, unerfreulicher Ort, so ein Fahrstuhl. Möglicherweise gibt es überhaupt keinen wirklich geeigneten für die von mir erwartete Antwort. Letztendlich müsste ich auf Dinge zu sprechen kommen, die sich nach einem befremdlichen, peinlich in der Luft hängenden Innenleben anhören werden. »Mich lockt das *Wie* Ihrer Gedanken«, müsste ich sagen. »Ich beobachte die Art und Weise, in der Sie Ihre Überlegungen Stück für Stück hervorziehen aus einem Gedächtnisspeicher, der überläuft von allen möglichen Querverbindungen. Ich wüsste gern, wie Sie von dort aus die beispiellose Komposition Ihrer Gedanken bewerkstelligen.«

Der Fahrstuhl hat in diesem Moment das Aussehen

einer Manege mit Publikum. Wie von einer Magnetnadel ausgerichtet, lauscht es in die Stille hinein. In diese Stille hineinzusagen, »Ich habe mehrfach den Versuch gemacht, mich in das Innere Ihres Kopfes einzuschleichen«, ist gar nicht so einfach. Man gibt in diesem Moment zu erkennen, dass man es für denkbar hält, in einem Kopf wie in einem begehbaren Schrank herumzustiefeln. Oder wie in einem Laboratorium, das Aufschluss über die unentwegte Hervorbringung von Gedankengängen geben kann. »Sie sehen ja selbst«, könnte ich sagen, »wie sehr ich mich in Anspruch genommen fühle! Hineingezogen in das so dicht Gedachte, in einen Schub, ein Gefälle, in unstete Verhältnisse. Was hat so ein Gedanke, nachdem er mithilfe rasanter Verschaltungen aus unbrauchbar gewordenen Bündnissen, aus Umklammerungen herausgehauen wurde, nicht alles schon mitgemacht!«

Ich hätte es aussprechen müssen. Ich hätte damit herausrücken, klar zum Ausdruck bringen müssen, dass ich mich von einem vernünftigen Disput äonenweit entfernt fühle. Hängengeblieben in einer Reihe abwegiger Überlegungen. Seminaruntauglicher Fragen. Dass ich manchmal der irrigen Idee gefolgt bin, die Eigenart von Geistesblitzen erkunden zu wollen. Ich hatte mich zeitweilig sogar mit der Vorstellung von Denkarealen abgegeben. Das Kafka-, das Schönberg-, das 1789-, das Marx-Areal. Das Areal der Partituren, partienweise aufgeschlagen, abrufbereit. Hatte dann aber die Areale wieder fallengelassen und an ein übervolles Bild gedacht.

Ein Bild, eingefärbt von bunten Lichtgirlanden, ich kann es nicht anders sagen. Sogar von einem Zirkuszelt müsste ich sprechen. Zweite Etage, der Fahrstuhl hält. Unter den neu Hinzugekommenen grüßt mich ein mir Unbekannter. Unter dem Dach eines Zirkuszeltes stellt man keine Fragen, man staunt. Man denkt: *So schön kann Philosophie sein.* Wenn ein Meister der Manege sie uns anträgt. Hegels dialektische Methode? Sie fühlten sich erinnert an die Tätigkeit eines Schneiders. Er trägt den Namen Buff. Was er morgens zusammennäht, trennt er abends wieder uff. Die vom Komponisten in Wirklichkeit *gemeinte* Musik? Sie fiele dem Zwölfjährigen zu, sagten Sie, wenn er zum ersten Mal vor dem Notenbild der *Waldsteinsonate* am Piano sitzt. Stockend, zusammenhangslos, versuche er den weißen und schwarzen Tasten Musik zu entlocken. So werde er zum Zeugen ihrer stummen, nicht im Notenbild erscheinenden Natur. Die Liebe? Zu ihrem Tiefsten dringe der vor, der, so äußerten Sie sich in einer Vorlesung, vor Sehnsucht vergehend, in Monte Carlo unter dem Balkon einer Soubrette gestanden habe.

»Sie kommen daher mit Worten, die so tun, als würde es sich um eine reguläre, eine üblicherweise angewendete Sprache handeln.« Tatsächlich wäre das vielleicht die beste Antwort, denke ich. Ihm vor Augen zu führen, dass man sich dem Wagnis des Gedankens nicht gleich, nicht auf Anhieb gewachsen fühlt. Man muss zuerst das pure Ereignis der Wörter selbst bewältigt haben. Um dann festzustellen, dass eins nicht ohne das andere ist. »Irgendeinen Wirkstoff, irgendeine Substanz haben Sie eingewoben in die Bewegung, mit der Sie uns Ihre Gedankenpakete zuwerfen. Im Fluge kommen sie auf mich zu, ich möchte sie auffangen, stehe unter dem Eindruck, etwas zu erfahren, das ich für abwegig und gleichzeitig einleuchtend, sogar für zwingend halte, ich gerate in einen Sog, in eine verwegene, fahrlässige Strömung, möchte mich davon frei machen, möchte begreifen, jetzt aber schon aus dem Blickwinkel eines *Danach*, verfange mich in einem Luftzug und überlasse mich der Anziehungskraft eines geradezu *laotischen* Begreifens durch Nichtbegreifen.«

In diesem Moment wird der Fahrstuhl überraschend von einem Stoß getroffen, es ruckelt im Gehäuse. Vermutlich ein Problem der Aufhängung, jedenfalls eine unerwartete Lebensäußerung der Mechanik. Wiesengrund hält mit einer Hand die Krempe seines Hutes fest. Wie ein Schild, der den Brustkorb schützt. Er ahnt nicht, dass ich ihn in diesem Moment für einen Widersacher halte. Ich möchte ihm, ihm ganz allein in die Schuhe schieben, in welches Drama mich seine Frage gestürzt hat. In welches Gestolper und Herumgestrolche der Einfälle. In welche Scham, keine brauchbare Antwort gefunden zu haben. Und in welche Erbostheit. In diesem Moment stelle ich mir die Frage, ob er je darüber nachgedacht hat, welche Bürde er seinen Zuhörern auf die Schultern lädt. Wie sehr sie sich bemühen müssen, um vor den weitreichenden Eigentümlichkeiten seines Denkens zu bestehen. Wie sehr ihm auch jetzt jedes Gefühl dafür abgeht, welches Tohuwabohu er mit seiner Frage angerichtet hat.

Am liebsten würde ich in die Stille hinein zu ihm sagen: »Ein ernstzunehmender, gewissenhaft vorgehender Philosoph hat keine verstummten, um ihre Sprache gebrachten Studenten zu fürchten.« Und wenn es dennoch so sein sollte, dann fragt er nicht danach, warum sie den Mund nicht aufkriegen, muss nicht auf Kosten anderer Leute in einem Fahrstuhl Informationen einholen. Er hat das Denken und Nachdenken studiert. Schließlich ist es sein Tätigkeitsbereich, seine Domäne, sich selber Gedanken zu machen und die richtigen Schlüsse daraus zu ziehen.

Es hilft alles nichts, allein wird er nicht darauf kommen. Wird nicht verstehen, dass man sich schwer damit tut, ungezwungen in die Hörsaalstille hinein eine Wortmeldung zu platzieren. Ein Geniestreich müsste sie schon sein, diese Wortmeldung, denkt man. Und kann den Knoten nicht zerschlagen. Man stellt sich vor, der beeindruckende Mann sei nur erreichbar für den, der es versteht, selber Eindruck zu machen. Schon sieht man anstelle des vorgesehenen, im Stillen entworfenen Beitrages ein Stück Holz vor sich, ein ungelenkes, ungefüges Gebilde, vor dem man sich unwillkürlich wegducken möchte. Das Holzstück vollzieht seine unbeholfene Reise zum Podium hinauf, über die Köpfe der Anwesenden hinweg, die ohnehin niemals anders als ungeduldig einem Kommilitonenbeitrag zuhören. »Wer sich hier eingefunden hat«, so sollte ich fortfahren, »will es nicht mit seinesgleichen zu tun haben. Die vorwitzige Wortmeldung wird als Beeinträchtigung der Gesamtveranstaltung grämlich entgegengenommen. Sie nimmt sich im Regelwerk Ihrer hochtourigen Ausführungen wie ein unerwarteter Störfall aus, der Ihnen, dem Mann auf dem Podium, in die Parade fährt. Ein Defekt, der das Tempo verlangsamt, mit dem hier die Wahrheit ausdauernd durch Himmel und Hölle geschickt wird.«

Die unverputzten Wände des Schachtes gleiten am Fenstereinsatz der Fahrstuhltür vorbei. Jemand flüstert etwas, es klingt beklommen. Warum sie auch jetzt nichts sagt, mag Wiesengrund denken. Im Seminar schweigt sie, im Fahrstuhl auch. Ich weiß, dass sie sprechen kann. Noch immer schaut er mich an. Wie ein Kind, dem nichts fernerliegt als der Gedanke, es könnte eine unbeantwortbare Frage gestellt haben. Das Gefühl der Beengung macht mir mehr und mehr zu schaffen; so muss ein eingekastelter Vogel sich fühlen.

Der Vogel führt mich zum Bild der Eule, dem von allen Vögeln gescheitesten Tier überhaupt. »An der Eule liegt es«, möchte ich rufen. Es ist mir egal, dass die Umstehenden meine Worte für einen Witz halten werden. Für ein kindliches Ablenkungsmanöver. »An der Eule der Minerva liegt es, immer wieder sprechen Sie von der Eule.« Halb ist schon der Hörsaal VI zu ihrem angestammten Nest geworden. Mitlaufend, mitfliegend, ist sie eine ewige Begleitfigur. Ein Tier, das, seiner Natur nach, erst bei *einbrechender Dämmerung* seinen Flug beginnt. Spät. Der Tag ist vorbei, gleich wird es dunkel. »Ihr und ich, wir sind von gleicher Machart«, sagt der Vogel zu den Denkern, zu den Philosophen. »Ewige Nachzügler sind wir. Beide machen wir uns verspätet, nicht zeitgerecht auf den Weg. Nach Worten suchend, zockelt ihr dem Augenblick, dem Leben hinterher. Aber ihr kriegt sie nicht, ihr kriegt sie nicht zu fassen«, sagt das kluge Tier und setzt seine überfällige Runde fort. Hier kommen wir auf den alles entscheidenden Punkt. Wie könnte ich meinem geduldig abwartenden Gegenüber klarmachen, dass meine ausbleibende Antwort mit seinem Vorhaben zusammenhängt, schneller zu sein als der säumige Vogel. Mit seinem gewagten, eines Akrobaten würdigen Unterfangen, den Rückstand aufzuholen. Das heißt, aus der Flugbahn des trostlos in Verzug geratenen Vogels auszuscheren. »Wir schweigen, weil wir atemlos Ihrem aerodynamischen Heldenstück zusehen. Mitgerissen von dem Schauspiel, an dem Sie uns teilnehmen lassen: die Gedanken zu Flugobjekten umzurüsten. Sie zu Mitspielern einer ewigen Aufholjagd zu machen. Zu Teilnehmern eines Überholmanövers. In der Lage, in Augenhöhe mit Zeit und Augenblick und Leben zu sein. Gut gerüstet für denkbeschleunigte Gleitflüge, für Gedankenabkürzungen.«

Der Fahrstuhl hält, erste Etage. Niemand steigt aus, niemand braucht diesen Halt, er bringt uns die im Inneren des Fahrstuhls herrschende Enge und Lautlosigkeit erst so richtig zu Bewusstsein. Mit dem Fahrstuhl bleibt die Zeit stehen, man wartet ab, wartet auf die Weiterfahrt. Aber der Fahrstuhl scheint sich festgebissen zu haben. Sämtliche sich bietenden Knöpfe sind gedrückt und ratlose Blicke ausgetauscht worden. Die letzten paar Stufen könnte man leicht auch ohne Fahrstuhl nehmen, wenn sich nur die Tür öffnen ließe. »Sie haben mir meine Frage nicht beantwortet«, sagt Wiesengrund. »Ich werde darüber nachdenken«, antworte ich. »Versprochen.«

Nahm heute zum ersten Mal etwas Geschäftiges, Über-
eiltes an ihm wahr. Nervosität. Erklärte mir seine Un-
ruhe durch einen ihn unablässig bestürmenden Zufluss
der Gedanken. Könnte natürlich auch andere Gründe
haben. Hungergefühle, Liebeskummer, ein Kollegen-
streit, Besorgnisse aller Art. Kehrte immer wieder zu
meinem Eindruck zurück, W. werde von Denkvorgän-
gen heimgesucht. Vom Versuch, ihnen eine Wirklich-
keit, ein Schicksal zu geben. Alles Magische macht ei-
nen stumm. Erklärt mein eigenes gehemmtes Sprechen
in seiner Nähe. Bis auf die Momente leicht größen-
wahnsinniger Ausgelassenheit. Dachte an den Zaube-
rer Alexander Adrion, der zu Beginn seiner Vorstellung
mit den Händen ein Seil tanzen lässt, es zu einem Kno-
ten verschnürt, den Knoten zwischen den Fingern zer-
reibt und ihn mit einer ausholenden Bewegung dem
Nichts der Luft überlässt. Gibt den Zuschauern das Ge-
fühl, inmitten eines magischen Kreises zu sitzen.

Ein Schuss Fremdheit

Vor dem Hörsaal. Wir warten auf den Beginn der Vorlesung, auf das schrille Läuten der Klingel. Gleich werden wir in ein Schweigen verfallen. Wir werden Altertümern gleichen, die lautlos an ihrem Platz verharren. Wiesengrund kommt auf mich zu, den Hut, den Hüter, vor seinen Brustkorb haltend. Seine breite Krempe bedeckt die Herzgegend wie das Teilstück einer Rüstung. Man sollte sich die schönen Tage dieses Sommers nicht entgehen lassen, sagt er und lädt mich zu einer Tasse Schokolade auf die Terrasse des »Frankfurter Hofs« ein. Es spricht die gleiche Stimme, die vor nicht allzu langer Zeit noch so vielsagend und so jenseitig *aus dem Äther* zu hören gewesen war. Ein Wort, dem ich sonst nur selten begegnet bin. Zum Beispiel einmal, als Alascos Überlegungen über den Beginn des Universums bei der Möglichkeit landeten, es könnte aus der Explosion eines Ätherkerns entstanden sein.

Drei Tage liegen vor mir, viel Zeit. Viele Stunden, in denen ich mir den Kopf über die Verabredung zerbrechen kann. So eine Tasse Schokolade kann sich hinziehen. Die zweite Tasse ist praktisch schon mitgedacht. Die Pausen nicht mitgerechnet, die Begrüßung, die Verwirrung. Kein Hörsaaleingang dieses Mal, kein Ort, an dem man sich als Teil eines Ganzen fühlen kann, als Segment einer umtriebigen Ansammlung. Dieses Mal an ungewohnter Stelle, zu zweit vor einer Tasse Schokolade sitzend. Ich hätte es besser machen müssen, damals, in Zeiten der mitternächtlichen Radio-Séancen. Sträflich habe ich den Gedanken vernachlässigt, einer realen Stimme zuzuhören. Einem anatomischen Gefüge, das mit Hals und Kopf und Mund- und Nasenraum ausgestattet ist. Ich hätte anstelle des halb für eine Erfindung gehaltenen Boten aus dem Äther lieber an einen Frankfurter Akademiker mit Nachtstudio-Sprecherlaubnis denken sollen. Immer wieder muss ich in Windeseile auch jetzt noch mitten in einem Hörsaal einige Wahrnehmungsstufen überspringen. Muss zusehen, dass die Stimme, die ich vom Podium her höre, den bodenlosen Raum der Schallwellen hinter sich lässt und zu einer festumrissenen Größe wird. Dass dieses verwegene Wesen dort oben ein Lebewesen ist.

Ich müsste mich verabschieden vom Herumhantieren mit Einbildungen und Ausblendungen. Von den unangemessenen Gewichtungen. Abstand halten von den Anziehungskräften eines verheimlichten Horchens, eines abgeschiedenen Lesens. Müsste der Jagd nach den Brennpunkten zusammengeklaubter Bedeutungen den Rücken kehren. Das habe ich jetzt davon. Dass ich mich manchmal schon darüber wundere, wenn ich Wiesengrund, diesen von meinem Blick gemeißelten und ins Leben gerufenen Titanen, als einen ganz normalen Fußgänger unterwegs in Universitätsnähe entdecke. In solchen Momenten wird das Ausmaß meiner Ratlosigkeit sichtbar für mich. Ich frage mich, ob man mit einem Gemütszustand wie diesem je ins Reine kommen kann. Weltfremd, maßlos, skurril. »Do hot si ana so aufpudld«, würde Alasco über mich sagen, »bis a sich sei eiganes Supanoverl gschoffn hot.« Es zeichnet sich ab, dass jede Begegnung mit Wiesengrund den Stempel des Chaotischen tragen wird. Peinigende Verlegenheit. Posse. Höhenrausch. Dabei möchte ich eigentlich nichts anderes, als weiter zuzuhören. Wie ganz zu Beginn. Nur häufiger. Und ohne Schallschutz. Ohne Atemnot, ohne das Gefühl, kurz vor einem Erstickungsanfall zu stehen.

Der verabredete Termin rückt näher. Meine Erinnerung spielt mir jeden Tag schönere Momentaufnahmen der radiophonen Veranstaltung zu. Sie lässt Schatten auf das in Kürze stattfindende Live-Ereignis fallen und malt mir in glühenden Farben die Vorzüge der zurückliegenden, nächtlichen Begegnungen aus. Atemnot hin oder her. Jedes Wort war doppelt kostbar gewesen und nur an mich allein gerichtet. Ich höre meinen kurzen Zwischenrufen zu, den Versuchen, mit dem »Mann aus Ätherreich« in Kontakt zu kommen. »Das ist genial« oder »Das hätte man gern genauer gewusst!«, rufe ich. Oder »Wiesengründe sind auch Abgründe!« Ich hatte mir ein imaginäres, gleichzeitig ansprechbares Visavis geschaffen. Mit dem ich unter einer Decke steckte, im wahrsten Sinne des Wortes. Eine Szene, so intim, dass die Gedanken einen Bogen um sie machten, anscheinend nicht weiter daran rühren mochten und sich dann abgesetzt haben. Irgendwo außerhalb meines Blickfeldes.

Eisessen auf einer Hotelterrasse. Klingt doch gut, denke ich und bin wie betäubt. Ich will nicht wahrhaben, wie lange es gedauert hat, bis ich mich für den lavendelfarbenen Rock mit den beiden Doppelfalten entschieden habe. Beim Gehen führen sie in einem unentwegten Hin und Her der Stoffbahnen eine Art Eigenleben, springen auf und klappen wieder zu. Ich setze auf diesen Rock. In der Bewegung entwickelt er eine Dynamik, an der es mir an dem verabredeten Nachmittag selbst vermutlich fehlen wird. Mir fällt eine ganze Reihe von Namen ein, berühmte Leute, die *alles* darum geben würden, mit Wiesengrund eine Schokolade trinken zu dürfen. Leute, die später von der Begegnung erzählen und die Menschheit daran teilhaben lassen würden. Welthaltige, spritzig die Ebenen wechselnde Gesprächspartner, denen es darauf ankommen würde, der Begegnung mit Wiesengrund eine Färbung ins Unvergessliche zu geben.

Ich sehe, wie ein mit Zucker beladener Löffel in den Tiefen der Tasse verschwindet. Gute Gelegenheit, einer Heldengestalt dabei zuzuschauen, wie sie mit einem Löffel langsam in dem mokkafarbenen Getränk herumrührt. Meinetwegen kann es auch dabei bleiben. Kaffeehaus, Kindheit, Süßschnabel, denke ich. Gleich, beim ersten Schokoladenschluck, wird es zu einem Lächeln kommen. Alle Menschen lächeln in diesem Augenblick. Es nimmt, wie ich sehe, einen beinahe überschwänglichen Ausdruck an, das Lächeln. Ich möchte mehr davon. Zuschauen, wie sich Heldisches mischt mit dem Vergnügen, unter einem Sonnenschirm zu sitzen und Zuckerberge in eine Tasse zu schaufeln. Das Lächeln gehört zu den Vorkommnissen, die einem echten Heros fremd zu Gesicht stehen. Es hat wie mit der Hand eines physiognomisch geschulten Magiers das Gesicht zu seinen Rändern hin verschoben, hat die Haut und das unter ihr liegende Gewebe zur Seite bewegt und hierin leichtes Spiel gehabt bei diesen weichen Zügen, dem kaum markierten Mund.

Eine Terrasse, wenige Gäste und viel Weiß. Die Schirme, die Servietten, die gestärkten Hemden der männlichen Bedienung. Einer der Gäste hat seinen hellen Strohhut auf der Tischplatte abgelegt und zum Ober gesagt, »Für die Dame einen Eistee, für mich eine Schokolade«. Halb Meister in der unbegrenzten Manege der Wörter. Halb ein Herr im Sommeranzug mit Begleitung. Das Bild zittert, es flimmert, als wäre die Nachmittagssonne mit neuen Informationen angerückt. Der Eifer, mir nichts entgehen zu lassen, macht mich stumm. Die Stille öffnet sich wie ein Raum, in dem Alascos optische Scheiben und seine Betrachtungen über Fantaskopie und Stroboskopie im Wirbel eines schnellen Auftritts zu sehen sind. Vorspiegelung und Metamorphose. Auf einmal, für den Bruchteil einer Sekunde, sitzt mir ein Wesen mit dem Aussehen eines vertrauenerweckenden Familienangehörigen gegenüber. Um sofort wieder zu verschwinden. Beiseitegedrängt von dem Gedanken, es könnte ein Fehler sein, es sich in Wiesengrunds Nähe gemütlich zu machen. Man muss davon ausgehen, dass ihm ein zu Kehrtwendung und Rebellion neigendes Gen innewohnt.

Auch die Realität dieser Terrasse bringt einen Schuss Fremdheit mit. Das zeigt sich an ihrem Mobiliar; an dem Missverhältnis zwischen der geringen Höhe der Korbsessel und dem viel zu hochbeinigen Tisch. Ein Ober, der ungerufen plötzlich auftaucht, muss die Situation erfasst haben und verspricht, ein paar Kissen zu holen. Die Sitzkissen sind ein Fiasko; zu nachgiebig, zu flach.

Man kann sich jetzt wie ein Kind fühlen, das sich vergeblich darum bemüht, am Tisch der Erwachsenen Platz zu nehmen. Es reicht ja kaum an die Tischkante heran. »Sie kennen das Foto von Edvard Grieg, auf dem er neben der wuchtigen Gestalt seines Kollegen Björn Björnson steht?« Mein Gott, nein, ich kenne es nicht. Und überhaupt, welches Bild gebe *ich* von mir ab? Unangemessen ausgiebig in Betrachtungen ihrer selbst versunken, wird er denken. Überbeschäftigt mit ungeordneten Einbildungskräften; sie hat es nicht leicht mit sich. Ich erfahre, dass Edvard Grieg seine Mitwirkung an unserer nachmittäglichen Verabredung einer Missbildung zu verdanken hat. »Seine Körpergröße machte fast einen Liliputaner aus ihm. 152 Zentimeter. Der kleine Sohn schaut zum großen Vater Björnson auf.« Das Foto erkläre die Kobolde und Gnomen, die in der *Peer-Gynt-Suite* die Halle des Bergkönigs bewohnen. »Lauter Selbstportraits des Komponisten.« Der Ober bringt neue Kännchen und Tassen und erkundigt sich, ob wir Gebäck wünschen. »Anderthalb Meter. Eigentlich ein Invalide«, sage ich. Am besten, nach einem langen Schweigen mit einem Paukenschlag aufwarten. Wenige, aber einschneidende Worte. Wiesengrund weiß von einem verkümmerten linken Lungenflügel, von einer Eindellung des Brustkorbs zu berichten. »Grieg auf Fotos, entweder mit übereinandergeschlagenen Armen oder mit einem künstlich aufgebauschten Jackett«, sagt er.

Wahrscheinlich hätte man die Kissen alle fünf Minuten neu aufschütteln müssen. Oder einen ganzen Packen davon nachbestellen. »Es scheint, dass wir vom traurigen Schicksal Griegs ereilt worden sind.« Wiesengrund lacht, schon im Hinblick auf seinen Einfall, mit dem er unserer Lage ein weiteres skurriles Element hinzufügt. »Nur, dass man uns nicht zu Björn Björnson aufblicken lässt. In unserem Fall geht's nur um einen Ober, zu dem wir bittend hochschauen. Damit er uns endlich das avisierte Gebäck bringt.« Das Missverhältnis als Wirkungsfeld. Als Spielraum. Ihm etwas abgewinnen, statt ihm entgegenzusteuern. Wir sind uns einig. Haben wir nicht in diesem Moment leicht die Köpfe eingezogen? Ist uns nicht die Haltung von duckenden, sich buckelnden Kreaturen in die Glieder gefahren? Normale Klaviere, sagt Wiesengrund, hätten den kleinwüchsigen Musiker dazu gezwungen, die Arme unverhältnismäßig hoch nach oben strecken zu müssen. An Kakaotasse und Zuckerdose vorbei, hat er von beiden Seiten sein Revers gefasst und sich leicht nach vorn gebeugt. Ohne sich körperlich groß ins Zeug zu legen, ist ihm eine erstaunlich effektive Veränderung gelungen. Sie hinterlässt den Eindruck, als würde das Gewicht des Revers seinen Träger nach unten ziehen. Oder sogar ihn in die Knie zwingen.

Wie den Musiker Grieg, sehe ich mich vor einem viel zu großen Piano sitzen. Das Bild platzt mitten hinein in eine Umgebung, in der die Dinge anfangen, ihr eigenes Leben zu führen. So weiß ich nicht genau, ob ich mir nur einbilde, dass sich wirklich an unserem Tisch Ereignisse abspielen, die mich an E. T. A. Hoffmann erinnern. Oder ob das wirre Herumgefuchtel von Tassen und Tellern wirklich passiert ist. Ob wir das Geschirr wirklich auf unseren Knien balancierten, es in ein heftiges Schaukeln versetzten, um es im gleichen Moment vor dem Herunterfallen zu bewahren; im Gleichgewicht zu halten. Und ob wir uns kindlich, als Teilnehmer einer pantomimischen Show, noch kleiner gemacht haben, als wir es ohnehin schon waren, und tatsächlich zugelassen haben, dass die Reste des Eistees in weitem Bogen aus der Tasse herausschwappten, auf den Tisch, auf die Anzugjacke, überall hin, was zu weiteren Versuchen führte, die Situation auszubauen, den Rücken noch mehr zu krümmen, den Kopf noch tiefer in die Schultern zurückzuziehen, noch mehr das Kind, ein gekonntes Kind zu sein, das einen hellgrauen Anzug mit geknöpfter Weste trägt und aussieht, als habe es sich für immer von der Tafel der Erwachsenen verabschiedet. Nicht jung, nicht alt sind wir, und als Wiesengrunds Auge in dem Auf und Ab mich auf einmal streift, nicht das Auge, sondern ein ihm gedankenlos, unbesonnen innewohnendes Leben, hat dieser Moment sich wie ein umherirrender Komet aus dem unerschütterlichen Weiterlaufen der Zeit herausgelöst und dafür gesorgt, dass ich mich federleicht fühle, in einem Zustand, der etwas Lautloses hat. Die Wirklichkeit legt eine Atempause ein.

Der Ober hat die Rechnung auf den Tisch gelegt, abwartend tritt er einen Schritt zurück. Als wir, vorbei an weißen Tischen, Tassen und Tellern, auf die Straße treten, hat Wiesengrund noch immer sein Lachen im Gesicht. Wir bahnen uns einen Weg durch den Passantenstrom und sind wortlos übereingekommen, uns an der nächsten Kreuzung voneinander zu verabschieden. Die Straßen sind voll an diesem Nachmittag, und die Leute laufen sich gegenseitig vor die Füße.

Gerwisa Vogel macht sich Sorgen, österreichische Zeitungen schreiben über politische Unruhen an deutschen Universitäten. In den *Salzburger Nachrichten* habe sie ein Foto entdeckt, sagt sie mir am Telefon. Zu sehen gewesen sei ein mit roter Farbe beschriftetes Bettlaken und die über das Laken hinausragende Stirnpartie einer Frau, in der sie mich zu erkennen geglaubt habe. Mit der ihr eigenen Unbestechlichkeit erzählt sie, dass sie vom Aufdruck des Bettlakens allerdings begeistert gewesen sei, sie lautete »Anarchie ist machbar, Herr Nachbar«. Ein Satz, der, wie sie sagt, von Georg Kreisler oder Karl Farkas vom Wiener Kabarett »Simpl« stammen könnte. Sie nennt mich eine »moderne Transparentträgerin«. Im Übrigen habe sie eine Spedition beauftragt, mir den kleinen grünen Sessel zuzuschicken. Egal ob ich tatsächlich die Frau auf dem Foto sei oder nicht, »Du wirst dich freuen, ab und zu auf etwas Schönes zu schauen«. Der Sessel steht in meinem Zimmer in Salzburg und ist mit grüner Seide bezogen. Durchbrochen von vertikal verlaufenden Blütengirlanden, schimmert das Grün ins Grau hinüber. Für mich ist dieser Stuhl weder schön noch unschön, er ist da wie die Fensterriegel und die Gasse vorm Haus.

Noch bevor ich ihn aus der Transportkiste herausgenommen habe, weiß ich, dass er in der neuen Umgebung, neben Waschbecken und Zahnglas und in unmittelbarer Nähe zum Nachttisch, einen pompösen, unpas-

senden Eindruck machen wird. Er könnte von einem be-
handschuhten Höfling eigenhändig dort abgesetzt worden sein. Der Sessel ist schon jetzt ein Quälgeist, der es
nicht erlaubt, ihn links liegen zu lassen. Hinübergerettet sieht er aus. So, wie er da steht, hat er die Kriegsschäden in der Stadt übersehen, er kennt nur ihre Sonnensei-
ten. Es ist nichts geschehen, so lautet seine Botschaft.
Ich würde ihm gerne glauben und streiche mit der Hand
über den seidenen Stoff. Der Stoff hat glänzend über-
wintert, mir ist auf einmal ganz feierlich zumute. Ein
Hauch eigenen Lebens kommt mir aus dem Möbel entgegen. Als hätte es ein Bewusstsein von seiner zeitlosen
Mitwirkung an meinem Dasein. Aber als ich am Abend
von einem Seminar in das Zimmer zurückkomme, schre-
cke ich vor ihm zurück. Wichtigtuerisch, zudringlich
glänzend und grünseiden baut sich der kleine Sessel
vor mir auf. Viel zu makellos kommt er mir auf einmal
vor. Unmündig. Wie ein verlorenes Kind, das nichts von
schlimmen Dingen weiß.

Kurz nach der Lieferung des delikaten Möbelstücks
erscheint bei mir ein Besucher mitten am Tag, ein vom
heftigen Regen durchnässter Pädagogikstudent. Wendelin zieht mit ein paar Lehrlingen herum, für die er Schu-
lungsleiter und persönlicher Ratgeber ist; man sieht ihn
bei allen möglichen Veranstaltungen auftauchen, immer
mit riesiger *entourage*. Nach kurzer Begrüßung schreitet
er wortlos meine aus ein paar Brettern und Ziegelstei-
nen zusammengeschusterte Bibliothek ab. Ohne groß
seinen Trenchcoat abzulegen. Er pickt sich einen rosa-
farbenen Leinenband heraus, mitten aus einer Reihe anderer rosafarbener Bände. Einem Habicht gleich, der ziel-

genau am Erdboden eine Maus, ein Kaninchen erspäht. »Im Schatten junger Mädchenblüte. So was liest du?« Er wiederholt den Titel, gibt ihn zum Abschuss frei, indem er jedes der Wörter mit einem kurzen Lachlaut begleitet. Tatsächlich kommt mir in diesem Moment Prousts Buchtitel aufgedonnert vor. Luxuriös wie der grüne Sessel. Ausgerechnet Wendelin, dieser Volltrottel, hat mir das Gefühl eines leisen Zweifels beschert und den Geschmack des Verrats.

Ich werde nicht um sein Verständnis ringen, er hat den Anblick der platzgreifenden sechsbändigen Ausgabe verdammt noch mal hinzunehmen. Wenn ich wollte, könnte ich ihn friedlich stimmen. Könnte ihn darauf hinweisen, dass sich der Autor bemerkenswert kompetent mit dem Arbeitsgebiet meines Vaters, eines mit optischen Scheiben befassten Astronomen, auseinandergesetzt hat. Das Arbeits- und »Lohnempfänger«-Argument zieht immer. Dann hätte ich ihm auf irgendeine Weise schmackhaft machen müssen, dass das Beobachtungsfeld des ihm ohnehin dubios erscheinenden Autors ausgerechnet eine Pariser Theaterbühne ist. Dort steht eine Darstellerin an der Rampe, bei deren Anblick er sich, sie durch ein Opernglas beäugend, fragt, welche der beiden möglichen Einstellungen des Glases die wirkliche Erscheinung der Darstellerin wiedergibt. »Die eigentliche.« Diejenige, die das Objekt vergrößert, oder eher die andere, die es verkleinernde Variante. Die Darstellerin, gesehen aus berückender Nähe, reich bestückt mit einer Vielzahl von Details. Oder, das Glas in umgekehrter Richtung gehalten, eine in weite Ferne gerückte Erscheinung, eine Phantasiegestalt, verschmolzen mit

Hintergrund und Kulisse. Es geht im weitesten Sinn, so hätte ich zu Wendelin gesagt, um optische Vorgänge, um eine Linse, ein Okular, um Sehverhältnisse, um Raumüberbrückung. Stattdessen sage ich zu ihm: »Die Bände habe ich mir aus Österreich mitgebracht«. Eigentlich möchte ich mit dieser Bemerkung, vor allem mir selbst gegenüber, zum Ausdruck bringen, wie unabhängig ich mich von Wendelins Argwohn fühle. Die Bücher waren es mir wert, sie hierher, bis in diese Stadt, bis hinauf in die vierte Etage zu transportieren. Kurioserweise hört sich aber meine Äußerung wie die Anpreisung einer kulinarischen Besonderheit an. Die Imperialtorte etwa oder ein Burgenländer Zweigelt. Schlemmerfreuden, eine Marotte, auf die ein echter Österreicher auf keinen Fall verzichten möchte.

Ich bemerke jetzt einen eigenartig modrigen Geruch. Wendelins Trenchcoat. Sein Saum hat unentwegt getropft und auf dem Linoleum Pfützen hinterlassen. Wendelin hält noch immer das rosafarbene Buch in den Händen. »In dieser Stunde sah man die drei Männer im Smoking auf die Frau warten, die sich verspätete«, liest er laut daraus vor. Wieder in jenem durchdringenden Ton, der sich anhört, als würde eine Straftat verhandelt. Seine Schritte steuern auf die grüne Seide zu, dabei rinnt in dünnen Bahnen Regenwasser über die Oberfläche des Mantels.

Offenbar will er speziell von diesem Sitzmöbel aus weitere Erkundigungen über die unbekannte Welt der Schatten, der Mädchenblüten und der nach einer Frau Ausschau haltenden Smokingträger einziehen. Ich suche nach einer blitzschnellen Lösung für die sich ankündigende Katastrophe. Die Nässe des Mantels kann gar nicht anders, als in das Gewebe des Seidenstoffes einzudringen, als die Streifen, die Bänder und blumigen Girlanden auf eine niederschmetternde Art und Weise in Mitleidenschaft zu ziehen und die Vernichtung von Farbe und Form herbeizuführen. Sollte denn tatsächlich *alles* den Bach runtergehen? Musste sich der Widerstand gegen die Alte Welt, gegen unhaltbar gewordene Verhältnisse ausgerechnet gegen meinen Salzburger Sessel richten? Gegen dieses kleine Stückchen Kindheit in seinem unschuldigen Sich-Hervortun? Nachlässig blättert Wendelin noch immer in dem von ihm beanstandeten Buch herum auf der Suche nach weiteren Belegen für eine untauglich gewordene Welt. Und er ist schon wieder fündig geworden. »Ein junger Mann mit regelmäßigen Zügen trat, zwei Tennisschläger in der Hand, zu uns heran.«

Wendelins Lachen ist laut, lärmend, langanhaltend. Ich hätte mich längst nach dem Grund seines überraschenden Besuchs erkundigen sollen, bin aber mit der Überlegung beschäftigt, wie ich dem Sessel zuhilfe kommen kann. Durch eine Art von Schutzschild? Kopfkissen? Die Tagesdecke des Bettes? Jetzt, genau in diesem Augenblick hätte ich sie mir greifen oder den tropfenden Wendelin zur Seite schieben, den offenen Mantel ihm von den Schultern ziehen und den ganzen Mann aus dem Zimmer ins Treppenhaus schieben müssen. Eine, zwei Sekunden bleiben mir noch. Da hat er es sich schon bequem gemacht mit Buch und Mantel mitten im Seidengrün. In Gedanken vergegenwärtige ich mir die Stadien eines traurigen Verfalls. Farben, die sich in diesem Moment tropfenweise in etwas Gesprenkeltes und Trostloses verwandeln. Wie ein Phantom sitzt er dort, der Wendelin. Ein Wesen nicht von Fleisch und Blut, sondern aus einem verregneten Trenchcoat gemacht. Was will er hier bloß? Wie ist er an meine Adresse geraten? Wahrscheinlich haben seine Lehrlinge heute keine Zeit. Der Nachmittag ist lang. Es bietet sich der Besuch von ein paar Wohnungen an.

Wendelin ist aufgestanden, er hat das Buch auf dem Rand des Waschbeckens abgelegt. Kein Wort habe ich gefunden, um meine Schätze vor ihm in Sicherheit zu bringen. Ich werde für immer eine »Zuagraste« bleiben, denke ich. Nicht dazu ausersehen, eine wirklich richtungweisende Aufgabe für die revolutionäre Bewegung zu übernehmen. Ich werde dieser Stadt nicht gewachsen sein. Nicht ihren Phantasien über eine noch nie dagewesene Zeit. Die Stadt hat ein Vergrößerungsglas verschluckt. Sie hat sich optisch eingestellt auf hünenhafte Formate. Auf mächtige Brennweiten. Auf Epoche machende Eskalationen. Frankfurt stellt Forderungen. Seine Träume und Postulate hat mir Wendelin nachgetragen bis in mein Zimmer in den vierten Stock. Er scheint zu wissen, dass man diesem Ort Rechnung zu tragen hat. Zu wissen, was man ihm schuldig ist. Hätte ich Wendelin, als er sich dem Sessel näherte, zurufen sollen, »Moch kan Bledsinn!« Hätte ich ihn, den Mitarbeiter an der Front des gesellschaftlichen Umbruchs, mit den Problemen eines grünseidenen Sitzmöbels belämmern sollen? Hätte ihm mit Erklärungen kommen dürfen? Etwa mit dem Hinweis, »Nichts tödlicher für diesen Stuhl als ein nasser Trenchcoat! Als der gemacht wurde, waren Mozart und sein Vater auf der Reise zu den Opernhäusern Italiens«.

Im Flur beim Weggehen fasst Wendelin den Eindruck seines Besuches in die Worte zusammen »*Ein* Tennisschläger reicht ja wohl nicht, es müssen *zwei* sein!« In meinem Zimmer beuge ich mich über das bläulich verfärbte Sitzkissen des Sessels. Die straffe Zeichnung der Bänder, die ausgezirkelte Lineatur im Ganzen ist in eine Fleckenlandschaft übergegangen. In eine Gegend mit mehreren kleinen Seen. Hatte ich etwa geglaubt, ausgerechnet ein Sesselbezug könnte unzerstörbar sein, für immer und ewig weiterexistieren? Wo schon die Sterne nicht über die Runden kamen! Wie instinktsicher Wendelin das ungewöhnlich aussehende Objekt ausfindig gemacht und dessen dünnhäutiges Wesen offengelegt hat. Er ist ihm mithilfe eines Regenmantels zu Leibe gerückt. Ein kleiner, durchnässter Vampir hat seine nachmittägliche Runde gedreht. Ich nehme das abgelegte Buch vom Rand des Waschbeckens und stelle es zurück in die Reihe zu den anderen Bänden.

W. packte die abenteuerliche Geschichte von Onassis aus, die ihm ein Freund in Jugendtagen erzählt hatte. Als Telefonist in Buenos Aires habe O. die Bemerkung eines Teilnehmers aufgeschnappt, der zufolge das öffentliche Rauchen von Frauen über kurz oder lang der letzte Schrei sein würde. Daraufhin setzte er seine damalige Geliebte Claudia Muzio, die stadtbekannte Primadonna des »Teatro Colón«, in ein vielbesuchtes Kaffeehaus. Ausgerüstet mit eleganter Zigarettenspitze; rauchend. Sie wurde andächtig bestaunt, dann nachgeahmt. Währenddessen hatte O. mithilfe betuchter Freunde ganze Schiffsladungen mit Tabak in die argentinische Stadt geordert und sehr bald seine erste Million gemacht. Unter Abertausenden von Stimmen habe O. sich eine einzige herausgesiebt, sagte W. Bevor er überhaupt die Tragweite des Gesprochenen erfasst habe, sei sein Ohr bereits auf die magische Spur in den Worten gestoßen. Damals habe er, W., zu seinem Freund lachend gesagt, O. habe ihnen das Betriebsgeheimnis, die Wirkungsweise einer Konstellation geliefert.

Erzähle von Alasco, der für das Zusammentreffen der Sterne das gleiche Wort verwendet. W.: Der »Konstellateur« verfüge über die Sehkraft eines einfallsreichen Chemikers. »Denken Sie an das ungesättigte Molekül, seine Atome suchen nach Bündnissen.« Wundere mich schon lange nicht mehr über meine eisern wieder-

kehrende Einbildung, W.s Ideenhochdruck folge einem in seinem Kopf deponierten Drehbuch. Abgelenkt von diesem Gedanken, höre ich gerade noch das Wort »Bindungsfähigkeit«. Klingt tatsächlich »chemisch«. Schält sich heraus wie ein Appell, der mich zurückbringt an den niedrigen Couchtisch, auf dem griffbereit W.s Brille liegt.

Dabei hatte ich mir vorgenommen, ihm von der Begegnung mit dem Musikwissenschaftler Hoffmann-Erbrecht zu berichten und von dessen Bemerkung: »Der Wiesengrund sitzt zwischen allen Stühlen. Sie werden später bereuen, sich auf ihn eingelassen zu haben.« Hätte die Gelegenheit gern genutzt, mich mit W. darüber zu amüsieren, der aber erkennbar mit anderem beschäftigt war. Merkte, dass ich dieses Mal nur als Zuhörerin hier saß. Es ging ihm um den Verflechtungsgrad der Dinge, um ihr mitlaufendes Improvisorium.

»Gott sei Dank muss man kein Onassis sein, verabschieden wir uns von ihm, um den Nährboden für Ereignisse wie diese mitzubringen.« Dann tischte er mir eine wilde Revue von Namen und Schauplätzen auf. Regelrechte Eldorados der Angelpunkte und des Unverhofften im Zentrum seiner Biographie. Das Ganze ausgehend von einem Frankfurter Weinhändler mit Namen Kullmann, dem Konkurrenten seines Vaters. Mit dessen Tochter Rosy teilte W. den Kompositionslehrer, ein Umstand, der dazu führte, ein unübersichtliches, eng gewirktes Gespinst von Namen vor mir auszubreiten. Und, rund um sie beide, ein ziemlich verzweigtes Zusammenspiel der Bezüge und Wechselsei-

tigkeiten. Übergreifend auf Rosys Sohn, ebenfalls mit W. befreundet; einem Opernregisseur. Von Anfang an eine Abfolge unabsehbarer Berührungspunkte bis hin zu dem Moment, als man sich in New York, dem Ort ihrer beider Emigration, überraschend wiedersah.

Entdeckte eine Welt, deren Einzelteile, historisch auseinandergerissen und zu Grunde gegangen, das Fluidum der Saga entfalten. Als habe sich das Leben für sie besondere Figuren der Verknüpfung und Neuverknüpfung ausgedacht. Geschichten, die den Sprengkörper einkreisen, der eine in Stücke auseinandergebrochene Kultur hinter sich zurückgelassen hat. Geschichten, die zum Hallraum der Explosion vordringen. Zum Leben der Menschen, die in neuer Umgebung weitermachen.

W., der Geschichtenerzähler. Wie am Schnürchen das Hin und Her der Aktivitäten, der Vorkommnisse. Aber als würde im Innern der Geschehnisse eine Zugkraft wirken. Als würden sich unter der Hand Verstecke bilden, aus ihnen sich Schauplätze formen. W.s Stimme energisch, fast ungestüm. Als wollte sie die in den Verstecken abgelegten Nachrichten unbedingt ans Licht bringen: die Bruchstücke, die Partikel auf der Suche nach Anschlüssen. Rosys Sohn war später in Buenos Aires am »Teatro Colón« engagiert, sagte er. Nochmal Buenos Aires, nochmal das »Teatro Colón«. Waren nicht die beiden Wörter eben schon mal aufgetaucht? In der Geschichte über Onassis, den Telefonisten? Wie aus dem Nichts kommend, waren sie auf einmal wieder im Spiel. Rosys Sohn habe in Buenos Aires die Traviata und Manon Lescaut inszeniert. »Beide Male«, sagte W.

mit der ihm eigenen Entschlossenheit, »mit Claudia Muzio in der Titelrolle.«

Dabei hatte seine Stimme den Ausdruck des Staunens. Als wäre er von seiner eigenen Geschichte überrascht worden. Von ihrer kompositorischen Logik, die von Argentinien nach Argentinien führte. Einfach eine Erfindung. Und keiner hatte sie gemacht.

Denkspiel

Urplötzlich kann ein Lachen sein Gesicht anfallen. Eher ein vertieftes Lächeln, schnell, blitzartig. Es sitzt in den Wangen fest und um die Augen herum: bleibt sichtbar, weit über den Moment hinaus, für den es bestimmt war. »Den *muss* ich Ihnen vorstellen, Sie *müssen* ihn kennenlernen!«, sagt Wiesengrund. Auf keinen Fall wolle er seiner Frau eine weitere Begegnung zumuten. Die letzte Zusammenkunft mit Monsieur Trachmann habe bei ihr zu Schlaflosigkeit und Kopfschmerzen geführt. Er sei der Herausgeber eines in Paris erscheinenden geisteswissenschaftlichen Magazins und in der intellektuellen Szene seiner Stadt ebenso hochgeschätzt wie berüchtigt. Ein Nervenbündel, das dazu neige, sich »explosionsartig« eines »innerlichen Überdrucks zu entledigen«, sagt Wiesengrund und hat ein Pokergesicht. Puck und Poker, das passt.

Ich könnte nachfragen, bin gleichzeitig aber mit allen möglichen Überlegungen beschäftigt, die sich auf die Einladung selbst beziehen. Sie klingt anstrengend, nach einem unangenehmen Pflichttermin und nach ausgefallenen Umständen. »Ich möchte mich von dem französischen Drachentier ungern alleine entnervt fühlen. Lieber wär mir's in Ihrer Begleitung.« Ich versichere, dass wir den Drachen gemeinsam unter Beobachtung stellen werden. In einem Ton, der sich schlawinerhaft eilig über das nach Geisterreich und Desaster klingende Angebot hinwegschwindelt. Der Grund für das abendliche

Treffen: eine aberwitzige Idee Trachmanns zum Teufel zu schicken. Er bemühe sich als Herausgeber um die Veröffentlichung einer Artikelserie mit dem Titel *Meistergeister*. Dabei sollten mit eigenen Beiträgen diverse »tonangebende« deutsche Intellektuelle zu Wort kommen. Nun aber Trachmanns grotesker Einfall, dem zufolge sich jedem der Beiträge ein kritischer Kommentar Wiesengrunds anschließen soll. »Franz Liszt hätte zugesagt. Wer aber möchte schon in einer Arena im Rampenlicht stehen, in der ich das Amt des Preisrichters ausübe!« Eine Totgeburt. Dies müsse Herrn Trachmann, unmissverständlich, ohne ihn zu brüskieren, vor Augen geführt werden.

Die Verabredung findet in einem Hotel in Kronberg statt. Man hat für uns in einem Raum gedeckt, der den Charme eines Gespensterschlosszimmers hat. Wo man hinschaut Kerzenleuchter, Büsten und Truhen. Von meinem Platz aus blicke ich auf einen gelockten Aristokraten, der in einem reichverzierten Rahmen zu sehen ist. Mit der rechten Hand hält er sich an der Rückenlehne eines mit üppigem Schnitzwerk versehenen Stuhles fest. Noch kann ich keine Ähnlichkeit zwischen Monsieur Trachmann und einem Drachen feststellen. Ich sehe einen gutsitzenden Anzug, eine perfekt gescheitelte Frisur, einen Mann, der südliches Flair mitbringt und ein römischer Filmschauspieler sein könnte. Trachmann ist in Begleitung seiner Frau erschienen; einer lebhaften, in braune Seide eingefassten Person. Ihr Temperament nötigt sie bei unserer Begrüßung zu einer Serie beschleunigter Bewegungsabläufe. Die an ihrem Körper eng anliegende Seide trägt ein unausgesetztes Rascheln in den

Raum. Ein Geräusch, das sich in jedem Augenblick ereignen kann, ein immer kurz vor dem Ausbruch stehendes Störfeuer. Trachmann lässt die Kellner antanzen, sie bringen Wein und stellen gefüllte Brotkörbe auf den Tisch. Sobald sich sein Gesicht dem ganz in seiner Nähe abgesetzten Kerzenleuchter nähert, kann man sehen, dass es mitgenommen, abgekämpft aussieht. Wiesengrund, mir gegenübersitzend, hat sich offenbar fürs Erste auf das Beobachten der Szene eingestellt. Ich vermute, dass er die Rolle eines alle Klippen des Abends umschiffenden Fährmannes übernehmen wird.

Trachmann wendet sich an mich, den Neuling am Tisch, er ist höflich, aber offensichtlich auch begierig, mich in seine Wahrnehmungswüste einzuweihen. Er spricht von einem »Überangebot« beunruhigender und medizinisch nicht erklärbarer Vorkommnisse in seinem Kopf. »Denken Sie an eine unter Dampf stehende Lokomotive«, sagt er zu mir und steckt sich eine Zigarette an, deren Rauch er mit einem tiefen Zug einatmet. Eine Lokomotive, »die keinen Bahnhof kennt«. Es macht ihm nichts aus, mit einem unbekannten jungen Ding und mit dem Autor einer geplanten Abhandlung aufgeschlossen, geradezu vertraulich die Druckverhältnisse in seinem Hirn zu erörtern. Dann legt er los und berichtet von einem Getrabe und Gemache ganzer Völkerschaften in seinem Kopf. Wiesengrunds lautes Lachen kommt unerwartet. »Ich gebe Ihnen den guten Rat, anstelle Ihrer *Meistergeister* ein ganzes Heft mit den Abenteuern Ihres eigenen Kopfes zu füllen.« Es würde fraglos alle in einer geisteswissenschaftlichen Publikation bisher erschienenen Beiträge in den Schatten stellen. Ich bin froh über das Gelächter, froh, den Klauen Trachmanns für einen Moment entkommen zu sein. »Retter« Wiesengrund. Seine Bemerkung verleiht dem zu erwartenden Monolog Trachmanns schon jetzt einen Zug ins Burleske, lenkt den Blick auf das Spektakel im Zentrum der Tortur.

»Wieder die Leute mit Doktorhutgebammel!«, lässt Trachmann uns wissen. Alte Bekannte offenbar, die schon mehrmals in der temporeichen Folge der ihn heimsuchenden Erscheinungen aufgetreten sind. »Und jetzt ein Schwarm badender Kinder, die sich in Küstennähe im Wasser vergnügen. Meine Mutter, die schwarze Nahtstrümpfe trägt. John F. Kennedy, zurückgelehnt in seinem Auto in Texas. In diesem Moment das Kopfkissen einer Frau. Sie legt ein Porzellantier auf dem Kissen ab. Es ist ein weißer Hund mit braungesprenkelten Ohren.« Und dann zu mir gewendet, »Wie Sie sehen, freigesetzter, sich verselbständigender Gedächtnisstoff«. »Lieber Trachmann«, Wiesengrunds Stimme hat etwas Lautloses, beinahe Mildes an sich, »wir wissen beide, dass es genau um das Gegenteil geht. Um eingefangenes, zur Beute gemachtes Leben.« Ich taste den Raum mit den Augen ab, schaue auf den weißgekleideten Gemäldemann mir gegenüber und auf den in seinem Sessel zwanglos sich zurücklehnenden Wiesengrund. Zwei unabhängige Geister.

Wiesengrund sieht in diesem Moment haargenau wie ein Seelendoktor aus. Die Brille und der korrekte Anzug wirken mit an dem Bild. Auch das gedämpfte Licht. Der würdevolle Raum. Ob nur ich als Österreicherin die Witterung von Psychoanalyse und Behandlungszimmer aufgenommen habe? Kommt es nur mir so vor, als ob Trachmann sich in Wiesengrunds Anwesenheit wie ein mustergültiger Freud-Patient aufführt? Kurz denke ich daran, meinen Platz mit ihm zu tauschen. Dann nämlich könnte er sich als klassisches Patientengegenüber fühlen. So aber kann er den übereck sitzenden Wiesengrund nur von der Seite her anschauen. Im gleichen Augenblick der Gedanke: Als ob ich es nicht selber nötig hätte! Nicht selber ins Blickfeld des Seelendoktors gehöre! Nicht gerade, dass ich der Tischgesellschaft lauthals kundtun möchte, »*Hier* sitzt der Patient!« Am liebsten allerdings in den Raum hineinrufen: »Bestimmt ist kaum jemand so regelmäßig wie ich in Ihrem Hörsaal zu sehen. Und trotzdem, ich komme nicht aus dem Stadium des Zuhörens, ja des puren Lauschens heraus. Ich sitze fest in dem rumorenden *drive* Ihrer Sprache. Im Klang der Sehnsucht, der die Gedanken ausbrechen sehen will. Sehen will, wie sie zu Verrätern von Wahrheit und Wesen werden. Wie sie überlaufen ins Leben, in ungesicherte Verbindungen. Ungesättigte Valenzen. In den Tonfall der offenen Fermate. Ich horche auf den Tumult der Demontagen. Auf das Ausschwärmen der freigesetzten Motive und darauf, wie sie von Ihnen nach dem Fall von Europa neuartig *instrumentiert* und thematisch *durchgeführt* werden. Ich versuche, der polyphonen Power Ihres Denkens zu folgen. Sie haben es durch Ligaturen, sprich Haltebögen, auf eine unverwechselbare, nie gehörte Weise *in eine Form gebracht*. Dann frage ich mich doch, sind Sie ein Musiker, der seine Kunst in Hörsaal VI zur Aufführung bringt? Der Eigentümer eines uns unbekannten Tonreiches? Es ist ein ewiges Hin und Her.

Man wird nicht schlau aus Ihnen. Grotesk, wie ich, ungeachtet dessen, unerschütterlich davon ausgehe, mit Ihrer Hilfe herauszufinden, ob Alascos sterbliche Sterne zugleich auch die ewigen, die unaufhörlichen Sterne sind.«

So sieht sie aus, meine ganz private Utopie. Sie sitzt mir gegenüber, und ihre Brillengläser zeigen ab und zu ein paar gleißende Reflexe, die der mehrarmige Kerzenleuchter heraufbeschwört. In diesem Augenblick macht Trachmann mit den Worten »Es öffnen sich immer neue Seitenarme« nachdrücklich auf sich aufmerksam. Weil aber in diesem Moment ein Ober an den Tisch tritt, bleibt der Satz in der Luft hängen. Motto des Abends? Menetekel? Man nimmt unsere Bestellungen entgegen. Ein ungünstiger Moment für Speisekarten, Menüabsprachen. »Je weiter man sich vorwagt«, setzt Trachmann zügig seine Ausführungen fort, »desto deutlicher kann man alles sehen. Das ist der Grund, warum ich von diesem Irrsinn nicht loskomme. Man möchte das ungenaue Bild durch ein deutlicheres ersetzen. Wenn möglich durch ein fest umrissenes Bild.« Ich glaube, genau zu wissen, was in Herrn Trachmann vorgeht. Ich kenne den Zweifel an dem, was ich sehe. Seit Alasco mir die optischen Scheiben gezeigt hat. Man kann gar nicht anders, als sich zu täuschen. Offenbar vertraut mit den Symptomen ihres gestressten Mannes, ist Frau Trachmann aufgestanden. Sie schlendert durch den Raum. Ihr gefülltes Glas in der Hand, bleibt sie vor einer alten Uhr, vor einer Kommode stehen. Wie zu erwarten, ist ihr kurzer Gang von laut raschelnden, zischelnden Lauten begleitet. Wiesengrund sieht zu mir hinüber. Habe ich Ihnen zu viel versprochen?

Ob wir tatsächlich gemeinsam in einem Boot sitzen? Wir blicken in die gleiche Richtung, aber sehen wir auch die gleiche Szene? Wieder das Gefühl, in Wiesengrunds Nähe in einem Fremdkörper zu stecken.

Trachmann lässt Wein nachschenken, wir anderen warten ab. Wiesengrund verharrt in der Seelendoktorhaltung, Madame Trachmann hat den Part der schweigsamen Zuhörerin übernommen. Wie es scheint, geben Trachmanns Krawallmacher vorübergehend Ruhe. Er macht den Eindruck eines Beobachters, der auf den Beginn eines Bravourstücks wartet. Genau der richtige Moment, ihm reinen Wein einzuschenken, denke ich, und auf den eigentlichen Anlass unseres Zusammentreffens zu kommen. Ihm vor Augen zu führen, wie unsinnig seine *Meistergeister*-Idee ist. Dass sich niemand von ihr hinterm Ofen hervorlocken lassen wird. Etwas muss doch geschehen. Etwas in diesem Raum mit seinen Kerzen, Truhen und Gemäldearistokraten. Etwas Antihalluzinogenes.

Mich packt der Wunsch, das ganze alte Zeug beiseitezuschieben. Am liebsten gleich den ganzen Raum. Auch die Trachmanns. Auch die beiden beschäftigungslosen Ober. Man kann sie auch für eigens angeheuerte Aufpasser halten. Mit ihren weißen Schürzen auch für Angestellte einer Heilanstalt. Wie auf den Fotos der Wiener Irrenanstalt »Am Steinhof«. Wie es scheint, hat sich die wilde Belegschaft, die Monsieur Trachmann in seinem Kopf beherbergt, zu einer längerfristigen Pause entschieden. Aber nein, »Es kommt ein Mann ins Bild«, ruft er. Es klingt wie ein Weckruf. »Es ist ein Mathematiklehrer aus Schweden. Er hat sich eine riesige Buddhafigur aus weißem Porzellan gekauft. Gerade jetzt wickelt er sie aus dem Papier aus. Großer Gott!« Durch eine ungeschickte Bewegung sei die Figur den Händen des Mannes entglitten und ihm auf die Füße gefallen. Wir sind schockiert. Mehr oder weniger spielt sich ja der Unfall direkt vor unseren Augen ab. Trachmann schreit auf. »Er ist ohnmächtig geworden. Die Füße bluten. Überall liegen Scherben auf dem Boden herum.« Wir sitzen mit angehaltenem Atem da, schon wieder ein Ober, nein, es sind gleich zwei, die aus großen silbernen Henkeltassen eine dünnflüssige Brühe sachte in den tiefen Tellern platzieren. Kerzenlicht zuckt und züngelt über dem dünnen Sud.

Am ehesten gefällt mir noch der Edelmann von gegenüber. Milde schauen seine Augen aus dem Bild heraus. Ich sehe, wie hilfesuchend er seinen Arm auf der Rückenlehne des Sessels abgelegt hat. Bild eines »Vorfahren«, der von nichts eine Ahnung hat, angekleidet wie eine Puppe, ein letzter Spross. Mit dem Rücken ihm zugewandt Wiesengrund. Zeuge des Weltgeschehens, zwanzigstes Jahrhundert. Für einen kurzen Augenblick bin ich außerhalb des Raumes, außerhalb des Hotels, nicht da, wo ich mich gerade befinde, ich bin in einer Galerie. Ich starre ein Bild an, auf dem ein Familienerbe in seinem prächtigen Wuchs zu sehen ist; unbewegt, eine Skulptur. Alles Leben, aller Atem sind dem überdeutlich im Vordergrund am Tisch sitzenden Wiesengrund zugeflossen. Mir fällt zuerst der Stoff des dunkelgrauen Anzugs auf. Wie gewoben aus Organischem sieht er aus. Plastisch, ins Vegetative gewendet der Anblick von Kopf und Gesichtshaut, von Krawatte und Ärmel und Schulterpartie. Geist, den man mit seinem Namen verbindet: als Eigenschaft von Leben und Körper. Von Farbe, Linie und Licht. Auch in den Stichen des Knopflochs am Revers des Jacketts sind sie zu sehen. Sogar im Funkeln der goldenen Kette, die von dort aus in eine Seitentasche führt, in deren Innerem man eine Uhr vermuten kann.

Immer wieder muss ich zu den beiden hinüberschauen. Auf einmal sehe ich es, erkenne das explosive Element der Ungleichzeitigkeit, das sich in der Mitte des Bildes zeigt. Der noch vom großen Ganzen, von Obhut und Bewahrung träumende Abkömmling in Weiß. Und der andere. Ein Operateur, der in die Tiefenschichten von Leben und Gesellschaft hineinschneidet. Zwei Portraitierte, ein Bild. Sich Fernstehende, aber in einem verschwiegenen Dialog miteinander verbunden.

»Ich fasse es nicht!« Trachmann legt seinen Suppenlöffel zur Seite und lässt uns wissen, dass ausgerechnet jetzt eine Folge roher Geschlechtsakte zu sehen sei. »Eilige Überblendungen«, wie er sagt, von Brüsten und Schamteilen, eine Flut von Gesichtern. Schon weggewischt von einer Frauenhand. Einer Hand mit roten, frischlackierten Nägeln, die, wie wir erfahren, in einem elektrischen Gerät verschwindet. »Ein Nageltrockner«, sagt seine Frau. Ihre Stimme klingt sachlich, als handele es sich um einen Gegenstand, wie er bei einem Kreuzworträtsel oder Fernsehquiz vorkommt. »Gerade erschießt sich der Dichter Ferdinand Raimund aus Angst vor der herrschenden Tollwut in Wien. Himmel und Hölle äugen aus mir heraus.« Einerseits Wirrwarr, denke ich, andererseits Weltgeschichte. Wieder kehrt für einen Moment Ruhe ein. »Mein Kopf kennt keine Besuchszeiten! Keine Gnade!« Mit den Worten »die Leute kommen, wie es ihnen passt. Tiere sind auch dabei« wendet Trachmann sich nachdrücklich an seinen exklusiven Gast, Professor Wiesengrund. »Ich hasse es«, sagt er dann zu mir, »ja, ich verabscheue es, aus heiterem Himmel in einem Wald zu stehen und in Bambis erschrockene Augen zu schauen.« Er wird bemerkt haben, dass ich aus dem Bambialter herausgewachsen bin. Nimmt, so scheint es, aber dennoch an, dass mein Mitgefühl für Bambis Erscheinen in seinem überfüllten Kopf größer ist als das der anderen.

Wiesengrund sieht erschöpft aus, er kennt ja den Zirkus. »Gar nicht davon zu reden, dass Mahatma Gandhi Dauergast bei mir ist.« Trachmann unterbricht die Beschreibung seiner ungebetenen Besucher, trinkt hastig einen Schluck Wein. Er hält noch das Glas in der Hand, als er schon weiterspricht und über einen Mann mit Schirm berichtet, der einen Bahndamm überquert. »Zwei Arbeiter teeren eine Straße«, ruft er, nein, er schreit die Worte heraus und wedelt aufgeregt mit dem Glas herum. »Ein Auto nähert sich mit überhöhter Geschwindigkeit. Jetzt wird es wieder eng. Für nichts gibt es richtig Platz. Die Gebäude sehen wie eingerollt aus. Menschen und Tiere treten kurzbeinig auf. Ganze Volksstämme sind nur noch in übereinanderkopierter Form zu sehen. Man wird mir noch die Bude einrennen. Herr Pichler, mein Turnlehrer, hat nicht genügend Platz für seinen Salto. Aristoteles macht sich auch schon klein, er brabbelt aber weiter und weiter, er wird niemals aufhören damit. Gerade hat ein Kalligraph seine Zeichnung beendet. Es ist ein Buchstabenbild, unentzifferbar klein.«

Anfangs habe ich noch daran gedacht, das Gemälde des jungen Aristokraten in seinen Einzelheiten genauer zu studieren. Die riesigen Manschetten zum Beispiel, die fast den ganzen Unterarm bedecken. Aber ich komme nicht dazu. Auch Trachmanns Äußerung, er müsse sich beeilen, um schneller zu sein als die Vorgänge in seinem Kopf, würde eigentlich meine volle Aufmerksamkeit verdienen. Aber ich habe genug gehört, ich mache dicht, ich gehe auf die Toilette, werde wiederkommen, und alles wird noch genauso sein, wie es schon den ganzen Abend lang gewesen ist. Frau Trachmann hat den Part der apathischen Gemahlin. Ihr Mann unterhält uns ausdauernd mit den Kuriosa seines Seelenlebens. Ich bin die staunende Studentin aus Österreich. Nur einer zählt nicht zu den festen Größen in diesem Raum. Wiesengrunds Lautlosigkeit hat etwas Undurchsichtiges angenommen. In dem überdekorierten, vollgestopften Raum, in dem sich der Gastgeber im Auftischen unentwegt neuer Eindrücke verausgabt, die Kellner geschäftig um den Tisch herumlaufen und eine Frau uns weiterhin auch noch an der kleinsten ihrer Körperbewegungen akustisch teilnehmen lässt, wirkt dieses fortgesetzte Schweigen inmitten der sich ringsum verpulvernden Kräfte wie eine seltene und unwirkliche Form des Magnetismus. Es gibt nichts zu sagen. Nur den Dingen ihren Lauf zu lassen, lautlos ihnen zuzusehen.

Man trägt auf großen Platten den Hauptgang herein. Die Kalbsfilets liegen unter Silberhauben, eingeschlossen wie in eine Festung. Die Kellner lüften die Hauben und heben mit großen Löffeln das Fleisch auf die Teller. Wiesengrund greift nach der Schüssel mit dem Gemüse, eine unschuldsvolle Geste wie aus einer anderen, uns bekannten Welt. Von dort scheint er die zwanglose Bemerkung mitzubringen, »tröstlich, dass wenigstens die Karotten noch wissen, wo sie hingehören«. Sie bringt Monsieur Trachmann zum Lachen. Er sieht zufrieden aus, als habe er in diesem Moment die abwegige Entscheidung getroffen, die bisher ergebnislos verlaufenen Gespräche über die Serie der *Meistergeister* vertrauensvoll ganz in Wiesengrunds Hände zu legen, inklusive der Herausgeberschaft und eines einleitenden Essays. Oder, die andere Möglichkeit, er hat heimlich Abschied von seiner Idee genommen und erkennt, wie richtig diese Entscheidung ist. »Wenn Sie wüssten, wie satt ich es habe, dabei zusehen zu müssen, wie sich Mozart immer und immer wieder seine Perücke aufsetzt«, sagt er und schaut zu Wiesengrund hinüber, der ihm zuhilfe kommt. »Mozart hat mit vergleichbaren Erscheinungen zu tun gehabt wie Sie. Mit Aufhäufungen. Agglomerationen. Man weiß, dass ihm viersätzige Symphonien blitzschnell zu Bewusstsein kamen. Vollständig durchkomponiert von der ersten bis zur letzten Note. Ich glaube, es handelte sich um die *Prager,* als er mit dieser Beobachtung zu seinem Vater ging. ›Jetzt muss sie nur noch aufgeschrieben werden‹, sagte Mozart zu ihm.«

Ich sehe eine Seite mit hundertfach übereinandergestapelten Notenköpfen und Lineaturen vor mir. Und wie sie sich zu einem Zellgedächtnisklumpen zusammengeballt haben. Abrufbar abgelegt im Innern eines Kopfes. Die feierliche Ikone eines Geniestreichs. Das Schockbild einer dröhnenden Simultaneität. »Das hat er seinem tyrannischen Vater erzählt, um ihn zu piesacken«, sagt Frau Trachmann. »Der Leopold wird sich mit der Frage herumgeschlagen haben, ob ihn sein Sohn betrügt. Ob er tatsächlich sämtliche in seinem Kopf fertig vorliegenden Symphonien aufs Papier übertragen hat.« Die Trachmanns kommen aus dem Lachen gar nicht mehr heraus. »Es wird ihn Nächte gekostet haben, an die Musikstücke zu denken, die ihm entgangen sein könnten.«

Es macht Spaß, über Leopold Mozart zu lachen. »Die Geschichte hat mir ein Quantenphysiker in Los Angeles erzählt.« Wiesengrunds Stimme hat immer die besseren Karten, selbst einem vielstimmigen Gelächter kann sie Paroli bieten. Die Stimme spricht nicht, sie schlägt einen Ton an. Die Wörter werden auf Händen getragen, mit einer Melodie versehen und hören sich wie gesungen an. Als habe einer die Sprache neu für sich erfunden. »Nach dessen luziden Überlegungen ist die Musik zeitlich eher dagewesen als Mozart. Er hat sie halt herausangeln, aus einem anderen Zeitrahmen abziehen müssen. Wie wenn er einen unbekannten Code entschlüsselt. Mein physikalischer Freund würde sagen, was einen *Mozart macht,* ist der Geist, der das Unausdenkbare wagt.«

Mucksmäuschenstill ist es jetzt, da hat jemand einen bisher übersehenen, in einem unauffälligen Winkel des Kopfes angebrachten Lichtschalter angeknipst. Vorübergehend geraten ein paar Funktionen ins Stocken, setzen aus. Stützpfeiler bröckeln. Das Tragwerk der einleuchtenden Begründungen zum Beispiel. Jeder von uns nähert sich vielleicht in diesem Augenblick dem Gedanken, dass unser Erdballzuhause einer noch ungeöffneten Box ähnelt.

»Die Mutter hatte ihren Pelzmantel aus dem Schrank genommen, weil sie abends in die Oper gehen wollte.« Unvermittelt Wiesengrunds Worte, die schon jetzt so klingen, als würden sie auf eine folgenschwere Erfahrung zielen. »Dann, im letzten Moment, hatte sie sich aber für einen anderen Mantel entschieden«, höre ich ihn sagen. »Den anfangs favorisierten hatte sie in der Garderobe hängen lassen.« Die Geschichte schien auf ein Drama zuzusteuern. Eine Fallgeschichte? Oder deren Kopie? Es war Wiesengrund zuzutrauen. Eine Erfindung, wie sie im Buche steht. »Ich fand, dass der in der Garderobe hängengebliebene Mantel heruntergekommen aussah. Unansehnlich.« Von diesem Moment an dachte ich nicht weiter nach über Wirklichkeit oder Geflunker. Wiesengrunds Blick streift über uns, über die Gegenstände im Raum hinweg. »Ich stimmte der Einschätzung der Mutter vollkommen zu, die sich für den anderen Mantel entschieden und diesen hier zuhause zurückgelassen hatte.«

Frau Trachmann stößt kleine Schreie eines lustvoll vorausgeahnten Entsetzens aus. Es sei im Zusammenhang mit dem Mantel, setzt Wiesengrund fort, immer wieder von Tieren die Rede gewesen, die den Namen Bisamratten tragen. Dem Wort nach musste es sich um hässliche, um abstoßende Tiere handeln. Tiere mit hässlichen und abstoßenden Eigenschaften. »Ich habe dann den ganzen Abend damit zugebracht, die Sache in Ordnung zu bringen. Wollte die Mutter nicht länger in der Nähe eines unansehnlichen, abscheulichen Nagetiers wissen.« Zentimeterweise habe er sorgfältig die struppig abwärtslaufenden Bahnen des Felles mit einer Nagelschere egalisiert. Unebenheiten abgetragen und den Mantel, wie er es ausdrückt, von seinen »rattenhaften Eigenschaften« befreit. Nach und nach habe er, kurz gesagt, ein repräsentables Ausgehstück aus dem Mantel gemacht.

Ohne sich eine Pause zu gönnen, sei der Junge fast mit seiner Beschäftigung fertig gewesen, als die Mutter aus der Oper zurückkam. Sie habe ihn kniend im Flur angetroffen, inmitten der abgeschnittenen, flusenartig ihn umgebenden Pelzpartikel. Auf das, was nun kommt, bin ich nicht vorbereitet. Vermutlich ebenso wenig wie die Trachmanns. Denn mit der Rückkehr der Mutter beginnt ein ganz neues Stück. Es setzt, vorgespiegelt oder nicht, ein Szenenwechsel ein, der aus der Burleske eine Tragödie macht. »Das Schreien der Mutter, ihre harten Schläge trafen mich unerwartet. Die Hand griff mich wie einen jungen Hund hinten am Kragen.« Hörbar der Schreck, der sich einen Weg in die Stimme gebahnt hat. Eine Stimme, die ihre kunstfertige Meisterschaft beiseitegeschoben hat. Ich sehe das Kind deutlich vor mir und die Kontur einer unbeherrschten, rabiaten Frau. Daneben das Werkzeug der Begradigung. Das Requisit einer Schadensregulierung, die Nagelschere.

Auf den Steinstufen hat die Mutter ihn abgesetzt, sie führen in den dunklen Garten hinter dem Haus. Kalt ist es. Pelzmantelwetter. Alles Mögliche ist ihm in seinem kurzen Leben schon durch den Kopf gegangen. Nur auf das Eine ist er nicht gekommen. Dass die Mutter ihm etwas Böses antun könnte. Dass er es je mit ihrer Aufgebrachtheit zu tun bekommen würde. Er findet sich damit ab, eine Nacht zu erleben, die nicht wie sonst in seinem Zimmer stattfindet. Eine Nacht ohne warmes Bett, ohne Bücher. Dieses Mal die Steinstufen. Und die Kälte. »Sie zog von den Stufen aus weiter und machte auch nicht etwa halt bei der Haut.« Schonungslos jetzt diese Stimme, die auch sonst keine Ruhe gibt, bis sie alles gesagt, alles ausgesagt hat. »Die Kälte hatte eine große Kraft. Ich hielt sie zuerst für besiegbar. Es war zuerst nur das Problem eines durchgefrorenen Hosenbodens. Eine Frage der Körpertemperatur. Dann denkt man nicht einmal mehr darüber nach. Man friert, man fröstelt, man zittert ganz von selbst. Die Gedanken aber richten sich auf etwas anderes. Sie suchen nach Erklärungen, nach den Gründen für die mütterliche Bestrafung. Man kann nicht einsehen, dass ein abgeänderter Mantel sie zu Maßnahmen hat greifen lassen, die ihrer Liebe für immer einen undurchsichtigen, zwielichtigen Charakter verliehen.«

Wieder ist Stille eingetreten, massiv, unantastbar. Wiesengrund macht sich an der Wasserkaraffe zu schaffen. Die Kellner haben Dessertteller und Obstschalen auf den Tisch gesetzt und mit schonungsvollen Bewegungen Wein nachgegossen. Man steckt neue Kerzen auf, in Kerzenhalter, die möglicherweise einst im Besitzt des lethargisch verharrenden Aristokraten gewesen sind. Da ruft Herr Trachmann laut das Wort »Wasser« in den Raum. »Überall Wasser«, schreit er. Sein Ausruf trifft mich deshalb überraschend, weil ich ihn nicht gleich mit den tollwütigen Aktivitäten in seinem Kopf in Verbindung bringen kann. Viel zu sehr noch in Wiesengrunds Geschichte stecke. Unwillkürlich schaue ich mich um, hebe den Rand der Tischdecke an. Es könnte sich auf dem Fußboden eine Pfütze gebildet haben. »Geografisch geordnetes Gewässer«, schreit Trachmann. Er habe Aussicht auf den Baikalsee, ruft er unvermindert laut und spricht dann mit der Genauigkeit eines Erdkundelehrers weiter über die Moldau, den Flusslauf der Havel bis hin zum Pazifischen Ozean.

Frau Trachmann, knisternd, klirrend, winkt energisch nach dem Ober und weist auf ihr funktionsunfähiges Feuerzeug. Im Gegensatz zu uns anderen wirkt sie wach, ausgeruht. Als hätte das Material ihrer Robe sie gestählt und zugleich einen Harnisch gebildet, mit dem sie sich gegen den dicht besiedelten Schädel ihres Mannes zur Wehr setzt. Wiesengrund schaut mich an, die stille Beobachterin, als suche er nach einem Ort, an dem sein Blick sich ausruhen kann.

Die beiden Ober im Türrahmen haben inzwischen das Aussehen von zwei mythischen Wächtern angenommen. Der Geschäftsführer betritt den Raum und schenkt Kognak ein. Sein Gefühl sagt ihm, dass die in solchen Momenten üblichen Floskeln nicht angebracht sind. So reiht er sich in seinem Schweigen in die Gesellschaft der beiden Türwächter und des portraitierten Edelmannes ein.

Kuckucksei

Zum Wochenende haben sich die Gottwalds ein Auto geliehen. Sie wollen in den Taunus fahren und laden mich ein, sie zu begleiten. Am Rande eines Wäldchens steigen wir aus, von dort führt ein Spazierweg mitten durch eine Wiese. Das Wäldchen und die Wiese scheinen keine große Bedeutung für die Gottwalds zu haben. Schon nach wenigen Schritten wendet sich ihr Gespräch dem Stettiner Haff und der Pommer'schen Bucht zu und der Feststellung, dass es nie wieder etwas so Schönes geben werde wie sie. Ich übe mich in dem Versuch, mich unabhängig von der Tatsache zu machen, mich auf einem Spaziergang mit den Gottwalds zu befinden. Ich stelle mir vor, allein auf einer Wiese spazieren zu gehen, allein den Vogelstimmen zu lauschen und das Gefühl zu haben, im Grünen zu sein. In der Nähe von Schmetterlingen, Insekten und Zikaden. Von sommerlich aufgeblühten Gewächsen, weitverzweigten Birken. Mich im Stillen darüber zu wundern, ganz allein für mich, wie es die grünen und roten jugendlich erscheinenden Blätter geschafft haben, sich aus dem holzigen, wie ausgedörrt wirkenden Geäst herauszuwinden.

Es kostet mich einige Mühe, das Gefühl des Alleinseins aufrechtzuerhalten. Herr Gottwald erörtert lauthals das Unrecht politischer Demarkationslinien, er spricht von Wachttürmen und Grenzpolizei. Gleichzeitig hämmert ein Specht ganz in der Nähe unbeirrt auf einen Baum ein. Über ihn hätte ich gern mit Herrn

Gottwald gesprochen. Es ist nämlich so, dass mich ein Specht, der seinen Schnabel ins Holz der Bäume rammt, schon immer zum Lachen gebracht hat. Es ist sein Eifer, die Eile, die Inbrunst, mit der er seiner Beschäftigung nachgeht. Hörbar gemachter Tatendrang. Der Augenblick ist schlecht gewählt für eine Mitteilung wie diese. Herr Gottwald wendet sich mir mit den Worten zu: »Fräulein Werbezirk, Sie haben keine Ahnung, wie sehr der Gedanke uns quält, dass es unsere Städte und Dörfer nur noch auf Polnisch gibt.«

Um mir ein Beispiel für die Untat zu geben, die es hier zu bewältigen gilt, möchte er mir, »sofern es der Krach zulässt, den die Vögel machen«, akustisch vergegenwärtigen, was sprachlich jetzt aus Bromberg und Stettin geworden sei. An diesem Punkt mischt sich Frau Gottwald ein und assistiert ihrem Mann bei der Lautwerdung eines tosenden Zischelns, Lispelns, Tuschelns und Wisperns, das überhaupt nicht enden will. Ein Klang gewordenes Beweisstück für das, was die beiden der Welt auf immer und ewig nicht verzeihen werden. Während Herr Gottwald noch zischelt, macht sich seine Frau über die Bezeichnung »Friedensgrenze« her. Es müssen furchtbare Dinge geschehen sein, denke ich. Ich halte lieber den Mund und erspare den Gottwalds die Bemerkung, dass in Österreich kein Mensch über Stettin und Bromberg redet. Ich müsste meine Äußerung in eine Trauermiene einkleiden, bei den Gottwalds kann man vieles falsch machen.

Am Horizont taucht eine Reihe von Kirchtürmen auf, Deutschland kann friedlich aussehen. Der Weg, der sich zu ihnen hinschlängelt, sonnenbeschienen, von Dotterblumen und kleinen Margeriten gesäumt, macht einen geradezu paradiesischen Eindruck. Aber der Eindruck trügt, die Gottwalds bringen Geschichte mit. Möglicherweise fühlen sie sich berufen, mir, der Landesfremden, Deutschlands Abgründe vor Augen zu führen. Unvermittelt beginnt Frau Gottwald aber von der gestrigen Abendtafel im Westend zu berichten, wo sie mitgeholfen hat, den Gästen das mehrgängige Menü zu servieren. Man habe sich den ganzen Abend mit einer nichtanwesenden Person beschäftigt, erzählt sie. Einem gemeinsamen Freund mit dem merkwürdigen Namen Dr. Weinreb. »Ein Jude!«, ruft Herr Gottwald aus und verlangsamt den Schritt. Lange Zeit sei das Gespräch um dessen Schiffsreise nach Amerika gegangen, die Weinreb, obwohl im Besitz eines Tickets, dann schließlich doch nicht angetreten habe. Wegen irgendwelcher Erledigungen, aus lächerlichen Gründen eigentlich, teilt uns Frau Gottwald mit. Die Gäste hätten so laut, so stürmisch aufeinander eingeredet, dass eine Frau mehrmals den gleichen Satz wiederholen musste, um gehört zu werden. »Der Weinreb hat die Situation völlig falsch eingeschätzt.«

Mit diesen Worten steuert Frau Gottwald auf einen Birkenhain zu, wo es, wie sie sagt, angenehm kühl sein werde. Ich hätte die Fahrt in den Taunus nicht mitmachen sollen, denke ich in diesem Augenblick. Frau Gottwald ist damit beschäftigt, sich möglichst genau an das gestrige Gespräch zu erinnern, gibt immer wieder auf, beginnt von vorne, korrigiert sich. Aus den Bruchstücken geht hervor, dass die Anwesenden sich getroffen haben, um die näheren Umstände der verpassten

Reise herauszufinden. Und ob es wirklich nur Weinrebs nachlässige Zeitplanung war, die der Schiffsreise im Weg gestanden hatte. Es zeichnet sich jedenfalls deutlich ab, dass Weinreb das Missgeschick seiner Verspätung auf die leichte Schulter genommen hat. Als Arzt habe er sich damit getröstet, »dass auch ein sogenanntes zukünftiges Deutschland das Sterben nicht abschaffen kann. Man also auf seine Dienste auch zukünftig zurückgreifen werde.« Frau Gottwald streicht dabei jedes Wort einzeln heraus, die Betonungen klingen hilflos, laufen ins Leere. Ihr Mann ist wieder stehen geblieben. »Nicht zu fassen, dieser jüdische Glaube an die eigene Unentbehrlichkeit«, sagt er.

Diffus, gefährlich, was sich hier anbahnt. Überall rührt man an Risse, an Wundmale. Überall an Kriegsschäden, an Unbewältigtes. Ich denke an die ruhige, ungerührte Art, mit der Alasco sich über seine jüdischen Universitätskollegen äußert. Oder, selten genug, vom österreichischen »Anschluss« spricht. Höchstens ist hin und wieder vom »furchtbaren Ende« Egon Friedells die Rede gewesen. Die Ereignisse scheinen in den Köpfen ein Versteck gefunden zu haben, keiner vermisst sie. Keiner will sie haben.

Ganz genau erinnert sich Frau Gottwald jetzt an ein bestimmtes Wort von gestern Abend, ein fremdes und für sie offensichtlich verboten klingendes Wort. Plötzlich ist es da, laut und deutlich, und macht den Eindruck, als habe es sich in ihren Mund verirrt. Es heißt Emigration. Ihr Mann hat wieder haltgemacht und bohrt seinen Fuß in den Waldweg, bohrt nach einem Stein, nach einem Gegenstand, den er im Erdreich irgendwo unter seiner Fußspitze vermutet. Das unerlaubte Wort wirkt sich wie ein Zugangscode auf das Gedächtnis von Frau Gottwald aus. Flüssig, als sei sie Teilnehmerin des abendlichen Gesprächs gewesen und vollkommen im Einklang mit den dort gemachten Äußerungen, berichtet sie, für Herrn Dr. Weinreb sei das Dritte Reich nur ein Anlass für Witze gewesen. Eine »Gespensterparade«, eine »Spießerbande« habe er die Parteileute genannt. Die Stimme von Frau Gottwald ist nicht wiederzuerkennen, sie klingt freudig, so, als habe sie in diesem Moment eine wirklich gute Nachricht zu verkünden. Und als hätte für einen kurzen Moment Weinrebs furchtlose Haltung auf ihr Dasein übergegriffen.

Für Herrn Gottwald ein klares Signal zum Durchgreifen, eine rasche Reaktion ist geboten. Entschlossen stellt er sich seiner Frau in den Weg, kein Wort soll ihr von seiner Antwort entgehen. Für einen Dr. Weinreb, sagt er zornig, habe sich Hitler nicht ins Zeug gelegt. Dem Weinreb habe es an nichts gefehlt, für den kleinen Mann habe der Hitler sich aufgerieben! Geschunden habe er sich für den! »Schon vergessen? Unser Volksempfänger? *Radio in jedes Haus?* Die preiswerten Wohnungen? Das eigene Auto?« Sein Gesicht ist rot, blutrot, seine Worte gelten der ihm gegenüberstehenden Abtrünnigen. Der ihm von feindlichen Mächten entrissenen Überläuferin. »Erster Maifeiertag!«, ruft er verbittert, als handelte es sich um ein Schimpfwort. Er wütet gegen die Art und Weise, mit der seine Frau die Vorgänge des gestrigen Abends unangetastet wie eine Reliquie im Gottwald'schen Revier niedergelegt hat.

Sollte ich nicht augenblicklich kehrtmachen? Zurück

zum Auto laufen? Im Wäldchen verschwinden? Zuflucht in dem Ort mit den Kirchtürmen suchen? Zur Ethnologin werden, wie es mir Rahlsberger nahelegte, als ich ihm von den Gottwalds erzählte? »O-Ton Deutschland. Etwas zum Mitschreiben«, hatte er zu mir gesagt und von praktizierter Feldforschung gesprochen. Ermutigt hatte er mich, den Gottwalds die Gelegenheit zu geben, sich rückhaltlos auszusprechen. Um herauszufinden, wie weit sie gehen würden.

Eine Weile laufen wir stumm nebeneinander her, ich muss erst wieder zu Atem kommen. Es ist einfach, was ich zu sagen habe. Es sagt sich gewissermaßen von selbst. »Von meinem Professor habe ich Ihnen ja schon erzählt. Auch er und seine Frau mussten in die Emigration gehen.« Da ist es wieder, dieses Wort. Frau Gottwald macht ein erschrockenes Gesicht. Ihr Mann mag sich in diesem Moment wie in einer Wüste fühlen. In einem Territorium jedenfalls, in dem mit den Koordinaten nichts anzufangen ist, die seine Gedanken sonst so wendig zwischen Ammerschlägers Herrenhosenbeständen und dem in seinem Kopf ansässig gewordenen Stettin hindurchmanövrieren. So nah wie jetzt ist Herr Gottwald der deutschen Geschichte noch niemals gekommen. Noch niemals hat es in seinem Beisein dieses Wort gegeben. Dieses hochgegriffene und, wie Gottwald vermutlich findet, brüskierende Wort. Eine Ausdrucksweise, die ihm einen Fehdehandschuh vor die Füße wirft.

Aus heiterem Himmel ist ihm, einem gutwilligen Spaziergänger, Unrecht widerfahren. Der schöne Landausflug. Muss ihm denn ausgerechnet heute die nette Nachbarin, die gerade noch an seinem Esstisch saß, mit schlechten Nachrichten kommen? Von einer mit ihr in direkter Verbindung stehenden, emigrierten Person berichten? Gottwald möchte von solchen Dingen in Unkenntnis gelassen werden. Er hat die ausdrückliche Erwartung, dass jenen, den Ausgereisten, auferlegt werden sollte, ihren Weggang unmissverständlich als Ausreise zu begreifen. Damit man endlich das viel zu bombastisch klingende Wort von der Emigration begraben kann. Wie ist man bloß auf dieses Thema gekommen? Ach ja, der Abend in der Leerbachstraße.

So schnell wie möglich möchte Gottwald das unerfreuliche Ereignis von eben loswerden. Ich ahne, wie er heimlich ankämpft gegen das ungebetene Bild eines in seiner nächsten Nähe aufgetauchten Emigranten. Es soll sich wie nicht gewesen möglichst schnell wieder zurückbilden. Die kleine Österreicherin. Das Kuckucksei. Sie hat ihn in die Wohnung eingeschleppt, den Emigranten. Er braucht nicht einmal selbst vor Ort zu sein, in Diele, Küche und Treppenhaus. Auch so ist er da, der Emigrant. Er sitzt im Geräusch der Schreibmaschine, das durch die Zimmertür zu hören ist. Er hält sich in den Buchstaben auf. Er fängt die Wörter ein. Schon fühlt man sich doch unter Druck gesetzt. Unangenehm unter Beobachtung gestellt.

Was uns in diesem Augenblick eint, ist die Überlegung, wie man diesen verdammten Sonntagsausflug so schnell wie möglich beenden kann. Kein Gedanke mehr an den Imbiss in einer Offenbacher Weinstube. Die Deutschen sind anstrengend. Sie und ihre persönlichen Verliese, sogar ihre Sonntage sind Verliese. Ich sitze hinten im Fond des Wagens und wünsche mir, es käme jemand, um mich wegzutragen, um mich zu erlösen. Ein rettender Gedanke täte es auch. Und tatsächlich, es gibt ihn. Wieder einmal hat dabei Gerwisa Vogel ihre Hand im Spiel. Mit ihrem Geschenk zur Matura: ein Buch des spanischen Mystikers Juan de la Cruz. Als wolle sie mir eine seelische Gebrauchsanweisung mitgeben für einen Weg, der mit einem Schulweg nichts mehr zu tun hat. Die Nacht, so heißt es bei Juan de la Cruz, die Nacht ist uns näher als der Tag. Wir wissen nur von uns durch das, was *sie* uns sehen lässt.

»Ich sehe schon, nein, das ist nichts für Sie«, sagte W. und gab mir mein Exposé über Schellings »Kunstschönes« zurück. Ich hätte ihm gleich sagen können, dass ich das Thema für unglücklich halte. Den deutschen Idealismus fasse ich nur mit der Feuerzange an. Nach der Lektüre meines Exposés gingen jetzt auch W.s Überlegungen in eine neue Richtung. Der philosophische Idealismus ist ein Schwachpunkt von ihr, mag er gedacht haben. Vielleicht gelingt es ihr, Funken aus ihren österreichischen Ressourcen zu schlagen. Verlassen wir uns auf diesen Stützpunkt. Sie hat ein Gefühl für Fata-Morgana-Reviere. Das klang dann so, »Schreiben Sie über die österreichische Poesie und deren lebensmetaphysische Deutung der Realität. Dabei sollte aber das Wort ›Leben‹ niemals selbst in Ihrem Text auftauchen. Sondern allein als ein Glühen, Flirren und Vibrieren der Sprache zur Erscheinung kommen.«

Nach dieser Eröffnung war ich für einige Momente etwas benommen. Deshalb wusste ich auch nicht, warum W. auf einmal den Namen der amerikanischen Filmschauspielerin Kim Novak ins Spiel brachte. »Schließlich kann nicht jede so aussehen wie Kim Novak.« Musste mit einer Wiener Fernsehdiskussion zu tun haben. Und mit einer unvorteilhaft aussehenden Redakteurin, von der kurz die Rede war. Warum Kim Novak?, fragte ich. W.: Selbst bei den Großaufnahmen habe sie das Aussehen einer Frau, die aus weitem Ab-

stand fotografiert worden ist. In Hitchcocks ›Vertigo‹ habe sie nicht zufällig die Rolle einer tatsächlich existierenden und einer gleichzeitig vorgetäuschten Person gespielt. Sie sei eingebettet gewesen »ins Zwielicht eines grünstichigen Nebels«, in die »täuschenden Portraits von Spiegeln«. Ergreifend maßlos und unerschöpflich, ihr Sicherheitsabstand zum Betrachter. »So wie bei Ihnen«, sagte ich. »Und das ganz ohne Nebel, ohne täuschende Spiegel!« Es war diesmal lustig mit ihm. Gleich packte mich, wie ich's von mir kenne, ein Übermut, ein Leichtsinn, und ich sagte, »wenn ich mir einfallen ließe, irgendwann ein Buch über Sie zu schreiben, werde ich ihm den Titel ›Vertigo‹ geben«.

Das Telefon klingelte, W. verhandelte über den unerwartet geänderten Erscheinungstermin einer Veröffentlichung, was lange dauerte. Dann, kaum dass er den Hörer aufgelegt hatte: »Nichts gegen Sicherheitsabstände! Meinen Kollegen, den Drauflos-Marschierern, hätte man mehr davon gewünscht.« Ob er dabei an Professor Cramer dachte, der sich an Spinozas Idee abarbeitet, die Philosophie in den Rang der Mathematik zu erheben? Ich fragte ihn, ob seine Äußerung auf Bruno Liebrucks gemünzt sei, der dem Wächter eines besetzten Parkhauses durchs geöffnete Autofenster mehrfach zurief, »Ich bin Geschichtsphilosoph!«, in der Hoffnung, es werde sich daraufhin das Parkhaus wie ein »Sesam, öffne dich« für ihn auftun? »Also sprach ein wildgewordener Feudalherr«, sagte ich. »Nein«, meinte W., »die Stimme des frühen SA-Mitglieds. Ab 1933 schon ein treuer Diener seines Herrn.« Versuche, mir ein Bild davon zu machen, wie verzweigt in diesem

Kopf die Wahrnehmung der ihn umgebenden Umstände sein mag. Der Emigrant, damit beschäftigt, das Gelände zu sondieren. Den Boden, auf dem man steht. Seine Gegebenheiten. Konstellationen. Und Personen. Man muss sich alles neu erarbeiten. Genauestens in Augenschein nehmen.

Im Taumel

Das Lächeln der Gastgeberin hat etwas Verschwenderisches an sich. So lächeln keine Menschen, denke ich. So überirdisch. So, als würde etwas in ihnen über die Ufer treten. Ich komme von weither, sagt das Lächeln. Nun bin ich hier, wo immer das auch sein mag. Ich hätte es am liebsten gepachtet und mit nach Hause genommen. Wiesengrund hatte seine Frage, ob ich ihn zum Abendessen bei Freunden begleiten wolle, mit der Bemerkung versehen, die Dame des Hauses habe vor vielen Jahren wie »ein Raubritter« sein »ganzes Herz« in Beschlag genommen. Es muss ihr sensationelles Lächeln gewesen sein, denke ich; jetzt, wo ich vor ihr stehe, das heißt für kurze Zeit innerhalb seines leuchtenden Radius auftauche. Wiesengrund stellt mich den Gästen des Abends als Referentin seines derzeitigen Seminars *Zur Soziologie des Lachens* vor.

Das Lächeln, das Lachen; gern würde ich dem Gedanken an das Zusammentreffen der Bedeutungen weiter nachgehen. Möchte einen Bogen machen um die erwähnte Uni-Veranstaltung. Mit ihr verbindet sich nämlich das Gefühl eines niederschmetternden Fiaskos. Erst nachträglich, verspätet der Gedanke, dass keiner der an diesem Abend Anwesenden etwas darüber weiß. Ich hatte mich für ein Referat angemeldet und war am Tag des angesetzten Termins angemessen aufgeregt. Am Nachmittag sogar abgetaucht in ein Gefühl der Betäubung. Allerdings zuversichtlich den mit kleiner Schreibmaschinenschrift bedeckten weißen Bögen gegenüber, die ich nach vorn zum Podium trug. Von dort aus schaute ich hinunter in den Hörsaal, überdeutlich waren die unbesetzten Plätze zu sehen. Der Hörsaal wirkte ausgestorben. Von dort oben aus geradezu entvölkert. Wiesengrund streute Salz in die Wunde mit einer Bemerkung, die mich augenblicklich in einen Zustand der Entgeisterung geraten ließ. Sie lautete: Es könne schließlich nicht jedes Mal »die Callas auf dem Podium stehen«.

Seine Worte lösten ein Gefühl der Beschämung in mir aus. Man konnte sie unmöglich anders verstehen, als dass sie allen anderen Referenten den Divenrang einräumten, nur mir nicht. Am Thema, das mit Marcel Proust zu tun hatte, konnte es nicht liegen: »Über das Lachen im ›Kleinen Kreis‹ der Verdurins«, ein Vorschlag Wiesengrunds. Warum, so fragte ich mich verstört, sollte sich jener Diplomand, der Sigmund Freuds Untersuchung über den Witz stupide nacherzählend zum Besten gegeben hatte, eher verdient gemacht haben? Oder die noch auf dem Podium vor Lachen sich ausschüttende Studentin, die von einem chemischen Experiment in einem Laboratorium berichtet hatte. Dabei habe ein Assistent eine schwere Verletzung erlitten, die er mit den Worten beschrieb »und plötzlich flogen mir meine Finger um die Ohren«.

Ich haderte mit einer offensichtlich anerkannten, gängigen Rangordnung, die für die Vergabe des »Callas«-Ordens zuständig war und ihn mir vorenthielt. Zurück in meinem Zimmer, nahm ich mir das Referat noch einmal Wort für Wort vor. Gezielt überprüfte ich es im Hinblick darauf, ob nicht auch ihm ein Recht auf die begehrte Auszeichnung zugestanden hätte. Beispielsweise durch die Überlegung, das Lachen des Verdurin-Kreises sei vergleichbar mit dem »verinnerlichten Darwinismus eines Clans«. Eine Aussage, die es, wie ich fand, mit den herumfliegenden Fingern aufnehmen konnte. Ebenso die Beschreibung der Madame Verdurin. Sie lautete: »In zunehmendem Grauen vollzieht sich die Metamorphose einer bürgerlich ambitionierten Megäre zur Meduse des Fortschritts.« Darauf muss man erst mal kommen, dachte ich, zufrieden mit meiner Ausbeute, und verstand die Welt nicht mehr. Ich zog Rahlsberger ins Vertrauen, der den Kopf über mich schüttelte. Ein Lachen von ihm war selten zu hören, so laut wie in diesem Moment war es noch nie. Zweifellos habe sich Wiesengrund selber damit gemeint. »In *seinem* Hörsaal gibt nur einer *die Callas.*« Das alleinige Anrecht auf das auserlesene Hoheitszeichen besitze einzig und allein er selbst. Ich konnte förmlich spüren, wie sich die Weltordnung wieder zurechtrückte.

Inzwischen habe ich mich vorgepirscht, von Zimmer zu Zimmer. Viel Zeit, um an meinen beklommenen Podiumsauftritt zurückzudenken. Und an Wiesengrunds rigoroses Callas-Monopol. Es greift auch jetzt wieder. Man hat ihn geradezu eingekreist, momentan so dichtmaschig, dass er von hier, von einem entfernter liegenden Zimmer aus, nicht mehr zu sehen ist. *Er* ist *die Callas*, nicht die ihr Lächeln ausstrahlende Gastgeberin. Man lässt ihn gar nicht zu Atem kommen, da hat er es schon weg, das Erkennungsmal der Diva. Eine ganze Weile schon stehe ich neben einem riesigen weißgedeckten Tisch. Man könnte glauben, dass ich ihm Gesellschaft leiste. Unerwartet nähert sich mir jetzt die übernatürliche Gastgeberin. Sie möchte von mir wissen, wie einem so zumute ist als Wiesengrunds Studentin. Meiner Antwort, »das wüsste ich selber gerne«, scheint sie einen besonderen Sinn zu geben. Sie nimmt meine Hand und bugsiert mich durch das Spalier der Gäste, wir machen vor Wiesengrund halt. Als sie von meiner Bemerkung berichtet, hat sich ihr Lächeln noch einmal gesteigert. Es hat sich vervielfältigt und zieht sich wie die Ausläufer eines anderen, zweiten Gesichts über ihre Züge hin. Ich wundere mich über das Ausmaß der Heiterkeit, die meine Bemerkung auslöst. Damit hätte ich im »Kleinen Kreis« der Verdurins sicherlich keinen Punkt gemacht.

Der kurzen Szene verdanke ich das Gefühl, mich angesichts der in großer Aufmachung erschienenen Damen nicht genieren zu müssen. Ich bin ein Hörsaalgewächs. Ich unterhalte Beziehungen mit Kant und Hegel und Wiesengrund. Deshalb trage ich diesen schwarzweißen Taft mit dem naiven waagerechten Streifenmuster. Ich bekenne mich zu dem begrenzten Chic meines Kleides. Das Kleid stellt für den Geist kein Störfeld dar, keine Fessel für das Denkvermögen. Oh, ich habe sie gefunden, die Formel für diesen Abend. In bescheidenem Aufzug werde ich die scharfäugige Beobachterin geben. Ein Wesen, aus anderem Holz geschnitzt, das auf Samt und Seide verzichten kann.

Wie ich sehe, hat Wiesengrund die in seiner Nähe postierten Frauen ins Visier genommen; mit dem Ausdruck der offenen Verzückung. Eher Huldigung ihrer dionysischen Offerten als Eroberungspose. Libidinöser

Unternehmungsgeist. Ein gefügiges Auge, der Schönheit zugekehrt, wo immer sie zu haben ist. Gerade ist es das Handgelenk einer schlanken Lady, die ein mit grünen Steinen reich besetztes Armband trägt. Der Ansatz von Brüsten in einem schwarzen, mit Samt ausgeschlagenen Ausschnitt. Jetzt die Trägerin eines schimmernden, türkisfarbenen Kleides, eine Nixe, die mit bauschigem Rock eine ganze Unterwasserwelt mitzubringen scheint.

Bitte zu Tisch, heißt es, einige der Gäste geben klar zu erkennen, dass sie sich keines der Worte von Professor Wiesengrund entgehen lassen möchten. Andere wollen lieber als Selberredner in Erscheinung treten. Einer von ihnen ergreift gleich zu Beginn des Abends die Gelegenheit, ein Chirurg, der zur Heiterkeit aller an diesem Abend wegen einer Verletzung seines Daumens eine Bandage trägt. Er eröffnet das Gespräch mit einer Reihe von Betrachtungen über das Wesen der göttlichen Weisheit. Der Abend muss ihm im Vorhinein furchtbares Kopfzerbrechen bereitet haben. Ich bringe den Verband an seinem Finger mit der riesigen weißen Bandage in Verbindung, die in meinen Vorstellungen den Kopf zusammenhält, den er sich zerbrochen hat. Die Wörter, mit denen er herumfuhrwerkt, fangen alle mit einem »Un« an. Unfehlbarkeit und Unvergänglichkeit, Unerforschlichkeit und Unerschöpflichkeit. Ihr Klang macht sich unangenehm breit in den Ohren. Der Abend hat gerade erst begonnen und hinterlässt schon jetzt auf den Gesichtern der Gäste den Ausdruck der Erschöpfung. Die eben noch brillierenden Damen erscheinen mir jetzt schemenhaft mit ihren Stühlen verwachsen.

Wiesengrund hat seine rechte Hand auf meinem Unterarm abgelegt. Die Geste hat etwas Gedankenloses an sich. Die Hand auf meinem Arm sieht aus, als wäre sie dort vergessen worden. Als wüsste sie nicht, wohin sie gehört. Vielleicht ist es mein Arm, der die Hand nicht will. Es ist *auch so* eine Liebesgeschichte, auch ohne Hand und Haut, denke ich. Wenig später greift sie nach dem Weinglas, die Geste setzt ein Signal. Mit dem Glas in der Hand gibt Wiesengrund das Bild eines Menschen ab, der seine Aufmerksamkeit von dem Geschwafel des Chirurgen abgezogen hat. Die Möglichkeit rückt näher, ihn selber sprechen zu hören. Nur einer ist an diesem Tisch *die Callas*. Während der Chirurg in seinen Sessel zurückgeglitten ist, setzt Wiesengrund mit den Worten an, »Die göttliche Unfehlbarkeit? Vertrackter, als wir denken. Aus einer Schwäche zieht sie ihren Vorteil.« Sein Sprechen ereignet sich im Nu, mit großer Geschwindigkeit und ohne den Ton der Suche. Das Vorgehen des Jongleurs. Die Worte kommen aus der Luft wie die Bälle, die aus dem Nichts dem Akrobaten zufliegen. Bälle, die den Eindruck erwecken, als würde jede ihrer Bewegungen ihrem eigenen, unumgänglichen Diktat folgen. Enrico Rastelli. In einem »verregneten« Schwarzweißfilm kann man es sehen. Sein Blick ist auf den ruhenden Pol, auf das Zentrum im Taumel der rasenden Bälle gerichtet. Dorthin, wo ihr Eigenleben am deutlichsten zu sehen ist. Eine schwerkraftfreie Zone.

Mit einem Blick noch bei Rastelli, höre ich Wiesengrund von »Irritation« und »Aussetzer« sprechen. In der Mitte der Unendlichkeit habe sich eine Abschwächung der vorherrschenden Strahlung ergeben, eine Art von Riss. Ein Hohlraum, der Platz für die Schöpfung gemacht hat. »Damit verdankt sich der Beginn aller Tage einer Irregularität, einem Makel. Marx hätte es so formuliert: ›Es handelt sich um eine atmosphärische Störung, die den materiellen Unterbau des gesamten Schöpfungsvorgangs darstellt.‹« Er faltet seine Serviette zusammen, legt sie sich zurecht, legt sie neben dem Teller ab. Das weiße Tuch in seinen Händen erinnert an eine Wundbehandlung. An den Versuch, eine offene Stelle zu bedecken oder sie zu heilen. Es ist diese offene Stelle, die Heiterkeit und schadenfrohes Lachen hervorruft. Das Wort »Lichtausfall« ist zu hören. »Entstehung der Welt durch einen Betriebsunfall.« »Durch einen Schwächeanfall der Atmosphäre.« Eine Stimmung wie im Kabarett. »Das musste ja schiefgehen.« »Jetzt kennen wir wenigstens den Grund dafür.« Jeder hier glaubt ein Beispiel für irgendein entstehungsgeschichtliches Versäumnis, eine Panne beisteuern zu können. Die Selberredner sind am Zug. Sie haben sich die »Probeexemplare« unter den Tieren vorgenommen. Ein jedes sei an einer anderen Stelle »falsch verlötet«, lautet der Befund. »Nur für den Hausgebrauch«, ruft der bisher schweigsam gebliebene Gastgeber aus.

»Haben Sie sich mal den Ichthyosaurus näher angesehen?« Eine Dame meldet sich zu Wort. Korrekt gescheiteltes, graues Haar, schimmernd schwarz die durchsichtige Seidenbluse. Im Ganzen ein unentschiedener Anblick. Von Augen ist die Rede, die eine Größe von mehr als zwanzig Zentimeter erreichen konnten. Von einer Schädelpartie, flach wie ein Tablett, auslaufend in einen Schnabel! Die schwarzseidene Dame hat etwas zu bieten. »Die Misslungenheit in Person! Zoologisch gesehen, ein Chaos! *Ein* Tier, *drei* Bestimmungen! Schildkröte, Wirbeltier, Meeresreptil!« In Wellenbewegungen vorwärtsgleitend wie ein Aal, dabei mit Hand und Arm die menschliche Struktur vorwegnehmend. »Probeläufe der Natur. Abgesetzt auf dem Globus wie Hundehäufchen«, sagt die Gastgeberin und schaut zu Wiesengrund hinüber. Ob er genauso lacht wie die anderen? Ob er durch Albereien wie diese überhaupt erreichbar ist? Ich stelle mir vor, dass sie zuhause neben Alasco am Abendbrottisch sitzt und solche Sachen sagt.

Das Gelächter kippt bei einigen der Gäste in Geschrei um. Jeder möchte mitwirken an dem Reigen der schwarzen Schafe im Schöpfungsgeschehen. Eine Stimmung hat sich ausgebreitet wie bei Kindern, die den schockierend eigenwilligen Figuren des Kasperletheaters zuschauen und heimlich froh sind, dass ihre Welt eine andere ist. Ein Lachen und Rufen, Palaver und Pointe. Dass Wiesengrund seine Worte anders verstanden wissen wollte, müsste er spätestens jetzt deutlich zum Ausdruck bringen. Ich hätte ihm gern etwas zugeflüstert, zum Beispiel, »schreckliche Leute, bis auf die Gastgeberin!« Er *kann* nicht einverstanden sein mit den Ausbrüchen der anwesenden Sprachhallodris. Er müsste doch einschreiten. Freistehend auf einer Leiter mit Bällen jonglierend, der Virtuose! Müsste sein Schweigen brechen; jetzt.

Ich nutze die Atempause, um mir vorzustellen, wieder einmal, was sich momentan in seinem Kopf abspielt. Atempausen wird er nicht kennen. Nur Funkenschläge, geistige Verkabelungen. Zeichen und Verweise. Wörter in Nervennähe. In ihnen müsste das Veto gegen die mutwilligen Tischgäste längst so gut wie abrufbereit zur Stelle sein. »Kein Wunder, dass heute Hinz und Kunz unseren Planeten bevölkern«, ruft die Gastgeberin in diesem Augenblick. Aus der Sicherheit eines Menschen heraus, der weiß, dass sich weder der eine noch der andere jemals in ihr Speisezimmer verirren werden. »Frühe Steinböcke haben durch Kiemen geatmet.« Ein Mann mir schräg gegenüber hebt sein Glas, als wolle er dem exzentrischen Huftier zuprosten. Sein Beispiel klingt ausgedacht, es überspannt den Bogen.

»Die Kreatur ist ein Kretin!« Wiesengrund hat gesprochen, endlich. Ein paar unsichere Lacher beantworten seine Äußerung. Ein Joke? Oder das Resultat einer bitteren Abrechnung mit dem Weltgeist? »Ja, der Mensch hält sich gern für den besseren Gott, wie man heute Abend wieder sieht. Ein ratloser, ein in seine eigene Begriffsstutzigkeit verstrickter Gott, welch ein Lichtblick!« Wiesengrund ist aufgestanden, als wolle er sich verabschieden. »Ich könnte Ihnen ein anderes Bild anbieten. Einen Gott, der noch aus einem Riss, aus einer Ritze Feuer schlägt und ihnen ganze Universen ablistet.« Eine Angestellte macht sich am Geschirr zu schaffen, sie stapelt die tiefen Teller des ersten Gangs übereinander, eine Lauchsuppe mit frischem Estragon. Aus dem Nebenzimmer ist eine Akkordfolge zu hören. Wir nähern uns auf Zehenspitzen dem Instrument. Ich stehe seitlich direkt hinter Wiesengrund, um auf die Tastatur, auf seine Hände sehen zu können.

Es muss an dieser Stelle im Notenbild lauter Pianoanweisungen geben. Die Hände haben weiße, kurze Gliedmaßen, die nicht senkrecht von oben auf die Tasten zusteuern, sondern beinahe ins Horizontale gekippt sind. Den Klang erwischen sie daher nur halb, nur unvollständig sozusagen, und holen so ein perfektes Pianissimo aus ihm heraus. Im Musikwissenschaftlichen Institut habe ich ihn vor einigen Wochen schon einmal als Pianisten erlebt. Ein Aushang kündigte ein Seminar über den Komponisten Arnold Schönberg an. Ich war hingegangen, ein Anflug von Heimweh war vermutlich der Grund dafür, und traf dort überraschend auf Wiesengrund, der in Begleitung einer jungen Sängerin in dem überfüllten Raum gerade mit einem Lied beginnen wollte. »Als Neuling trat ich ein in dein Gehege.« Die Sängerin schien in höchsten Tönen unter Schock zu stehen. Die Klavierstimme klang fiebrig und so, als würden die Töne um sich schlagen. Es entging mir nicht, wie das große Beben dieser Musik dem Pianisten zusetzte. Es rief eine andere, lautlose Musik auf den Plan. Eine unhörbare, dünnhäutige Sprache. Sie brachte sich durch Tränen zum Ausdruck, die, weil die Hände, die sie hätten wegwischen können, mit den Tasten beschäftigt waren, ungehindert über das Gesicht des Pianisten rannen. Einem anderen Aufzeichnungssystem entspringend als dem der Partitur.

Im Speisezimmer werden inzwischen Forellen aufgetragen. Später hat man die zum Garten hinführenden Türen geöffnet. Bäume, schwarze Säulen, vermutlich Lebensbäume, sind zu sehen. Die Gastgeberin blickt in ihren Garten. Es ist ein romantisches Bild. Ich ergänze es und stelle ihr Wiesengrund in Gedanken zur Seite, ich bringe das frühere Paar zusammen. Sie bleibt bei ihrem Blick, ausdauernd schaut sie auf das sich dunkel markierende Geäst der Bäume. Dagegen Wiesengrund. Steht irgendwie komisch da. Wie abgestellt. Sieht aus wie eine Anziehpuppe. Ich kriege es nicht hin. Bringe es nicht zustande, ihn zum Mitspieler zu machen. Er eignet sich nicht dafür, er ist keiner.

Sog

Ich liege schon im Bett, es ist spät, als es klingelt. Über-
laut und schrill. In der nächtlichen Stille kann sich eine
Klingel gar nicht anders anhören. Um diese Zeit hat es
noch niemals geschellt. Wer wird öffnen gehen? Keiner
der Bewohner erwartet noch einen Besuch. Keiner rührt
sich, um auf den Öffner zu drücken. Keiner will sich in
Nachthemd oder Schlafanzug an die zugige Wohnungstür stellen, für einen ungebetenen Besucher das Zimmer
verlassen.

Vom obersten Stockwerk aus hört man eine ganze
Weile im Treppenhaus überhaupt kein Geräusch. Ich
horche in den Treppenaufgang hinein, horche auf Schritte. Stattdessen ist eine Reihe von laut keuchenden Atem-
stößen und das vielstimmige Rumoren aufgebrachter
Rachenlaute zu hören. Erst auf der Höhe der zweiten
Etage sind Schritte akustisch wahrnehmbar. Nach Luft
ringend, nach der Anstrengung, auch den letzten, den
vierten Treppenabschnitt bewältigt zu haben, steht Rahlsberger in der Tür. Er drängt in den Korridor hinein, in
mein Zimmer und lässt sich aufs Bett fallen; beängstigend ermattet. Er bräuchte sein Räucherzeug. Ich greife
mir ein Kleid aus dem Schrank und ziehe es über das
Nachthemd. Dabei fallen die beiden Lockenwickler vorn
am Haaransatz auf den Fußboden und rollen ein Stück
weit über das glatte Linoleum. Wie sich um diesen Mann
ein Zentrum der Verstörung bildet! Ein Klima des Auf-
geschrecktseins. Herunterfallendes Zeug. Ein eben noch

zum Schlafen dienliches, jetzt ungemacht erscheinendes Bett. Ich in meinen übereinandergeschichteten Kleidungsstücken und ein abgekämpfter Besucher auf der Bettkante, der sich nicht mehr auf den Beinen halten kann.

Es kommt mir wie eine Ewigkeit vor, bis sich die ersten verständlichen Worte aus den widerstrebenden Bronchien herauswinden. »Ich rechne damit, dass die hier aufkreuzen werden. Bald aufkreuzen werden.« Wird er verfolgt? Hat ihn das politisch aufgeladene Klima des nahe gelegenen Campus erschreckt? »Alles, was sich ihnen in den Weg stellt, wird zerschmettert, zertreten, verwüstet werden.« Er würgt, er presst die Worte heraus. Gleich wird Frau Rieböck an die Tür klopfen und auf die nächtliche Uhrzeit hinweisen. »Das zieht sich dann über den gesamten Globus.«

Das Ausmaß seiner Wut auf die studentischen Auftritte überrascht mich. Imprägniert von Johann Gottlieb Fichtes gestrengem Idealismus hat er sie bisher belächelt. Sich amüsiert über meine nonchalante Mitwirkung an dieser und jener Aktion. Er hat sogar ein neues Wort erfunden, sich über meinen »Austro-Utopismus« lustig gemacht. Jetzt liegt er auf meinem Bett und sieht aus wie ein Kriegsheimkehrer. Die Nachttischlampe, kleiner, blauer Schirm über einer Vierzig-Watt-Birne, bescheint trübe den Hocker, auf dem ich sie abgestellt habe.

»Die machen Beute, Fräulein Werbezirk! Die schnappen uns das Weltall weg.« In dem Fünfziger-Jahre-Bau mit seinen dünnen Wänden tönen die von Hustenanfällen unterbrochenen Worte des Asthmatikers wie Donnerhall. Ich kann nicht glauben, dass er die Kommilitonen, die Schüler und Lehrlinge meint, die sich auf den Straßen zusammentun und Parolen rufen und sich mit den Polizisten prügeln. »Um sich schlagend, kratz, fauch, beiß, Blut, reißen sie an sich, was sie nur kriegen können. Gefühllos gegenüber allem, was ihnen im Weg steht.« Ich schaue auf mein eben noch so behagliches und mir einladend erschienenes Nachtlager. Schaue auf den Wüterich. Da liegt er und malt den Teufel an die Wand. Heimisch geworden auf meinem Bett.

Ihm zuzuhören ist immer wie der Blick in ein Haus, das ab und zu seine Türen öffnet und ein dunkles Leben sichtbar macht. Es zeigt sich dann, so wie jetzt, eine Realität, die mit aufständischer Kraft nach außen drängt. »Horden, mit Reißzähnen versehen. Der Sog wird fürchterlich sein. Klirrend kalt. Für unsere Haut ist das verheerend. Die Herzen werden schlagartig stehen bleiben. Das war's dann! Aber nicht mal mehr das werden wir denken können.« Jetzt erst entdecke ich in seiner rechten, der Wand zugekehrten Hand ein Stück Papier. Es ist ein Zeitungsausschnitt aus der »Frankfurter Neuen Presse«, offenbar die Ursache für seine Erregung. Ich muss behutsam Finger für Finger seiner Hand nach oben biegen. »Kosmische Einbahnstraßen«, lese ich im Schein der Vierzig-Watt-Birne. Der Untertitel lautet »Galaktische Fremdkörper: Die Schwarzen Löcher«.

Noch niemals von ihnen gehört. Warum hat Alasco sie mir verschwiegen? Das Wort »galaktisch« gehört zu seinem Revier. Eventuell eine Neuentdeckung. Ich überfliege die Zeitungsmeldung und lese von Energiefluktuationen. Vom Kollaps der Gravitation. Ich telefoniere nur sonntags nach Salzburg, morgen ist Mittwoch, ich werde mit Alasco sprechen müssen. Wenn einer, dann ist *er* es, der über die merkwürdigen Löcher Bescheid weiß. Rahlsberger hat sich auf die Bettkante gesetzt. Das gewellte Haar klebt ihm in ausgetüftelt aussehenden Kurven und Krümmungen am Kopf. »Kein Mensch wird hören, wenn sie Kurs auf uns nehmen. Wenn sie sich mit geisterhafter Lautlosigkeit an uns heranschleichen. Fangen wir an, uns vom Erdball zu verabschieden!« Er ist aufgestanden, schwer atmend wird er den Rückweg durchs Westend nehmen. Er knöpft seinen Mantel zu und ist nicht davon abzubringen, auch im Flur noch aufgeregt weiterzureden. Wie es ihn trifft, das Leben. Schon im Treppenhaus, ruft er, »Fräulein Werbezirk, denken Sie an das Bemühen dieser Erde, dem Menschen doch wenigstens vorübergehend eine Bleibe geboten zu haben«.

Der Schlenker

Geschickt hat er es hingekriegt, sich neben mir zu platzieren. Der, den man nur als »den Blonden mit den strammen Schenkeln« kennt. Phänotyp: Riefenstahl-Primus.
Der, von dem man sich erzählt, für diesen *look* habe
Wiesengrund ihn durchs Examen fallen lassen. Man
ist dabei, sich an der langen Tafel einen Platz zu suchen.
Der Blonde macht wie immer den Eindruck, als sei auf
der Welt nichts wichtiger als gute Gesundheit. Der in-
tensive Rotton seiner Haut hat etwas Pompöses an sich.
Er verstärkt das Bild eines wohlgenährten blonden Engels, der gleich eine abscheuliche Posaune an seine Lippen setzen wird.

Der Ober notiert die Bestellungen. Es ist kurz vor
Weihnachten, das Philosophische Seminar will feiern mit
Äppelwoi und Jägerschnitzel. Der Blonde schiebt mir
einen in weißes Papier umwickelten rechteckigen Gegenstand zu. Er möchte, dass ich mir sein Geschenk sofort ansehe. Wirklich, er hat Pech. Was er auch anfängt,
es hat mit Mühsal, mit unangenehmen Umständen zu
tun. Ich hätte ihm längst sagen müssen, dass ich abends
nach dem Seminar, selbst, wenn es schon dunkelt, die
paar Schritte zu meinem Haus in der Varrentrappstraße
gut allein gehen kann. Der kantige Gegenstand ist ziemlich groß, ein unbequemes Format. Da ist die äußere Verpackung mit ihren Klebestreifen, dann das mehrfach von
Papierbahnen umwickelte Gebilde selbst. Inzwischen haben auch die weiter weg platzierten Kommilitonen mit-

bekommen, dass es etwas zu sehen gibt. Ein Präsent mitsamt einer Beschenkten. Gleich wird sie staunen und sich freuen. Alle wollen etwas davon haben. Es ist ein Bild, das ich in der Hand halte. Ich sehe auf ein sehr blaues Meer und ein weißes Schiff ganz weit hinten am Horizont. Ich hatte mir das Bild, als ich noch mit dem Auspacken beschäftigt war, schlimmer vorgestellt. Tatsächlich ist es viel weniger furchtbar als gedacht, es ist brauchbar. Es könnte an der Position des Schiffes liegen. Sie ist weder nah noch fern, sodass sein Aufenthaltsort unklar bleibt. Sich in der Schwebe hält.

Der Blonde macht auch alles falsch. Lieber wäre mir ein unzumutbares, abstoßendes Bild gewesen. Ein Bild, das mir zum Hals raushängt, kaum dass ich es in Augenschein genommen habe. Man ruft und will es unbedingt sehen, ich muss es nun für alle sichtbar in die Höhe halten. Wiesengrund am Ende des Tisches schaut herüber, auch die beiden Assistentinnen links und rechts von ihm. Das Gesicht des Blonden sieht rot und zum ersten Mal mitgenommen aus. Die Haut so, als habe sie sich in diesen wenigen Augenblicken entzündet. Rahlsberger taucht plötzlich auf, er muss die Szene von einem für mich nicht einsehbaren Platz aus beobachtet haben. Als ich das Bild ins Papier zurückstopfen will, steht er direkt neben mir und nimmt es mir aus der Hand.

Er ist nicht gekommen, um ihm zu huldigen. Schnell hat er das Haar in der Suppe gefunden. Das Haar hat mit dem Schiffsschornstein zu tun. Aus dem Schornstein steigt Rauch auf. Der Rauch hängt als monströser Balken hoch über dem Schiff; fett und rußgeschwärzt und ungewöhnlich kompakt. Zu kompakt, meint Rahlsberger. »Die Proportionen stimmen nicht«, sagt er. Es sei ein Rauch wie von Lastkähnen. Oder Kriegsschiffen. Er hat Recht, Rahlsbergers Blick für die Unstimmigkeiten im großen Schöpfungsgeschehen versagt auch bei Nebensächlichkeiten nicht. Ich setze in Gedanken die überdimensionierten Rauchschwaden in Beziehung zu dem strammen Körpergestell des neben mir unglücklich verstummten Malers. Rahlsberger sucht das Bild nach weiteren Entgleisungen ab. »Über die Farbe des Wassers kann man streiten.« Das Blau ist in der Tat ein übertriebenes Blau, eigentlich sieht es aus wie ein Verkehrsschildblau.

Wieder eine dieser von deutscher Geschichte durchtränkten Situationen. Am Kopfende des Tisches ein aus der Emigration zurückgekehrter Philosophieprofessor. Links neben mir ein körperlich versehrter Asthmatiker, dessen Name sich auf einer Todesliste befand. Auf der anderen Seite der athletische Blondschopf, der als Herkules keine Chancen bei seinem aus dem Exil zurückgekehrten Professor hat. Ich bin sicher, dass Wiesengrund das Gefüge dieses geschichtsträchtigen Trios, dem ich auf die Schnelle den Namen »Dunkles Deutschland« gegeben habe, unmittelbar erfasst. Sollte er zu uns hinüberschauen. Die Wirklichkeit stellt lebende Bilder, könnte er denken. Was aber stelle ich eigentlich dar? Im letzten Moment, kurz vor dem Weggehen, habe ich mir eine riesige rosafarbene Stoffblume an den Kragen geheftet. Das ist das Bild. Ein schönes Bild? Ein schiefes? Im Vergleich zu den schmucklosen Damen am Tisch nimmt sich die Blume unangebracht aus. Die Farbe ist zu pink. Der Bau der dicht gestaffelten Blütenblätter zu künstlich. Die Größe zu gewaltig. Die Blume lechzt nach Beachtung. Mit mir sitzt Salzburg am Tisch. Da putzt man sich abends ein bissl heraus. Das hier ist noch gar nichts. Tante Gerwisa bevorzugt Pailletten.

Rahlsberger ist an seinen weit entfernten Platz zurückgekehrt, der Blonde schweigt und fragt sich vermutlich, warum er seinem Bild diese überdimensionierte Rauchfahne mit auf den Weg gegeben hat. Wiesengrund unterhält sich mit seiner neben ihm sitzenden Assistentin, deutlich höre ich sie von »funktionsgerechter Mitsprache« und »Kultusministerkonferenz« sprechen. Reflexhaft möchte ich zwischen ihr und Wiesengrund eine kleine Hürde errichten. Eine Art Paravent, der ihn gegen die beiden Wörter abschirmt. Es gibt Wörter, die Abstand zu halten haben. Auch wenn ich sehe, wie er jetzt mit den Studenten wie ein guter Herbergsvater spricht, muss ich handeln. In Gedanken lasse ich ihn als Gast von Thomas Mann an einer abendlichen Tafel Platz nehmen. Ich arrangiere für ihn einen Gartenstuhl neben Fritz Lang, mit dem er den Plan eines gemeinsamen Drehbuchs erörtert. Und ich zitiere den Augenblick herbei, in dem er dem Komponisten Arnold Schönberg die Partitur seiner *Sechs Kurzen Orchesterstücke* überreicht, getaucht in das spezifische Licht von Los Angeles. Ich höre einen der Studenten rufen, der Zeitabstand zwischen der Donnerstagsvorlesung bis zum Dienstag der folgenden Woche sei entschieden zu lang. Und der zwischen Dienstag und Donnerstag zu kurz. Ich sehe, wie Wiesengrund zustimmend nickt, schon habe ich ihn vor die Tastatur eines Flügels gesetzt und lasse seine Hände über die weißen und schwarzen Tasten fliegen.

Zwischen dem Blonden und mir herrscht weiterhin Funkstille, und die links von mir sitzende Studentin ist nach wie vor, die Beneidenswerte, mit ihrem offenbar inspirierenderen Nachbarn beschäftigt. Das Geschenk des Blonden habe ich an ein Stuhlbein gelehnt, vermutlich werde ich es vergessen. Er wird mich darauf hinweisen und es mir eilfertig in die Hand drücken. Noch nie habe ich eine derart fade Weihnachtsfeier erlebt. Rahlsberger taucht neben mir auf, wieder wie aus dem Nichts. Sein unverhofftes Erscheinen, die Art und Weise, in der er neben meinem Stuhl Aufstellung nimmt, hat etwas Belebendes an sich. Es scheint genau der richtige Moment zu sein, ihm von Alascos Schwäche für Nietzsches *Zarathustra*-Zitat zu erzählen. Dass er Freunde und Kollegen mit der Aufforderung traktiert, sich umgehend bitt schön dazu etwas einfallen zu lassen. »Ein philosophischer Quizmaster«, sagt Rahlsberger spöttisch. »Keine Frage«, übergangslos schlägt er eine schneidend scharfe Tonlage an, »die Hölle ist eine verdiente Hölle.« Als mitfühlender Zuschauer des irdischen Desasters sei Gott ein Schwächling, eine halbe Portion. »Wer braucht schon einen Gott, der die Hände über dem Kopf zusammenschlägt, wenn er an seine Schäfchen denkt!«

Er stößt die Worte, um Vernehmlichkeit und Klang bemüht, lautstark hervor. Jemand sagt, »Nochmal, wie war dieser Satz, der Satz mit der Hölle?« »Klingt nach Nietzsche«, ruft eine der beiden Assistentinnen. »Möglicherweise *liebt* Gott die Hölle«, sagt der Blonde. Er hat ein schlechtes Bild gemalt, auf dem eine unverhältnismäßige Rauchentwicklung zu sehen ist. Mit diesem Satz könnte er mehr Glück haben. Ich nehme mir vor, mir seine Äußerung für Alasco zu merken. Nur noch die Hölle, sagt der Blonde, berge für Gott, den »Alleskönner«, einen letzten Rest von Abenteuer und Experiment. Der Himmel ginge ihm leicht von der Hand. Aber wie sei es mit der Hölle? Von einem etwas entfernteren Platz aus meldet sich wer in grünem Skipullover und mit rotglühenden Wangen zu Wort. Die Vorstellung von Gott in der Hölle erfülle ihn mit klammheimlicher Freude. Er hebt sein Äppelwoiglas in die Höhe und redet von einem »Akt ausgleichender Gerechtigkeit«. Dabei sieht er selbst so aus, als habe ein höllischer Feuerstrahl sein Gesicht erfasst. »Fakt ist, als Kinder haben wir Angst vor den Erwachsenen und als Erwachsene Angst vor dem Tod.«

Das Wort »Tod« hat es nun endgültig geschafft, Alascos Frage- und Antwortspiel zum Ereignis dieser Weihnachtsfeier zu machen. Sein Gesicht taucht vor mir auf und bringt das Gefühl von Heimat und Heimweh mit. Dass ausgerechnet er uns ein Prunkstück aus der philosophischen Schatzkammer zugespielt hat! Wie ein knisternd vorbeisausender Komet hat er den Raum passiert und feurigen Sprühregen hinter sich zurückgelassen. »Trotzdem«, mit diesem Wort meldet sich eine Kommilitonin zu Wort, die gerade ein Referat über Ludwig Feuerbach gehalten hat. Einen Blick auf Gottes Hölle zu werfen stelle sie sich phantastisch, geradezu märchenhaft vor. Seine Hölle dürfte wahrlich sehenswert sein. Vom Zuschnitt her gewissermaßen eine Art Überhölle.

Ihre Überlegungen werden mit Gelächter und Zwischenrufen quittiert. Wiesengrund hat nach seiner Taschenuhr gegriffen, bald wird er aufbrechen. Aber doch nicht ohne einen Kommentar zu Nietzsches rasanter Überlegung abzugeben! Sein Gesicht sieht aus, als wolle es der Redensart ›nicht mit der Wimper zucken‹ körperlichen Ausdruck geben. Einem Samurai gleich, einem wachgeküssten Stein. »Gott ist zu groß für unser Vorstellungsvermögen«, sagt der Stein. »Aber er ist auch nichtiger, als wir glauben.« Da ist es wieder, dieses neuralgische Gebilde, das auf verwirrende Umstände deutet. Dieser gewagte Schlenker, der das Unverträgliche, das widersinnig Erscheinende ansaugt und für sich gewinnt. Einmal wegkommen vom Strudel der Abwägungen, denke ich in diesem Moment. Das Für und Wider sich vom Hals schaffen. Zuhaus bei Gerwisa und Alasco sein. Dort, wo man Gott seine Irrtümer nicht unter die Nase reibt. Der Ober tritt an den Tisch, es ist spät, er will kassieren, er hat ja Recht. Aber doch jetzt nicht! Die Assistentinnen winken ab, schütteln verneinend die Köpfe.

»Gottes Unermesslichkeit. Ein schwieriges Pflaster.« Spricht Wiesengrund leiser, weniger deutlich als sonst? Ich muss mir die Worte einzeln auf Verdacht zusammenstückeln. »Gottes Hölle?«, höre ich ihn sagen. »Seiner eigenen Schöpfung entwachsen zu sein.« Die nächsten Wörter könnten »aus dem Blickwinkel der Monumentalität« geheißen haben. Dann kommt »gegenüberzustehen«. »Wem gegenüberzustehen?«, frage ich den Blonden. »Dem aus dem Ruder gelaufenen Universum«, sagt er. Rahlsberger am Kopfende des Tisches hat hoffentlich alles mitbekommen. Es ist wie zu Zeiten der mitternächtlichen Radiostunde. Mit ihren Unterbrechungen,

Undeutlichkeiten. Ihrer eigenartigen Lückenhaftigkeit. »Ein Gott des Himmels«, das ist deutlich. »Nicht der Erde.« Wiesengrunds rechte Hand gleitet erneut zur Taschenuhr. Der Blonde sieht mich an, bedeutungsvoll nickend. Als wolle er mich auf die eben ausgesprochenen Worte aufmerksam machen.

Weitwinkelperspektive

Dieses Mal müsse die Sprechstunde kürzer ausfallen, er erwarte Besuch. »Eine Dame«, sagt er. Sein Blick kommt mir vielsagend vor. Es ist ein betonter, sich gewichtig gebender Blick. Der Blick halst mir etwas auf, einen Umstand mit tieferer Bedeutung. Unerwartet hat sich ein Spalt aufgetan, ein neues Feld ist eröffnet: die Arena von Mann und Frau, das Feld der unbekannten Übereinkünfte und Gefühlskrisen. Wir haben Platz genommen, sitzen uns gegenüber, die Situation verlangt nach einer Erklärung. Die erwartete Dame sei eifersüchtig. Und empfindsam. Wiesengrunds Blick hört nicht auf, vielsagend auszusehen. Es sei ihm daran gelegen, sie nicht zu beunruhigen. Ihr nicht unnötigerweise zuzumuten, mich aus seinem Sprechzimmer herauskommen zu sehen. Er sei sich sicher, ich würde das verstehen.

Das Gegenteil ist der Fall, nein, gar nichts verstehe ich. Der Hinweis auf die für heute eingeschränkte Sprechzeit hätte bequem mit einer Nebenbemerkung erledigt werden können. Bedauerlich, hätte es heißen können, eine andere Verabredung, ein Anruf, eine Terminverschiebung. Es gibt keinen Grund, mich über deren Ursachen ins Vertrauen zu ziehen. Keinen Grund, mich an einem intimen Verhältnis und den Schwachpunkten der erwarteten Dame teilhaben zu lassen. Ich frage mich, ob hier das Bild des Vielgeliebten in Szene gesetzt werden soll. Eines Belami, in dessen Nähe sich die Frauen wie bei Molière die Klinke in die Hand geben. Unweigerlich fällt mir Wolf Albach-Retty ein, der Schauspieler mit dem kennzeichnenden Vornamen. Unser Paradecharmeur, ein gefeierter männlicher Tätertyp. Romys Vater. Ein Siegerlächeln hier, eine Zigarettenspitze da. Leutnant von Blome im *Schwarzen Husar*, der Rittmeister von Kleber in *Tanz mit dem Kaiser*. »Schatzi, komm, geh mir ausm Weg«, höre ich ihn mit seiner Burgtheater-Stimme sagen. Ein Ton, der sich blubbernd anhört. So, als würden Worte Blasen bilden im Mund. Wolf-Albach Retty darf das, genauso will man ihn haben. Ich kann mich sogar an seine Hüte erinnern. Grauer Filz, ein Lodenhut mit der dazugehörigen gleichfarbigen Kordel.

Schleich di, fix, fix, möchte ich dem feschen Hutträger zurufen. Hab was herauszufinden, was in Erfahrung zu bringen. Muss etwas sagen, muss lächeln, nicht lächeln. Mich konzentrieren, darf mich nicht ablenken lassen. Es taucht das Bild der Frau vor mir auf, die geschont werden soll. Sie, die uns alle beschäftigt, auch mich. Es geht um die Blonde, die Schöne. Um die immer verspätet Eintreffende, die langsam und unübersehbar eindrucksvoll nach vorn Schreitende, hin zu den ersten Reihen des Hörsaals. Die von allen Beäugte. Die lässig ihrem freigehaltenen Sitz zusteuernde Gefährtin, die Angebetete. Die Verkörperung einer überdosierten Verlockung. Mit jedem Schritt rückt ihr Geheimnis weiter in den Hörsaal vor. Das Geheimnis, das sie mit dem luziden Meister auf dem Podium teilt. Kaum wahrnehmbar seine Begrüßung, sein Kopfnicken, aber wir sehen es alle. Mein eingeübtes Ohr nimmt die kurze

Unterbrechung wahr, mitten im Satz. Der Satz bleibt plötzlich stehen, als habe er sich einen Knacks geholt. Es ist ein Aufatmen. Sie ist tatsächlich gekommen. Sie ist *da.*

Ich möchte den mir zugeschobenen Part der Nebenbuhlerin am liebsten wie ein Karnickel am Genick packen. Und das Karnickel weit weg von diesem Sprechzimmer irgendwo in der Wüste absetzen. Dieses Mal also keine Nachtstudio-Offenbarung mitten am Tag, in Frankfurt, vor Ort. Dieses Mal der Sprung in eine atmosphärisch neue, in die wenig einladende Umlaufbahn des Geschlechtertraras. Die grün beleuchteten Namen der Sendestationen tauchen vor mir auf, das Grundiggerät mit seinen winzigen, magisch grün schimmernden Rechtecken. Sie kommen mir einladend vor und wie Zugänge zu einer anderen, besseren Wirklichkeit. Sie rufen das Dunkel zurück, das sparsame, abgeschirmte Sechzig-Minuten-Ereignis. Ob Wiesengrund, der ungeschickte Regisseur, mir ein Kompliment machen will? In einer Machart, wie es kurioser nicht sein könnte? Ob er mich hofieren will mit dem Hinweis, ich könnte in den Augen seiner Liebsten die Ursache von Verdächtigungen und Eifersüchteleien sein?

Die übereifrige Instruktion bietet mir den Part der Gegenspielerin an. Nicht gerade eine Traumrolle. Unnötigerweise ins Leben gerufen, dann vorzeitig abserviert. Mir fällt der Part der einfühlsamen Mitwisserin zu. Einer Retterin in der Not. Wenigstens bereitet mir die mitgereichte Botschaft keine Kopfschmerzen, als Rivalin des blonden Engels chancenlos zu sein. Ich weiß, dass niemand bei meinem Anblick in Erwägung ziehen könnte, ich sei einem Bild von Dante Gabriel Rossetti entstiegen.

Der Gedanke ist mir niemals gekommen, dass der Zauberer auch schlechte Tage haben kann. Man darf einem Zauberer nicht auf die Finger schauen. Nicht einmal dann, wenn seine Kunststücke darin bestehen, den Blick seiner Zuschauer zu schärfen. Statt ihn abzulenken. Man hat nicht den Wunsch, Einzug in sein persönliches Leben zu halten. Mein Pakt mit dem Wahrnehmungskünstler sieht Freundschaftsdienste nicht vor. Keine Hilfestellungen, keine Mitwirkung bei den geschäftigen Aktivitäten eines in die Bredouille Geratenen. Zwingend notwendig und brandeilig muss ich sie mir zurückerobern: die Weitwinkelperspektive. Eine Optik, die die Proportionen wieder einrenkt. Die das Kleinzeug in den Hintergrund treten lässt. In diesem Fall das Theater des Antichambreurs.

Zum Glück macht er es mir leicht. Er teilt mir Näheres über die Musikanthologie mit, für die ich einen Beitrag schreiben soll. Unbekümmert hatte ich ihm irgendwann erzählt, dass ich mir schon als Gymnasiastin in einem Salzburger Antiquariat sein Buch über die Neue Musik zugelegt habe. Seitdem hält er mich für eine Kapazität auf dem Gebiet der Zwölftonkomposition. Heute erklärt er mir, in welche Richtung sein Interesse an meinem Artikel geht. »Am Beispiel der Schönberg'schen Musik lässt sich Hegels Denken besser darstellen als an seiner *Phänomenologie des Geistes*«, sagt er. Seine rigorose Begrifflichkeit verfolge den gleichen Gedanken wie Schönbergs Musik: Reinen Tisch zu machen. »Eine andere Wahl hat es aber für beide nicht gegeben.« Das hervorzuheben, solle der Kern meines Beitrags sein.

Wieder nicht der richtige Augenblick, darauf hinzuweisen, dass die Leserin des Musikbuches eine zwischen Bestürzung und Überwältigung taumelnde Schülerin war. Dass, ganz unabhängig davon, Lektüre allein keine Experten hervorbringt. Eine Pause entsteht, ich sollte gehen. Vor der Zeit, wie erbeten, mache ich mich auf den Weg nach Hause. Das Schönberg-Thema wird nicht klappen, und die widersprüchlichen Gefühle von vorhin sind auch wieder da. Zum ersten Mal ein Störgeräusch. In meinem Zimmer starre ich die emaillierte Oberfläche des Waschbeckens an. Der glattpolierte Klotz in seinem Schliff, in seiner fehlerfreien Form weist mich darauf hin, dass die Dinge auch einfach sein können. Eine Eigenschaft, die sie mir im Augenblick vorenthalten.

Es tut gut, gerade jetzt an die Nachtstudio-Auftritte zu denken. Sie hatten keinen Unterschied zwischen Welt und Welle gemacht. Waren schwerelos. Und schwerwiegend. Eine Emulsion von unbekannter Machart. Noch immer starre ich auf das Emaille wie auf einen ruhenden Pol. Fast hätte ich mich heute Nachmittag vom Wiesengrund-»Poem« losgesagt. Heute stand sie auf dem Spiel: die ganze Ladung, die so ein Magnetkern mit sich bringt. So ein Bote aus Ätherreich. Ich war tatsächlich kurz davor gewesen, das unbequeme Gesamtpaket endlich beiseitezuschieben. Konnte davon ernsthaft aber die Rede sein? Wollte ich es darauf wirklich ankommen lassen? Den »Faszinierer«, wie Gerwisa sagen würde, ziehen lassen? Weitermachen ohne seine Anziehungskräfte? Vor ihnen in die Knie gehen? Die Entzauberung dulden? Den Teufel werde ich tun. Die Anziehungskräfte in Sicherheit bringen, denke ich jetzt, am Ende dieses Tages. Sie sichtbar, zugänglich machen. Anziehungskräfte als Produktivkräfte gewinnen. Ja, da steht es, das von meinen marxistischen Kommilitonen geheiligte Wort. In Anspruch genommen für ein Feuer, das wie eine magnetische Überladung dazu zwingt, Wirklichkeit unentwegt neu zusammenzusetzen.

Dabei muss ich an Alasco denken und an den so häufig von ihm erwähnten Namen von Dénnis Gábor. Immer wieder bringt er den ungarischen Kollegen ins Spiel. Er dachte über die Möglichkeit nach, die Qualität des Mikroskops zu verbessern. Wie man es schaffen könnte, die Objekte am Rande des Blickfeldes genauer zu sehen. Schon bevor Gábor den Nobelpreis für die Erfindung des Hologramms erhielt, sagte Alasco zu mir, »Er hat der Menschheit ein neues Sehvermögen geschenkt«. Die Gábor-Stimme, habe ich manchmal gedacht, wenn ich Wiesengrund zuhörte.

Inzwischen habe ich mich aufs Bett gelegt, das Waschbecken hat als Gegenüber ausgespielt. Ich brauche ein Stückchen leere Wand, die kleine Lücke, die sich zwischen dem Schrank und den Bücherregalen auftut.

Erzählte Rahlsberger von meinem bevorstehenden Besuch in W.s Sprechstunde. Einer der seltenen Momente, in denen er sich zustimmend über ihn äußerte. Alles, was heute mit dem Wort Kommunikation »abgestraft« werde, sei dem W. so gleichgültig »wie der Pups eines Kartoffelkäfers«. So hört sich's an, wenn ein Fichteaner eine Hymne auf W. anstimmt. Dabei weiß er noch nicht einmal, dass ich selber ein Lied davon singen kann. Ein Lied über die Kommunikation zwischen W. und mir: ein dunkler, von blitzhaften Ereignisgewittern jählings erhellter Korridor. Korridor oder Kontinent.

Wie immer zu Beginn, kaum dass wir Platz genommen haben, die fast schon rituelle Begutachtung meiner Beine. Ich kann mir schönere vorstellen, weniger alpenländisch kompakte. Das Ganze in immer der gleichen kuriosen Manier. Zügig, euphorisch einerseits. Andererseits gründlich, eingehend, aufmerksam. Als stünde ein Untersuchungsgegenstand zur Diskussion. Heute tatsächlich mit konkreten Befunden. W. wies mich auf die dünnspurigen, dunklen Linien auf meinen Kniescheiben hin. Frühe Stürze eines übereifrigen Kindes, sagte ich. Volksgartensand. Er meinte es aber ernst. Legte mir entsprechende chirurgische Eingriffe nahe. Bizarrer Ausrutscher. Kümmerte mich nicht weiter darum.

Es gab Wichtigeres, er steuerte sofort darauf zu. »Mei-

ne Studenten führen zurzeit ein unruhiges Leben.« Der kleine Couchtisch, die beiden Sessel: das Bühnenbild. Nur sind wir keine Schauspieler, weit und breit ist kein eingeübter Text zu sehen. Beide möchten wir über anderes reden, dachte ich. Konnte seine Bemerkung aber auf keinen Fall einfach abtun. »Für sie bin ich ein Revolutionär ohne Revolution. Ein Prinz ohne Land.« Wenn er lacht, lache ich auch. Er weiß Bescheid, kennt das studentische Gestichel gegen die träge Gemütsart der Theorie.

Die Liebe der Deutschen zur Folgerichtigkeit ist mir fad. Wer A sagt, muss auch B sagen, denken sie. Wer A sagt, sollte um Himmels willen alles, alles andere, bloß bitte nicht ausgerechnet ein B sagen. So denken meine Leute daheim. Sah W.s Gesicht heute lange und nahe vor mir. Es kann sonderbar unabänderlich, ganz und gar endgültig aussehen. Und auf sich zurückgeworfen. Von einer Ferne modelliert, die aus dem tiefsten Innern kommen muss. Man denkt an den Mond, an Universelles. Wieder spricht er von seinen »unruhigen« Studenten. »Die Unruhe ist ein Fieber«, sage ich probehalber. »Ein Verbrennungsprozess.« Um die Mühen der Ebene abzukürzen, hätte ich weiter sagen können. Hätte von der Entschlossenheit reden können, Welt und Leben zu optimieren. Räume als Aufenthaltsorte der Utopien auszulegen. Santa Monica. Havanna. Das British Museum in London, dessen Decke sich als gläserne Kirchenkuppel über dem Autor des »Kapitals« erhob. W., noch immer mit seinem an Mond und Ferne erinnernden Gesicht. Als könnte er meine lyrischen Gedanken lesen, zitierte er eine Gedichtzeile Baudelaires, »quand le ciel bas et lourd pèse comme un couvercle / Sur l'esprit gémissant …..« Dann, mit nachdrücklicher Betonung, »des cloches tout à coup sautent avec furie / Et lancent vers le ciel un affreux hurlement.« (Lese meine Weisheit von dem Zettel ab, auf dem er mir die Zeilen notiert hat.)

In meinen Augen eine klare Sympathiebekundung für die studentischen Proteste. Hätte er sonst ausgerechnet ein Gedicht Baudelaires zitiert, in dem der niedergedrückte, unterworfene Geist geradezu automatisch die Gegenkräfte des Geheuls, das wütende Aufspringen lauthallender Glocken auf den Plan ruft? Da hatte ich mich aber getäuscht. »Letzte Meldungen einer auf der Strecke gebliebenen Romantik«, sagte er mit dem ihm eigenen Ton der Unangreifbarkeit. Hier ließe B. das Drama, mehr noch, das Scheitern einer doch längst schon aus den Angeln gehobenen Romantik sprechen. B. habe dieser mit furchtbarer Gewaltsamkeit ein für alle Mal die Augen geöffnet. Unausgesprochen W.s Feststellung, die Studenten bedienten sich einer vorzeitlichen, einer verbrauchten Version der Romantik. Der mit den geschlossenen Augen. Einer von den Einsichten B.s noch unberührten, ahnungslosen Phantastik.

Später der Gedanke, dass W. den studentischen Aufstand ins Reich der unaufgeklärten Phantasten verweist. Und umgekehrt die Studenten in ihm den Schwärmer, den schläfrigen Idealisten sehen. Abschließend seine Äußerung, »die verspätete Romantik ist die schmerzlichste«. Semesterende. »Wir werden uns wiedersehen«, sagte er. Freute mich über seine Worte.

Ferien. Salzburg. Alasco ist von einem Vortragszyklus braungebrannt aus Rom zurückgekommen. Über die Stadt und ihre Studenten schweigt er sich aus. Dafür hat er das Thema seiner Vortragsreihe »Über die Lichtqualität der Sterne« unbeschadet von Rom zu uns nach Hause hinübergerettet. Wir sitzen uns in meinem Zimmer gegenüber, was nicht häufig geschieht; nur zu besonderen Anlässen. Er belehrt mich über die farblichen Abstufungen der Sterne, die ihre Oberflächentemperatur erkennen lassen. »Hochgradig informativ« nennt er ihre Farbskala. »Vom glitzernden Weiß bis zum rötlichen Gefunkel.« Und überhaupt. Ohne die Leuchtkraft der Sterne blieben die Planeten für das menschliche Auge unsichtbar. »Planeten sind von sich aus lichtlose Burschen«, sagt er. Ich höre ihm lustlos zu, die Geschichte kenne ich schon. Ich weiß nicht, warum, aber mich erleichtert die Vorstellung, der langlebige Sternenhimmel könnte hin und wieder etwas Einfallsloses an sich haben.

Alasco berichtet weiter von einer in Aussicht stehenden Gastprofessur in Rom, von Buchprojekten mit einem italienischen Kollegen. Mitten in die Beschreibung seiner Pläne höre ich ihn sagen, »deshalb wirst du dein Studium in Frankfurt abbrechen müssen. Wir waren uns einig, dass es sich nicht bis zum Sankt-Nimmerleins-Tag hinziehen kann«. Er wolle mich mit der Organisation seiner in Salzburg weiterlaufenden Verpflichtungen betrauen. Da gäbe es die Studie über Simon von Stampfer und eine Reihe noch unabgeschlossener Untersuchungen, die er dem Wiener Institut zugesagt habe. Insgesamt eine ganze Serie von Aufgaben und Verbindlichkeiten, deren zukünftiges Schicksal er mit entsprechenden Anleitungen in meine Hände zu legen gedenkt.

Seine diensteifrige Stimme verrät mir, dass offener Protest in diesem Augenblick chancenlos ist. Alasco hat sich schon viel zu lange im Olymp der Gestirne in Sicherheit gebracht. Ungerührt wird er meine Einwände beiseiteschieben, jetzt, wo er nur an die neue Perspektive in Italien denkt. Ich setze darauf, dass mir wie in Hölderlins Gedicht von irgendwoher das Rettende zufallen wird. Instinktiv grabe ich mich in vollkommene Stille ein. In die betäubende Ruhe des Schockzustandes. Ich halte vor Schreck den Atem an. Und bin schon dabei, Kräfte zu sammeln. Vorbereitungen zu treffen. Darauf zu warten, dass mich das aufrührerische Gefühl erfasst, bis zum Letzten zu kämpfen. Ich setze auf die Leistungsfähigkeit des Affektes. Und darauf, dass er die Welt, die in Frankfurt auf mich wartet, nicht aus den Augen lässt. Nicht ihre schnellen, belebenden Szenenwechsel, ihr großes Theater. Nicht ihr Hörsaalpodium, von dem aus mir mitgeteilt wird, an welcher Stelle die Welt noch Lebenszeichen von sich gibt.

Überraschenderweise will Alasco den Abend mit mir verbringen. Im Flugzeug hat er von einem Film gelesen, der *Dr. Seltsam* heißt. *Dr. Strangelove,* sagt er, der Regisseur heißt Stanley Kubrick. Er hat mich seit langem nicht zu einem gemeinsamen Kinoabend aufgefordert. Der Filmtitel legt nahe, dass ihn die Entscheidung, mich von dem berühmten Frankfurter Außenseiter abzuziehen, in Anspruch nimmt. Man könnte auf den Gedanken kommen, dass er mir an seiner Stelle die Filmfigur des *Dr. Seltsam* anbietet. »Aufbruch 19 Uhr.« Sein Veto gegen mein Studium beschleunigt die Abfolge der Eindrücke, die mich erkennen lassen, was ich verlieren soll. Zum Beispiel eine Stimme, die auf mich einredet. Ohne je *nicht* vorwärts zu kommen. Ohne je *nicht* traumhaft sicher am Schluss eines mehrteiligen Satzes den inzwischen weit zurückliegenden Anfang wieder aufzugreifen. Vielleicht folgt sie den komplexen, aber auch geregelten Formen von Mäandern im Innern des Schädels. Vielleicht liegt es an ihnen, dass die Worte etwas Unentrinnbares annehmen, den Klang der Unaufhaltsamkeit. Während sie eine Vielzahl an Blickwinkeln vor mir ausbreiten.

Auf einmal sehe ich mich selbst dort oben auf dem Podium stehen und auf eine Vielzahl regloser Köpfe starren. Auf einen Stillstand von Blicken, Mündern und Hälsen. Sie haben sich wohlgeordnet zusammengetan und bilden einen Klotz in der rechteckigen Form des Hörsaals. Ein gigantisches Gebilde, das nicht den kleinsten Mucks von sich gibt: die reglose Gestalt auf dem Podium und der Klotz ihrer Zuhörer zu einem magischen dritten Wesen verschmolzen. Und ich sehe mich, eingebunden in einen dichten Pulk, nach draußen drängen. Der Klotz hat die Form des Hörsaals hinter sich gelassen. Schlängelt sich nun in Gestalt von schmalen Bändern seitlich an den Sitzreihen entlang in Richtung Ausgang. Ein Zug der sprachlos Beeindruckten. Der Gleichgültigen. Und der beredte Nachwuchs der Kritikfähigen.

»Wieso ist Auguste Comte der Begründer der Soziologie?«, höre ich jemanden sagen. »Nur, weil er ihren Namen, *Sociologie,* erfunden hat?« »Was ist mit Max Weber? Spencer? Pareto?«, sagt ein anderer. »Wieder mal die reine Willkür. Kennt man ja.« Bewundernswert, denke ich. Angeln sich heraus, was brauchbar ist, räumen ab, was ihnen nicht passt. Hüter ihrer Unabhängigkeit. Wächter über ihren kühlen Kopf. In der Lage, einen Standpunkt gefunden zu haben. Eine Überzeugung, eine Auffassung. Ein gesichertes Revier der Betrachtungsweisen, in das der Stoff der Vorlesung wie in einen Hafen einlaufen kann. Eine andere Stimme: »zum ersten Mal verstanden, warum die Soziologie als wissenschaftliche Disziplin von Frankreich ausging.« Die vor mir gehende Studentin sieht munter und glattgekämmt aus und trägt ein bläulich schimmerndes Jackett. Ungewohnt damenhaft. Auch sie verfügt über einen Hafen, der auf einlaufende Schiffe vorbereitet ist. Ihre Stimme ist laut. Ich weiß noch genau, dass ich in diesem Augenblick gedacht habe: Es ist eine Stimme, die gehört werden will. Froh darüber, in der Umgebung verzweigter Erklärungsvarianten die richtigen Akzente zu setzen. Froh, nicht allen möglichen Eindrücken hinterherzulaufen so wie ich. Sie hat keinen Grund, sich über die unberechenbaren, flatterhaften Vorstöße der eigenen Wahrnehmung Gedanken zu machen. Über die Ausbeute an Impressionen, Annahmen und Anreizen. Sie hat diskussionswürdige Gedanken im Kopf, eine kluge Frau, die mit erhobener Stimme spricht.

Wir kommen schrittweise dem Hörsaalausgang näher. In diesen Momenten muss ich jedes Mal an eine Prozession denken. Ich schnappe die Äußerungen der

Kommilitonen auf und stelle fest, dass sie etwas Geübtes, sogar Abgeklärtes an sich haben; jedenfalls vollkommen anders sind als die Empfindungen, die *mich* nach Wiesengrunds Podiums-Schauspiel bestürmen mit seinem berauschenden Zuviel der Details. Mit dem lückenlos durchgreifenden Elan des Analytischen. Mit einer Opulenz, die sich an Einschnitt, Spaltung und Entzweiung reibt. Dieser Wahnwitz macht mir zu schaffen. So kommt es, dass ich beeindruckt der Frau mit der schimmernden Jacke zuhöre. Oder den beiden herummäkelnden Leuten, die es für einen Schmarrn halten, Auguste Comte ein Verdienst einzuräumen, das ihm nicht zusteht. Die langjährige Geschichte mit Wiesengrund, die ich bereits auf dem Buckel habe, verschärft das Gefühl, im Kreis sachkundiger Kommilitonen ein Blindgänger zu sein. Und vorerst nichts erbeutet zu haben, das außerhalb des eigenen Lebens eine Bedeutung haben könnte. Dann möchte ich am liebsten zum Podium rüberrufen, »ich kann nur hoffen, dass die eng zusammengefalteten Botschaften, die Sie, in eine Flasche gezwängt, irgendwo in die Gegend werfen, ohne auch nur einen Gedanken darauf zu verschwenden, in wessen Hände sie fallen, irgendwann einmal in meiner Nähe an Land gespült werden. Später einmal, ich bin geduldig.«

»Mit Vergnügen«, antwortet mir Gerwisa Vogel, als ich sie bitte, mich für ein paar Tage bei sich aufzunehmen. Ich fliehe vor Alasco, bringe mich in Sicherheit vor seiner Sternenkunde, ich möchte mich in aller Ruhe den feindseligen Gefühlen überlassen, die ich gegen ihn hege. Gerwisa bewohnt in einem Vorort ein sonniges Appartement mit heizkostensparenden, niedrigen Decken und komfortablen Küchengeräten. Ein Eldorado der Fortschrittlichkeit. Bei ihr klingt sogar die im Hintergrund mitlaufende Symphonik Mozarts nach Unterhaltungsmusik. Alles ist hier unterhaltsam. Der weiße Spitz kläfft und stellt sich selbstherrlich immer gerade dort auf, wo er im Weg ist. Gerwisa hat lange Telefonate zu führen, ich sitze dabei und kann mich wie ein dritter Gesprächspartner fühlen. Von ihr habe ich das erste Buch meines Lebens bekommen; es hieß *Erdsegen* und war von Peter Rosegger. Andächtig hatte ich es damals in den Händen gehalten, während sie mir über den Autor berichtete. »Da Rosegga Beda is im kloan Deafi Alpl in da Schdaiamoak auf d Wöd kema.«

Vielleicht hätte sie sich gerne an Alascos Seite gesehen. Der aber, so mochte sie denken, starrte stattdessen lieber in das undurchdringliche Dunkel der Nacht. Und das Dunkel der Nacht war gleichbedeutend mit den Mächten der Finsternis. Mit Dingen also, die im Leben der Menschen eine unbrauchbare und mühsame Zutat darstellten. Nicht, dass die Sterne für Gerwisa nichts bedeutet hätten. Kaum aber mehr als das, was sie aus einem Gedicht Roseggers gelernt hatte. Da heißt es einmal von einem Kind, es habe »niemals den leitenden Stern gekannt«. Das ist ein Kind, wie sie mir erklärte, das niemals jenes »kleine, abgesplitterte Stückchen vom lieben Gott, das wir alle brauchen«, mitbekommen habe. Halb litt ich mit dem Kind, das ohne den »leitenden Stern« auskommen musste. Halb bewunderte ich es dafür. Man konnte glauben, dass es so ein kleines Gottessplitterchen nicht nötig hatte.

Auf dem Weg in die General-Keyes Straße komme ich plötzlich darauf. Warum ich nach so vielen Jahren an das Rosegger-Kind denken muss. Es hat mit meinem Zorn auf Alasco zu tun. Unter Umständen könnte gerade er, dem die Sterne alles sind, zu den Leuten »ohne Stern« gehören. Seit seiner rigorosen Entscheidung für *sein* Rom gegen *mein* Frankfurt hat sich mein Bild von ihm überraschend stark eingetrübt. Mir fallen seine gefühllosen, lange zurückliegenden Versuche ein, unseren Kanarienvögeln das Singen beizubringen. In meinem Groll kreide ich es ihm an, dass seine Stimme befremdlich melodiefrei dabei klang! Eher nach einem Gurgeln, in den besten Momenten wie die Laute eines Jodlers. Wenn er vor dem im Korridor abgestellten Käfig stand, richtete sich seine Aufmerksamkeit nur auf bestimmte Tiere. Nur auf die Männchen, die Weibchen ließ er links liegen, die Weibchen hatten seine Fürsorge nicht verdient. Sie haben Glück gehabt, denke ich erbost. Die Weibchen sind die Davongekommenen. Sie haben aus ihrer Deckung heraus das Glucksen, Brummeln und Blubbern nur mit halbem Ohr mitbekommen.

Zum Abschluss unserer gemeinsamen Tage will Gerwisa einen Besuch im Wiener Naturhistorischen Museum machen. Vormittags muss sie im Auftrag des Mozarteums einen spanischen Musikagenten treffen, der Nachmittag gehört uns. Vor allem die präparierten Tiere seien hinreißend. »Das musst du gesehen haben! Die Natur ist nichts dagegen!« Ehrfürchtig stehen wir vor den restauratorischen Meisterleistungen der Museumsangestellten. Aber nicht nur vor ihnen. Schließlich sind die Produktionsstätten der Natur nicht vollkommen unbeteiligt an unserem Vergnügen. Bei den Hauern der Dinosaurier hat sie sich als Waffenfabrikant erwiesen. Bei den geschmeidig eleganten Hälsen der Giraffen als Bildhauer. Und im Variantenreichtum der Käfer erweist sie sich als Leistungsbetrieb. Wir staunen über ihre Einfälle, ihre spleenigen Anwandlungen. Wir können nicht genug bekommen von der Komik der Köpfe und Klauen, die uns wilde, nie gesehene Eigentümlichkeiten auftischen. Wortlos bleiben wir vor dem Anblick eines Fisches in langgestreckter Silhouette stehen. Der Kopfputz zeigt sich in grellem Rot wie von einem Rasiermesser begradigt. Rot auch die Stacheln, die aus der Rückenpartie hervortreten, aus dem Innern des Körpers nach außen drängen. Wir fragen uns, ob sie mit den Gräten des Fisches zu tun haben könnten. Und können uns nicht erklären, warum sich im Moment ihres Austritts aus dem Körperinnern ihre dort noch vermutlich weiße Farbe in ein Rot verwandelt hat.

Über dem Saal, in dem wir uns befinden, liegt eine beängstigende Stille. Eigentlich müsste es röhren und rumoren, scheppern und schmettern, es müsste blöken und kreischen. Genau genommen dürfte es diese tonlose, lastende Ruhe in dem riesigen, mit Tieren angefüllten Raum gar nicht geben. Hier ist alles in Bewegung. Ein Gepard mit gefletschten Zähnen hat die rechte Tatze kämpferisch erhoben. Eine Schar von Wildgänsen befindet sich mit ausgebreiteten Schwingen im Steilflug nach oben. Ein Hund bellt mit aufgerissener Schnauze eine Schlange an. Die Geräuschlosigkeit derart stürmischer Lebensäußerungen ist schwer zu ertragen. Die Stille, mit der hier Schwung genommen, Druck ausgeübt und Kraft entfaltet wird, ist schwarz wie die Nacht. Ebenso blind wie unsichtbar. In der Nebenvitrine hält sich ein Jaguar auf. Lauschend, mit weit vorgestrecktem Kopf. Normalerweise hätte er sich bei unserem Herannahen schon längst davongemacht. So sehen Tiere aus, denke ich, die sich nicht gefährdet, nicht unter das Gesetz von Kampf und Beute gestellt sehen.

Die Augen des Jaguars sind auf uns gerichtet. Furchtlos, ungeniert schaut er uns direkt ins Gesicht. Anscheinend hat er unsere Ankunft genau registriert. Als seien sie, die Tiere, und nicht wir diejenigen, die sich einen Eindruck verschaffen. Alles, was ihnen einmal Angst gemacht hat, haben sie hinter sich gelassen. Die grell aufzuckenden, hochfahrenden Blitze, die unbekannten Geräusche. Die panische Suche nach einem Unterschlupf. Damals, als sie noch in den Wäldern hausten. Als ihre Namen noch nicht auf Lateinisch in ein Metallschild eingraviert waren und ihr Aufenthaltsort nicht luftdicht abgeschlossen war. Wir stehen vor einer Gruppe von Rehen. Eines von ihnen hat seinen Kopf tief ins grüne Gras gesteckt, die anderen haben sich entspannt, in lockerer Folge vor uns aufgebaut. Gerwisa macht mich begeistert auf Einzelheiten im Aussehen und in der Haltung der Tiere aufmerksam. Je entzückter sie sich über den Aufmarsch der uns erwartungsvoll anstarrenden Tiere äußert, desto ausgestopfter kommen sie mir vor. Desto suspekter erscheint mir ihre zur Schau gestellte Lebendigkeit. »Es sind tote Tiere«, sage ich und fühle mich wie ein Spielverderber. »Vergiss doch mal diesen nebensächlichen, vollkommen uninteressanten Umstand!« Gerwisa läuft weiter, während ich noch bei den glücklichen Rehen stehen bleibe. Die lotrecht aufragenden Hälse, der anatomisch ausgeklügelte Bau der Beine verheißen körperliche Spannkraft. Ihre hoch aufgerichteten Ohren sehen wie die Flügel eines Riesenfalters aus.

Mehr und mehr fühle ich mich verleitet, den aufmerksamen Blick der Tiere zu erwidern. Fast glaube ich, für einen kurzen Moment, von ihnen angeschaut zu werden. Ich gehe weiter zu den Steinböcken, zu den Tigern, zu den Löwen. Von der Seite schaut seelenruhig ein weißes Hermelin zu mir hinüber. Seine Schnauze hat sich im Hals einer Wühlmaus festgebissen. Ein Raubtier gibt sich zu erkennen. Ich bleibe lange vor dem regungslos mich anstarrenden Tier stehen. Nach einer ganzen Weile erst mache ich mir klar, was für ein Unsinn sich in meinem Kopf zusammengebraut hat. Was hat mich nur auf den Gedanken gebracht, die Augen der Tiere könnten auf mich gerichtet sein? Wie denn? Wie sollten zwei stiere, leblose Glasaugen überhaupt einen *Blick* erzeugen können? Wie ein Schauen hervorbringen, das sich mit Bewusstsein auf sein Gegenüber richtet?

Gerwisa winkt mir zu und zeigt auf einen Leoparden. Seine ganze Konzentration scheint auf ein höher gelegenes, die Ebene seines Kopfes überragendes Ereignis gerichtet. Deshalb bildet sein Rücken eine vom Hals ausgehende, abfallende Kurve. Die Kurve, die den Rücken verkürzt und verdichtet, wird vermutlich für Hals und Kopf des Leoparden in seinem Hochschauen eine Stütze bilden. Tolle Technik, denke ich und habe mich schon wieder auf den Gedanken eingelassen, das Tier selber würde »hochschauen«. Und ließe mich an einem Augenblick teilhaben, in dem es, seinen natürlichen Regungen folgend, einen runden Rücken macht. Ließe mich dabei zuschauen, wie seine Instinkte arbeiten. Wie es vorgeht, um ein Beutestück erfolgreich in Besitz zu nehmen.

Ich stehe nun ganz nahe vor dem Tier. In seinem lauernden Blick glaube ich Leidenschaft, Geschick und Können zu erkennen und den Wunsch, mir etwas von sich mitzuteilen. Mich einzuweihen in seine Eigenheiten. Meine Fußspitze stößt an eine hölzerne Barriere. Nicht, dass ich über den umsichtig angebrachten flachen Zaun zu meinen Füßen überrascht gewesen wäre. Ich weiß, dass ich mich nicht in freier Wildbahn befinde. Der Zaun fügt nur den sich widerstreitenden, miteinander ringenden Eindrücken eine weitere Facette hinzu. Ich entdecke ihn genau in dem Moment, in dem ich der atemberaubenden Kreatur auf Tuchfühlung nahe bin. Bis hierhin und nicht weiter, sagt der Zaun. Was du mit großen Augen anstarrst, sagt er zu mir, ist ein formvollendet zusammengekleisterter Kadaver. Seien wir ehrlich, was du hier siehst, ist nichts weiter als ein fröstelndes Standbild.

In diesem Augenblick höre ich Gerwisa rufen. Eigentlich müsste man einen Stuhl für sie herbeischaffen. Sie betrachtet das Naturhistorische Museum als Theaterbühne. Ihr Applaus gilt den Präparatoren und ihren Präzisionsinstrumenten. Sie möchte eine Leistung bejubeln. Die Begabung, ewiges Leben in die Tierhäute hineinzupumpen bis zum Gehtnichtmehr. Bis es so weit ist. Bis die Tiere den Eindruck erwecken, frisch aus der Werkstatt des Schöpfers zu kommen. Sie zeigt auf ein Pferd, das in gestrecktem Galopp wie in der Luft zu schweben scheint. Auf dem kleinen Schild lese ich das Wort »Araber Berber«. »Hier kannst du sehen, was Pfusch ist!«, sagt Gerwisa. Tatsächlich, in der feinen Haut hat sie eine quer über die Brust geführte Naht entdeckt. Naht heißt Narbe und weist auf Werkstätten hin, auf Instrumente, auf Prozeduren, Pasten und Zweikomponentenkleber. Auf die vielen Schritte, die für das formgerechte, gleichzeitig lebenssprühende Dasein der Tiere notwendig waren. Es schüttelt mich, die Narbe sieht aus wie eine unverheilte Wunde. Diese Wunde hat keinen wissenschaftlichen Namen. Das vorgespielte Paradies taumelt, die stillgestellte Zeit hat es nie gegeben.

Gerwisa findet es schade, dass das Pferd mit einem solchen Lapsus versehen ist. »Dem Präparator hat's offenkundig an Phantasie gemangelt.« Sie erklärt mir, wie *sie* sich an dessen Stelle aus der Patsche geholfen hätte. Mit ein paar gut platzierten Hautfältelungen hier, mit diversen winzig gestückelten Fellteilen da. Sie hat Recht. Das Pferd sieht aus wie herzoperiert. Auf keinen Fall hätte man ihm dieses vollkommen überzogene Tempo zumuten dürfen. Man kann es an den Läufen sehen. Sie scheinen über dem Boden zu schweben. Linksseitig extrem gestreckt nach vorn und hinten auseinanderstiebend, während sie rechtsseitig im gleichen Augenblick eng zusammengeführt werden. »Was ist los mit dir?« Gerwisa schaut mich amüsiert an. Hat sie etwas in den falschen Hals gekriegt?, fragt sie sich vermutlich. Man muss sich auch mal freuen können. Das wäre Gerwisas Antwort auf mein Gedankensammelsurium gewesen.

Leben, Nichtleben, ewiges Leben. Momentan hänge ich schwerfällig zwischen allen Stühlen. Brauche einen Moment, muss kurz pausieren. Der Frieden der Leblosigkeit hat etwas Überzeugendes. Die Ruhigstellung. Die handwerkliche Präzision. Sie haben die Tiere grenzenlos wahrnehmbar gemacht. Bestechend deutlich sichtbar. »Jetzt brauch i an Großen Braunen«, sagt Gerwisa und nimmt meinen Arm. Ich trabe mit ihr durchs Stiegenhaus, will weg von den Tieraugen, von ihrem Blick, der wie festgebacken an mir haftet. Auf uns kannst du dich verlassen, verheißt ihr unbeugsamer Blick. »Das wird uns guttun«, sagt Gerwisa, als der Ober die Mokkaschalen auf den Tisch stellt. Sie beugt sich zu mir hinüber. Wie immer sind die Wangen unter einer viel zu dicken Rougeschicht begraben; lässig hingestäubt, ungleichmäßig verteilt. Wie eine Idiotin starre ich Gerwisa Vogel an, dieses auf so wunderbare Weise zusammengestückelte Bündel menschlichen Daseins. Allmählich komme ich wieder zu mir. Sie kramt in ihrer Handtasche und legt einen Briefumschlag vor mich hin. Ein Foto, sagt sie. Ob ich es mir anschauen mag. »Denk nur, ich hab ein Bild deiner Mutter gefunden.« Für Hanna, steht auf dem Umschlag. Ich lege meine Hand darauf und schiebe ihn langsam zu ihr hinüber. »Nicht jetzt.«

Am nächsten Tag, auf dem Weg zurück in die Wohnung, habe ich noch immer keinen Plan für mein Gespräch mit Alasco. »Du wirst wissen, was du ihm sagst, sobald du ihm gegenüberstehst.« Tante Gerwisa hatte mir bei diesen Worten vielsagend zugenickt, ich ahne, dass sie sich vermittelnd eingeschaltet hat. Lass dir etwas anderes für deine Salzburger Projekte einfallen, wird sie zu Alasco gesagt haben. Es tut gut, sich von ihr beschützt zu fühlen. Auf einmal weiß ich, worüber ich mit Alasco sprechen werde. Ich werde ihm von meinem Besuch bei den Tieren berichten. Davon, wie sie aussehen, wenn sie angstlos sind. Wie überaus deutlich ihre Eigenschaften dann erkennbar werden. Wie ihre Unerschrockenheit sie verwandelte und mir nahebrachte auf eine Weise, die ich für unvorstellbar gehalten hatte. Wie mir der Gedanke kam, sie hätten diesen Frieden verdient. Und wie ich dann zurückschauderte vor der Tatsache, dass dieser Frieden sie das Leben gekostet hat. Beunruhigend, bewegend, der Anblick der Tiere in den Vitrinen, werde ich zu Alasco sagen. Und dass eine Antwort auf all meine Fragen, auf meine Beunruhigung nur dort, nur in Wiesengrunds Sprechstunde zu haben sein wird; kein Weg führt daran vorbei.

Mag sein, dass die Sache mit den Vitrinen-Tieren den widerstrebenden Alasco nicht bis ins Letzte überzeugen wird. Ich könnte ihm in Aussicht stellen, in Frankfurt endlich vielleicht doch noch Gábors kühner Entdeckung, der Holographie, auf den Grund zu kommen. Ich könnte aufgekratzt Wiesengrunds zügige Sprachvagabondagen, Felder in Feldern in Feldern, zur Lehranstalt für holographisches Bewusstsein erklären. Wir werden darüber lachen und Alasco wird einsehen, dass er aus dieser Nummer nur als armseliger Spielverderber wieder herauskommt. Wie viele Sternarten dir im Weltraum zur Verfügung stehen!, könnte ich zu ihm sagen. Ich habe für mich nur diesen einen ausfindig gemacht, einen weder weit entfernten noch still vor sich hin funkelnden Stern. Seiner Natur nach pyknisch und überaus mitteilsam. Nur weil er sich selber so sieht, ist in diesem

Zusammenhang überhaupt von einem Stern die Rede. Er hat sich den Namen »Callas« gegeben. Ich nenne ihn Wiesengrund.